ANDREAS DORMANN

ionic 3

ATTRAKTIVE APPS
FÜR ANDROID, IOS UND WINDOWS
ENTWICKELN

D&D Verlag | Bonn

www.dunddverlag.de

ISBN (Print): 978-3-945102-50-3

ISBN (eBook): 978-3-945102-51-0

Buch- und Coverdesign: multimedia & more

Titelfoto: © snaptitude / Fotolia

1. Auflage: Januar 2018

Für Anna und unsere Kinder

INHALT

VORWORT

MEIN ERSTES BUCH WIRD EIN ROMAN, so dachte ich immer. Aber nun ist es eines über moderne App-Entwicklung geworden und ich hoffe, dass es dir als interessiertem Leser die Spannung und Unterhaltung bietet, die du auch von einem guten Roman erwartest ;-)

Wie komme ich dazu, dieses Buch zu schreiben? Nun, meine eigene Suche nach Fachliteratur zu diesem Thema war ernüchternd: Das wenige, was es überhaupt im Buchhandel zu finden gibt, ist veraltet. Da wurde mir klar: das Buch, das ich suche, muss noch geschrieben werden!

„IONIC 3 - Attraktive Apps für Android, iOS und Windows entwickeln" wendet sich an Ein- oder Umsteiger in der Software-Entwicklung, die mit der Programmierung von Apps bisher wenig zu tun hatten oder mit anderen Tools und Frameworks gearbeitet haben und auf einfache Weise richtig coole Apps bauen wollen. Wenn du dich nun angesprochen fühlst, ist dieses Buch genau das richtige für dich!

Das Buch spannt den Bogen von der Idee des populären App-Frameworks Ionic und dessen Installation bis hin zur Realisierung einer kompletten App einschließlich ihrer Publikation in Google Play oder den App Stores von Apple und Microsoft. Es bietet dir damit einen umfassenden Einstieg in Ionic. Mit vertiefendem Hintergrundwissen zum Beispiel zu Angular oder Cordova werde ich mich zurück halten; dazu gibt es bereits gute Literatur. Dem, der

mehr erfahren möchte, werde ich aber an geeigneter Stelle weiter
führende Links anbieten.

Jedem Kapitel widme ich einen eigenen Aspekt von Ionic und
füge einer anfangs einfach gestalteten App namens „BoB Tours"
nach und nach neue Funktionalitäten hinzu. Wenn du mich dabei
begleitest, hast du am Ende dieses Buchs nicht nur die wichtigsten
Features von Ionic kennen und einzusetzen gelernt, sondern auch
verstanden, wie das Ganze im Zusammenhang funktioniert. Damit
verfügst du schlussendlich über das erforderliche Wissen, um mit
Ionic deine eigenen attraktiven Apps entwickeln zu können.

Solltest du ein Kapitel weniger spannend finden oder aus einem
anderen Grund überspringen wollen, kannst du dir den Quellcode
eines Kapitels von meiner Buch-Website (siehe "Die Website zum
Buch" ab Seite 14) herunter laden und auf dieser Basis mit dem
Folgekapitel weiterarbeiten.

Bedanken möchte ich mich...

... bei Ben Sperry und Max Lynch, die 2012 bei Gründung ihres
Unternehmens „Drifty Co." bereits mit ambitionierten Zielen gestartet sind, aber wahrscheinlich selbst nicht ahnten, dass sie 2014
mit dem Ionic-Framework einen der beliebtesten plattformübergrei-
fenden mobilen Entwicklungstechnologie-Stacks der Welt schaffen
würden. Ohne diese erstaunliche Erfolgsgeschichte gäbe es unzähli-
ge attraktive Apps und auch dieses Buch nicht.

... bei Simon Grimm für sein tolles Projekt "Ionic Academy"
(https://ionicacademy.com), dessen Besuch ich jedem neuen „Ionite"
nur wärmstens empfehlen kann.

... beim Team der GFU Cyrus AG in Köln, das sich von meiner Begeisterung für Ionic hat anstecken lassen und mich mit diesem Thema spontan in dessen Seminarprogramm aufgenommen hat.

... bei Daniel Fliegel und Shengquiang Lu für ihre engagierten Rückfragen, die mir geholfen haben, das ein oder andere Kapitel dieses Buches besser auf den Punkt zu bringen.

... bei meinen lieben Freunden Prof. Dr. Bernd Schnur und Harald Sichert für guten Rat und sorgfältiges Lektorat zu diesem Buch.

... schließlich und nachdrücklich bei meiner Liebsten und meinen Jungs für deren Geduld und Rücksichtnahme, wenn ich Stunden über Stunden an diesem Buch gearbeitet und für deren erstaunliche Nachsicht, wenn ich über Ionic, Apps & Co. nicht weniger oft und lange doziert habe. Was sie nun hinter sich haben, hast du als Leser jetzt Schwarz auf Weiß vor dir ;-)

Bonn im Januar 2018

Andreas Dormann

1 | EINLEITUNG

DIE IONIC-IDEE

DIE MACHER VON IONIC haben - wie es sich für coole Entwickler gehört - das Rad nicht neu erfunden. Sie haben es noch runder gemacht!

Das Ionic-Framework definiert mit seinen Funktionen und Komponenten klare Standards und Richtlinien zur stringenten App-Entwicklung für die Plattformen Android, iOS und Windows 10 Universal App. Dabei bedient es sich selbst bereits existierender und schon vielfach bewährter Frameworks, die - zu einem Software Development Kit (SDK) vereint - gemeinsam ihre geballte Power entfalten können. Diese Einzel-Frameworks stelle ich im Folgenden kurz vor:

Angular (vormals AngularJS) ist ein JavaScript-Framework zur Erstellung von Single-Page-Webanwendungen nach einem Model-View-ViewModel-Muster. Angular basiert auf der clientseitigen Generierung von HTML-Ansichten und Erweiterungen des Vokabulars von HTML. Hierdurch kann Funktionalität im Rahmen der View abgebildet werden, ohne auf DOM-Manipulation via jQuery zurückgreifen zu müssen. ▶ https://angular.io

Apache Cordova generiert auf Basis von Standard-Webtechnologien (HTML5, CSS3 und JavaScript) mobile (hybride) Apps für zahlreiche Plattformen. ▶ https://cordova.apache.org

Node.js® ist eine JavaScript-Laufzeitumgebung, die auf Chromes V8 JavaScript-Engine basiert. Sie ist Event-basiert, schlank und effizient. Mit npm verfügt Node.js zudem über das größte Ökosystem für Open Source Bibliotheken der Welt. ▶ https://nodejs.org/de

Sass (Syntactically Awesome Stylesheets) ist eine Stylesheet-Sprache, die als Präprozessor die Erzeugung von Cascading Style Sheets erleichtert. ▶ http://sass-lang.com

Gulp automatisiert Arbeitsabläufe. Es basiert auf Node.js und wird von Ionic dazu genutzt, um HTML, JavaScript und CSS zu verkleinern, SCSS in CSS umzuwandeln, Bilder zu optimieren und Dateien in einen „dist"- Ordner zu kopieren. ▶ http://gulpjs.com

Git ist ein Versionierungssystem für Software. Über Hoster wie GitHub oder BitBucket können dazu Online-Repositories angelegt bzw. genutzt werden. So kann man z.B. auch Angular über GitHub in den unterschiedlichen Versionen beziehen.
▶ https://git-scm.com

Bower ermöglicht das einfache Installieren und Aktualisieren von Programmbibliotheken und Frameworks mithilfe eines in Node.js geschriebenen Kommandozeilentools. ▶ https://bower.io

Du siehst, unter der Haube von Ionic verbergen sich einige mächtige Spezialisten, die hervorragend zusammenwirken und dir zu gelungenen Apps verhelfen. Ionic übernimmt dabei die Koordinationsarbeit persönlich (und automatisch).

Ionics großer Vorteil ist die einfache Nutzung von Standard-Webtechnologien wie HTML5, CSS3 und JavaScript als gemeinsame Code-Basis für alle Plattformen. Das Erlernen von Objective-C, Swift oder Java - den nativen Entwicklungssprachen für die jeweiligen Zielplattformen - wird damit entbehrlich.

Dabei muss man dank Ionic Native mit mehr als 130 nativen, mobilen SDK-Features von A wie Android Fingerprint Autorisierung bis Z wie Zip auf nichts verzichten, worauf auch native App-Entwickler Zugriff haben.
▶   http://ionicframework.com/docs/native/

Ionic steht übrigens unter der MIT-Lizenz und darf deshalb sowohl privat als auch kommerziell genutzt werden. Hier die deutsche Übersetzung des Lizenztextes:

„Hiermit wird unentgeltlich jeder Person, die eine Kopie der Software und der zugehörigen Dokumentationen (die „Software") erhält, die Erlaubnis erteilt, sie uneingeschränkt zu nutzen, inklusive und ohne Ausnahme mit dem Recht, sie zu verwenden, zu kopieren, zu verändern, zusammenzufügen, zu veröffentlichen, zu verbreiten, zu unterlizenzieren und/oder zu verkaufen, und Personen, denen diese Software überlassen wird, diese Rechte zu verschaffen, unter den folgenden Bedingungen:

Der obige Urheberrechtsvermerk und dieser Erlaubnisvermerk sind in allen Kopien oder Teilkopien der Software beizulegen.

DIE SOFTWARE WIRD OHNE JEDE AUSDRÜCKLICHE ODER IMPLIZIERTE GARANTIE BEREITGESTELLT, EINSCHLIESSLICH DER GARANTIE ZUR BENUTZUNG FÜR DEN VORGESEHENEN ODER EINEM BESTIMMTEN ZWECK SOWIE JEGLICHER RECHTSVERLETZUNG, JEDOCH NICHT DARAUF BESCHRÄNKT. IN KEINEM FALL SIND DIE AUTOREN ODER COPYRIGHTINHABER FÜR JEGLICHEN SCHADEN ODER SONSTIGE ANSPRÜCHE HAFTBAR ZU MACHEN, OB INFOLGE DER ERFÜLLUNG EINES VERTRAGES, EINES DELIKTES ODER ANDERS IM ZUSAMMENHANG MIT DER SOFTWARE ODER SONSTIGER VERWENDUNG DER SOFTWARE ENTSTANDEN."

INSTALLATION(EN)

V OR UNSEREM START ins Abenteuer Ionic sind erst einmal die benötigten Frameworks zu installieren. Dabei empfehle ich dir folgendes Vorgehen:

1 **Node.js installieren**

▶ https://nodejs.org/de

Auf der Node-Webseite wird dir ein Installer für dein Betriebssystem angeboten. Diesen solltest du einfach downloaden und ausführen.

2 Ionic CLI und Cordova installieren
(über Kommandezeilenfenster/Konsole/Terminal)

Im Terminal gibst du folgende Zeile ein:

```
npm install –g ionic cordova
```

Bei Mac OSX musst Du ggf.

```
sudo
```

voranstellen.

Falls du die Kommandozeile bisher nicht oder selten benutzt hast, empfehle ich dir einen Klick und Blick in das Terminal-Tutorial auf der Seite ▶ http://ionicframework.com/getting-started.

Es ist überhaupt eine gute Idee, vor der Installation einen Blick auf die aktuelle Ionic-Dokumentation zu werfen.

3 SDK(s) für Android, iOS und/oder Windows installieren

Streng genommen ist dieser Installationsschritt für die reine Entwicklung von Ionic-Apps jetzt (noch) nicht zwingend erforderlich. Wollen wir ab einem gewissen Entwicklungsfortschritt unsere App aber auch einmal in einem Plattform-Emulator oder direkt auf einem mobilen Endgerät testen (und irgendwann sollten wir das unbedingt tun), dann benötigen wir das für die jeweilige Zielplattform passende SDK. Spätestens jedoch für das Deployment (ab Seite 350) ist dieser Installationsschritt zwingend notwendig.

Dabei ist es wichtig, zu wissen, dass man

- **auf einem Mac (OSX)** nur Builds für die Plattformen Android und iOS, nicht aber für Windows Universal,

- **auf einem PC (Windows)** nur Builds für die Plattformen Android und Windows Universal, nicht aber für iOS

erstellen kann.

Ionic hat die Setups auf den jeweiligen Plattformen detailliert beschrieben, so dass ich hier auf deren ausgezeichnete Online-Dokumentation verweise:

▶ **Mac OSX Setup:** http://ionicframework.com/docs/resources/platform-setup/mac-setup.html

▶ **Windows Setup:** http://ionicframework.com/docs/resources/platform-setup/windows-setup.html

UMGEBUNG

EINRICHTEN

I M FOLGENDEN GEHE ICH DAVON AUS, dass du die Schritte 1 und 2 des vorangegangenen Abschnitts „Installation(en)" (ab Seite 9) durchgeführt hast.

In diesem Buch habe ich mit Google Chrome und Microsoft Visual Studio Code (VSC) gearbeitet. Da viele Abbildungen (und einige Erläuterungen) darauf basieren, schlage ich vor, dass du dir deine Umgebung entsprechend einrichtest, wenn du (optische) Abweichungen vermeiden und nicht immer „umdenken" möchtest.

Hier die Links zu den Installationen:

▶ **Google Chrome:**

https://www.google.de/chrome/browser/desktop/index.html

▶ **Microsoft Visual Studio Code:**

https://code.visualstudio.com

Ein Tipp zu Visual Studio Code **für Mac-User**: Mit dem Befehl `code .` kannst Du Projekte direkt aus dem Terminal heraus in VSC öffnen, wenn du zuvor einmalig folgende Schritte ausgeführt hast:

1. Visual Studio Code starten.

2. Befehlspalette öffnen über das Menü Anzeigen > Befehlspalette... und `shell` eingeben.

```
>shell

Shellbefehl: Befehl "code" aus "PATH" deinstallieren
Shell Command: Uninstall 'code' command from PATH

Shellbefehl: Befehl "code" in "PATH" installieren
Shell Command: Install 'code' command in PATH
```

3. Shellbefehl: Befehl „code" in „PATH" installieren anklicken.

Unter Windows steht der Befehl `code .` im Terminal unmittelbar nach der Installation von Visual Studio Code zur Verfügung.

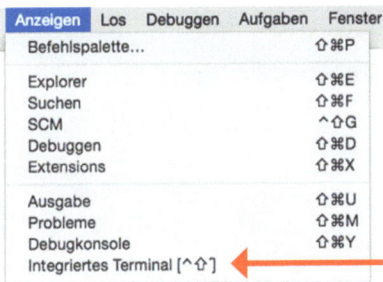

Eine andere Möglichkeit - und diese nutze ich zunehmend - ist die Verwendung des integrierten Terminals in VSC (Menü Anzeigen > Integriertes Terminal). So bekommst du Code-Ansicht und Terminal „unter eine Haube".

Grundsätzlich bleibt es dir natürlich unbenommen, mit *deinem* Lieblingsbrowser und *deiner* Lieblings-Entwicklungsumgebung zu arbeiten.

DIE WEBSITE

ZUM BUCH

EIN BUCH WIE DIESES KANN SCHNELL VERALTEN. Deshalb habe ich eine Website zu „Ionic 3" eingerichtet. Dort findest du die zum jeweiligen Kapitel erreichten Entwicklungsstufen unserer App im Quellcode zum Download - stets aktuell.

Sollte es passieren, dass du in ein paar Monaten mein Buch liest, dazu die neueste Ionic-Version installierst und an irgendeiner Stelle merkst, dass der hier verwendete Code aus irgendeinem Grund nicht funktioniert, wirf einen Blick ins Forum meiner Website. Hier gibt es zu jedem Kapitel ggf. aktualisierte Hinweise. Ansonsten scheue nicht, eine Frage im Forum zu posten, um deren zeitnahe Beantwortung sich die Leser-Community und ich nach besten Kräften bemühen werden.

Hier Adresse und QR-Code zu meiner Buch-Website:

▶ http://ionic3.andreas-dormann.de

UNSERE APP

„BOB TOURS"

DAMIT DU SIEHST, AUF WAS DU DICH HIER ÜBER-HAUPT EINLÄSST, beschreibe und zeige ich dir unsere App, wie du sie selbst - nach Durcharbeiten aller Kapitel - am Ende des Buches entwickelt haben wirst.

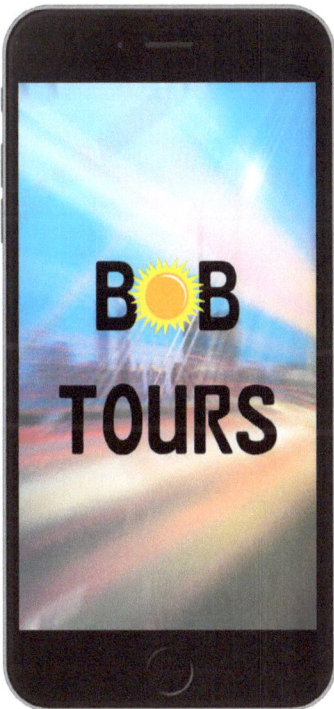

Unsere App lässt sich so charakterisieren: „BoB Tours" ist die App eines imaginären Touristik-Unternehmens namens „Best of Bonn Tours GmbH", kurz: „BoB Tours", das Stadtführungen, Rundfahrten, Radtouren und Wanderungen rund um meine schöne Wahlheimat Bonn anbietet.

In der App lässt sich das Touren-Angebot nach Regionen (z.B. „Bonn Stadtgebiet" oder „Bonner Umland") und Tourtypen (z.B. „Rundgang", „Wanderung") sowie

nach einer Preisspanne durchsuchen bzw. filtern. Hat man eine interessante Tour gefunden, kann man sich deren Details nebst Foto ansehen und sie als Favorit speichern. Den Startpunkt sowie die Route vom aktuellen Standort zum Startpunkt einer jeden Tour kann man sich in einer Karte anzeigen lassen. Schließlich kann man aus der App heraus direkt eine Buchungsanfrage an das Touristik-Unternehmen formulieren und absenden.

Unsere App soll auf einem Smartphone, im Browser und auf einem Tablet gleichermaßen eine gute Figur machen. Deshalb werden wir uns auch dem Aspekt der „Responsibility" zuwenden.

Du siehst, das Ganze wird schon eine kleine Real-Live-App. Dabei werden wir auf eine Reihe von typischen Programmiersituationen stoßen, wie es sie auch im echten Leben eines App-Entwicklers zu meistern gilt.

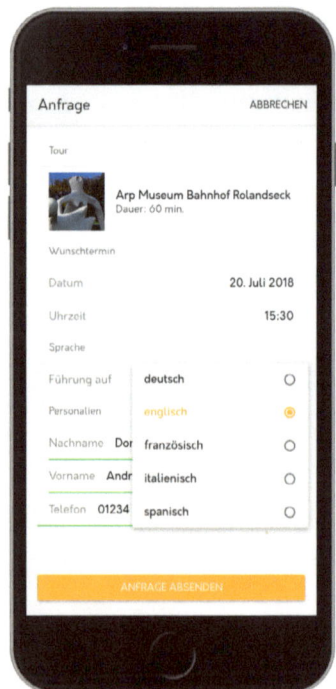

Inspiration für diese App habe ich mir übrigens bei bonntouren.de geholt. Die charmante Inhaberin Soledad Sichert stand für einige meiner App-Touren Patin und ist als ausgezeichnete Gästeführerin unbedingt zu empfehlen!

Wenn du dieses Buch und deine App erfolgreich vollendet hast, solltest du dir und deinen Lieben einen Ausflug ins Bonner Rheinland und eine der erlebnisreichen Bonn-Touren gönnen ;-)

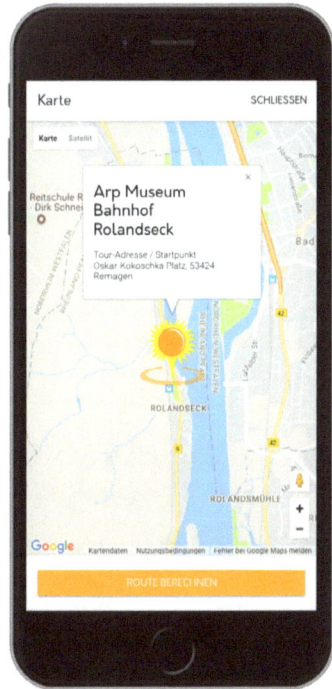

Eine Demoversion von „BoB Tours" kannst du dir hier ansehen:

▶ http://ionic3.andreas-dormann.de/demo

2 | DIE ERSTE APP

IONIC START

NACHDEM IONIC INSTALLIERT UND UNSERE ENTWICKLUNGSUMGEBUNG EINGERICHTET IST, wird es nun Zeit, unsere erste App zu starten. Und mit dem Befehl start legt man in Ionic tatsächlich auch los.

Öffne das Terminal und wechsle in das Verzeichnis, in dem du künftig deine Ionic-Projekte ablegen möchtest.

```
cd mein/ionic/verzeichnis
```

Dann gibst du folgende Zeile ein:

```
ionic start ersteApp tabs
```

Eine kurze Erläuterung der Parameter:

start	Befehl legt ein neues App-Projekt an
ersteApp	Name des anzulegenden Projekt-Ordners und der App
tabs	Name des App-Typs (hier eine tabs-basierte App)

Wenn wir unsere Befehlszeile ausführen, erhalten wir diesen Ablauf:

```
✓ Creating directory ./ersteApp – done!
[INFO] Fetching app base
       (https://github.com/ionic-team/ionic2-app-base/archive/master.tar.gz)
✓ Downloading – done!
[INFO] Fetching starter template tabs
       (https://github.com/ionic-team/ionic2-starter-tabs/archive/master.tar.gz)
✓ Downloading – done!
✓ Updating package.json with app details – done!
✓ Creating configuration file ionic.config.json – done!
[INFO] Installing dependencies may take several minutes!
> npm install
✓ Running command – done!
> git init

? Connect this app to the Ionic Dashboard? (Y/n)
```

Die eventuell auftretende Frage „Connect this app to the Ionic Dashboard?" beantworten wir mit n für No. Dann geht's weiter:

```
> git add -A
> git commit -m „Initial commit" --no-gpg-sign

Next Steps:
Go to your newly created project: cd ./ersteApp
```

Bevor wir unsere App laufen lassen, werfen wir einmal einen Blick in den von Ionic generierten App-Projekt-Ordner. Wir wechseln dazu in den Ordner mit

```
cd ersteApp
```

Mit der Eingabe von

```
code .
```

kannst du als Nutzer von **Visual Studio Code** (siehe "Umgebung einrichten" ab Seite 12) den Projekt-Ordner direkt aus dem Terminal heraus im Editor öffnen.

In **Visual Studio Code** stellt sich unsere App-Struktur nun so dar:

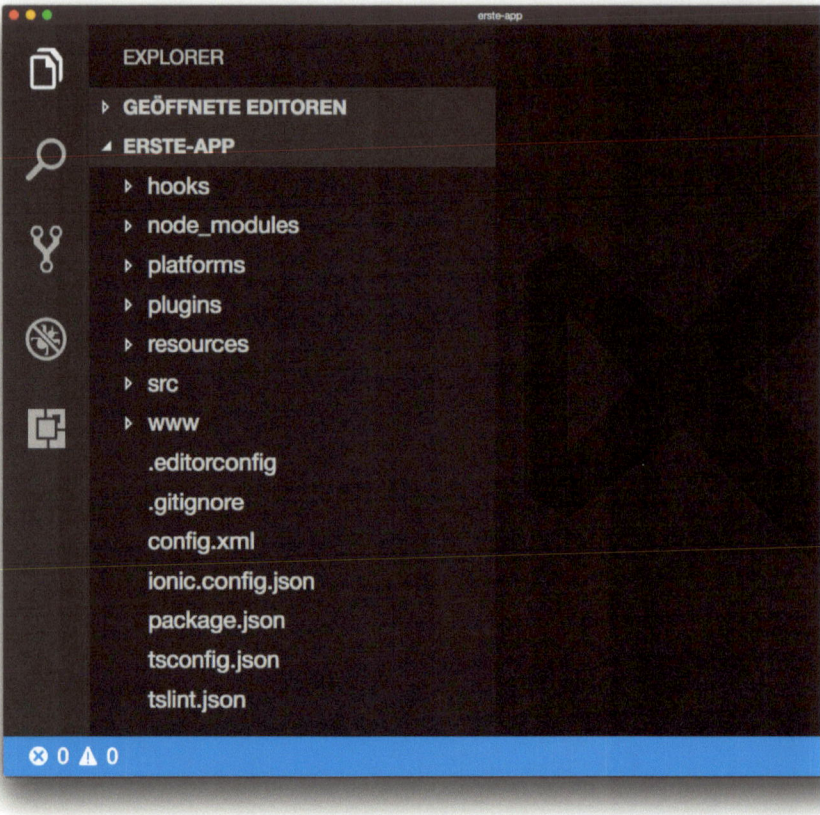

Auf diese Struktur werden wir nachher (siehe "Struktur eines Ionic-Projekts" ab Seite 31) detaillierter eingehen. Zunächst soll uns dieser erste Blick genügen und zeigen, dass wir soeben mit dem start-Befehl von Ionic ein vollständiges Projektgerüst mit allen für unsere erste App erforderlichen Komponenten erzeugt haben.

IONIC SERVE

JETZT WOLLEN WIR UNSERE APP ABER ENDLICH EIN-
MAL LAUFEN LASSEN! Wir starten die Ausführung der App
im Terminal mit

```
ionic serve
```

Ionic führt nun verschiedene (Kompilierungs-)Prozesse aus...

```
Starting app-scripts server: --port 8100 --livereload-port 35729 --address 0.0.0.0 -
Ctrl+C to cancel
[21:04:53]  watch started ...
[21:04:53]  build dev started ...
[21:04:53]  clean started ...
[21:04:53]  clean finished in less than 1 ms
[21:04:53]  copy started ...
[21:04:53]  transpile started ...
[21:04:55]  transpile finished in 1.30 s
[21:04:55]  preprocess started ...
[21:04:55]  deeplinks started ...
[21:04:55]  deeplinks finished in 6 ms
[21:04:55]  preprocess finished in 6 ms
[21:04:55]  webpack started ...
[21:04:55]  copy finished in 1.41 s
[21:05:00]  webpack finished in 5.40 s
[21:05:00]  sass started ...
[21:05:01]  sass finished in 648 ms
[21:05:01]  postprocess started ...
[21:05:01]  postprocess finished in 3 ms
[21:05:01]  lint started ...
[21:05:01]  build dev finished in 7.38 s
[21:05:01]  watch ready in 7.41 s
[21:05:01]  dev server running: http://localhost:8100/

[INFO] Development server running!
       Local: http://localhost:8100
       External: http://192.168.178.21:8100

[21:05:02]  lint finished in 1.08 s
```

... und erstellt einen Build unserer ersten App, den wir standardmäßig über die Adresse localhost:8100 im Browser angezeigt bekommen.

Es hat geklappt!

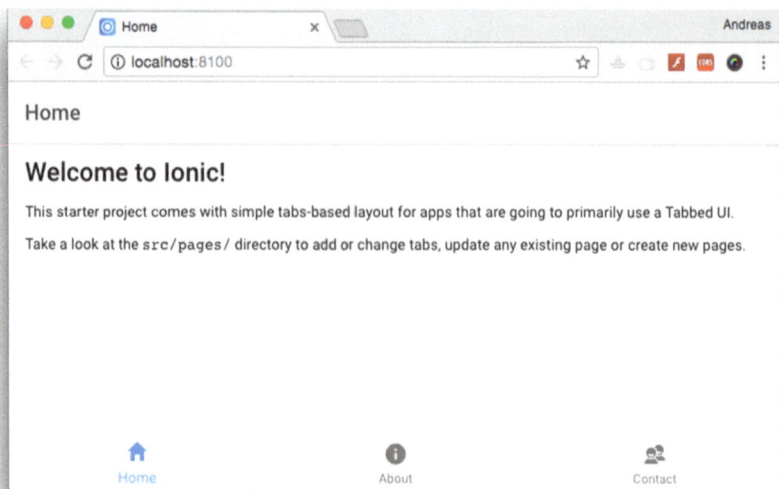

Unsere erste Ionic-App läuft im Browser! Ist das nicht fantastisch?

Öffne in deinem Code-Editor nun einmal die Datei src > pages > home > home.html und ändere den ion-title-Tag und den h2-Tag wie in der nachfolgenden Abbildung gezeigt:

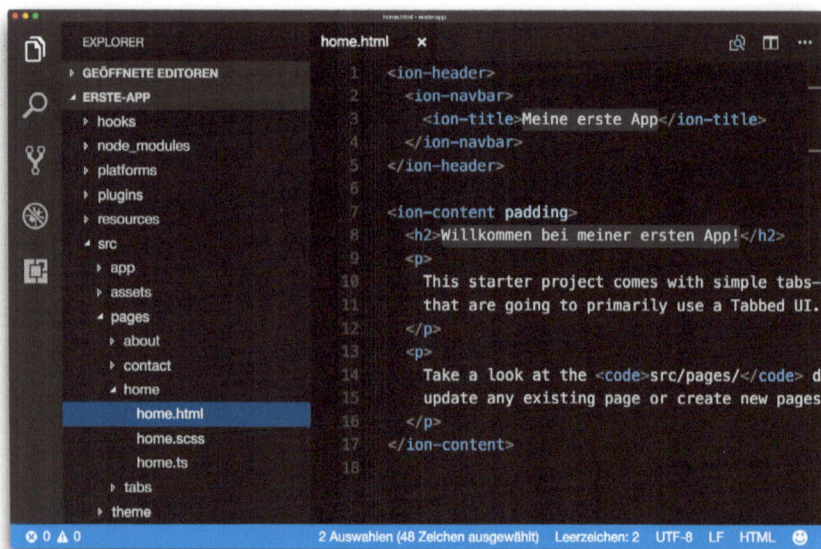

Um den nächsten spannenden Augenblick genießen zu können, solltest du Browser- und Editor-Fenster nebeneinander platzieren.

Speichere nun den geänderten Code im Editor (STRG+S bzw. cmd+S) und achte dabei auf den Inhalt des Browser-Fensters!

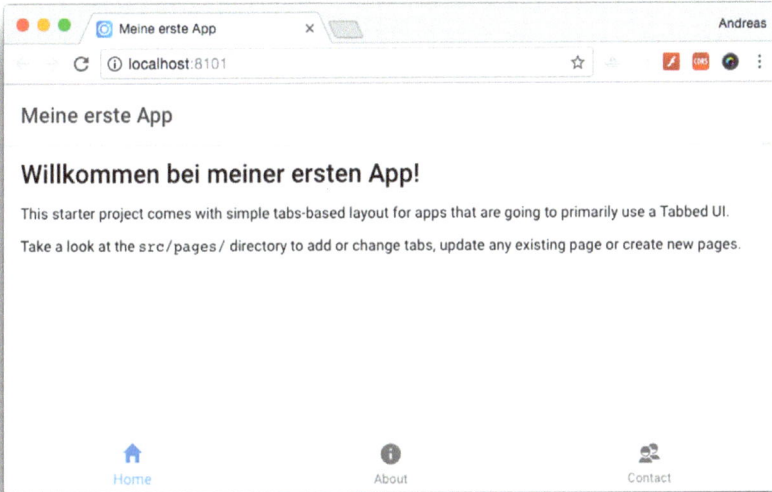

Voila! Die App hat sich augenblicklich von selbst aktualisiert und deine Änderungen sofort umgesetzt. Klasse, dieser *Live Reload*, oder?

Um unsere Anwendung im Browser wie eine richtige App aussehen zu lassen, aktiviere in Chrome die **Entwicklertools** über das Menü Anzeigen > Entwickler > Entwicklertools (oder STRG+ALT+I bzw. alt+cmd+I). Über das Symbol ToggleDeviceToolbar 🔲 in der Kopfzeile der Entwicklertools kannst du nun die Device Toolbar aktivieren und damit das Format verschiedener mobiler Endgeräte simulieren.

Hier unsere App
in der **Galaxy-S5**-Ansicht:

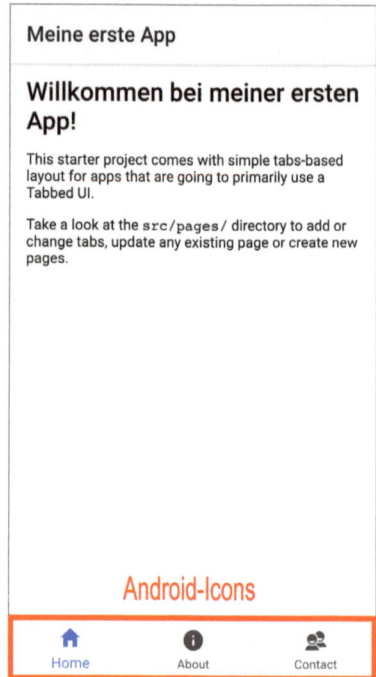

Und hier die App
in der **iPhone-8-Plus**-Ansicht:

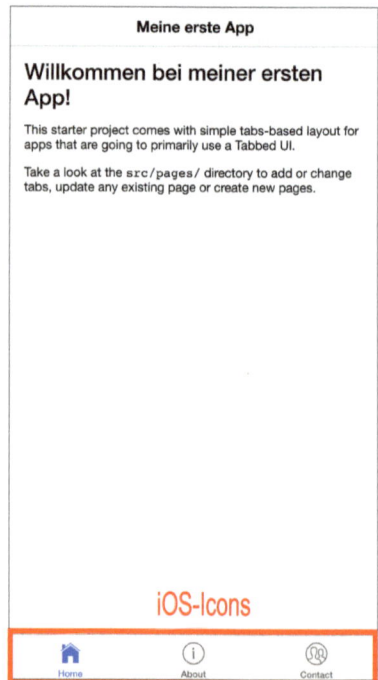

Wir können unsere App sogar im Format eines **iPad** darstellen. Das wird später praktische Bedeutung erlangen, wenn wir unsere App auch tablet-tauglich machen (siehe Kapitel "UI-Design für Tablets (SplitPane)" ab Seite 255).

Über den Eintrag Edit... in der Aufklappliste können wir noch weitere Formate aktivieren sowie über den Button Add custom device... auch eigene Formate hinzufügen.

Über das Symbol Rotate

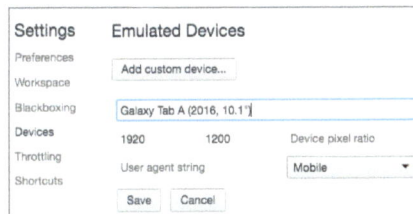

kann man zwischen Portrait (Hochformat) und Landscape (Querformat) wechseln.

Tipp: Wenn du zwischen Android- und iOS-Devices wechselst, lade die Seite im Browser jeweils neu (STRG+R bzw. cmd+R). Dann werden auch die jeweiligen device-typischen Icons aktualisiert. Ionic liefert nämlich jeweils eigene Icon-Sets für Android und iOS!

IONIC CORDOVA

BUILD / EMULATE

D EN FOLGENDEN BEFEHL KANNST DU NUR AN-
WENDEN, sofern du den Schritt „SDK(s) für Android,
iOS und/oder Windows installieren" (Seite 11) für die
entsprechende(n) Plattform(en) durchgeführt hast.

Gib nacheinander folgende Befehle ein, um unsere App im Emulator einer iOS-Plattform ablaufen zu lassen:

```
ionic cordova build ios
```

```
ionic cordova emulate ios
```

Ersetze ios durch android für Android-Testläufe.

Weitere Optionen zu emulate findest du in der Ionic-Dokumentation unter

▶ https://ionicframework.com/docs/cli/cordova/emulate/

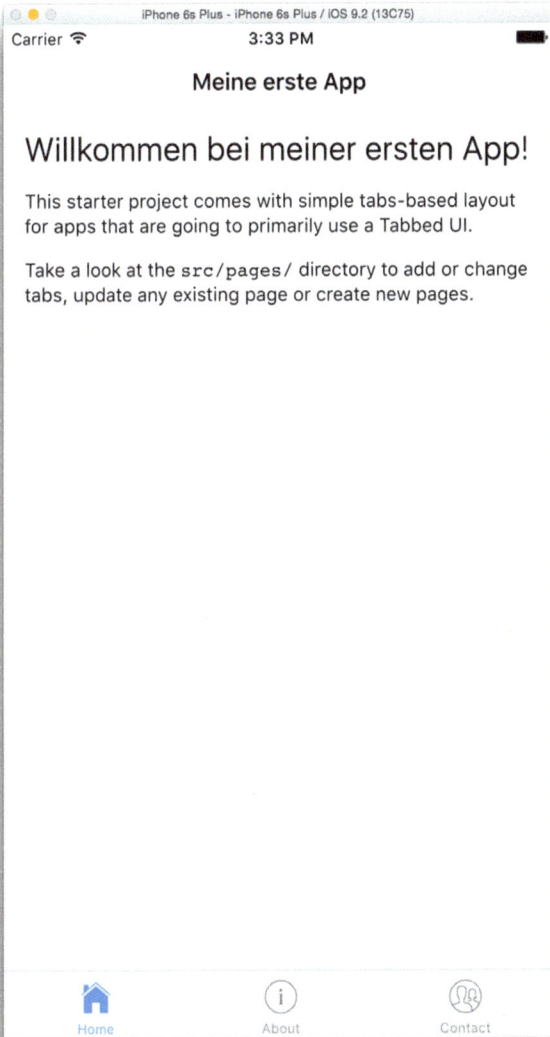

IONIC CORDOVA RUN

D EN FOLGENDEN BEFEHL KANNST DU NUR AN-
WENDEN, sofern du den Schritt „SDK(s) für Android,
iOS und/oder Windows installieren" (Seite 11) für die
Android-Plattform durchgeführt hast.

Unsere App auf einem mobilen Android-Endgerät zu testen, ist
erfreulich einfach:

Verbinde dein Gerät via USB mit dem Rechner. Stelle sicher, dass
USB Debugging auf dem Gerät **aktiviert** ist.

Gib dann folgenden Befehl ein:

```
ionic cordova run android
```

Tests auf einem iOS-Endgerät erfordern etwas mehr Aufwand,
vor allem einen kostenpflichtigen Apple Developer Account ($99/
Jahr). Wenn du einen solchen besitzt und du Xcode mit den erforderlichen Zertifikaten zum Testen von Devices eingerichtet hast,
kannst du das Xcode-Projekt im Ordner erste-app/platforms/ios öffnen
und deine App aus Xcode heraus ausführen (siehe hierzu auch das
Kapitel "10 | Debug, Deploy & Publish" ab Seite 324).

SIDEMENU-APP

NACHDEM WIR NUN VERSCHIEDENE WEGE KEN-NEN GELERNT HABEN, wie wir eine App im Browser, im Emulator oder auf einem mobilen Endgerät zum Laufen bringen können, starten wir nun mit unserer Tourismus-App namens „BoB-Tours", die uns als roter Faden durch dieses und alle weiteren Kapitel führen wird.

Unsere App soll kein tabs-basiertes Layout haben, sondern ein schickes Sidemenu bekommen, wie es viele neuere Apps besitzen. Unseren App-Ordner erste-app benötigen wir also nicht mehr und können ihn löschen.

Unsere Sidemenu-App legen wir mit folgendem Befehl an:

```
ionic start bob-tours sidemenu
```

Sobald der Projektordner angelegt und alle Packages geladen sind, wechseln wir in den Projektordner mit

```
cd bob-tours
```

und starten unsere neue App im Browser mit

```
ionic serve
```

So präsentiert sich unsere neue Sidemenu-App:

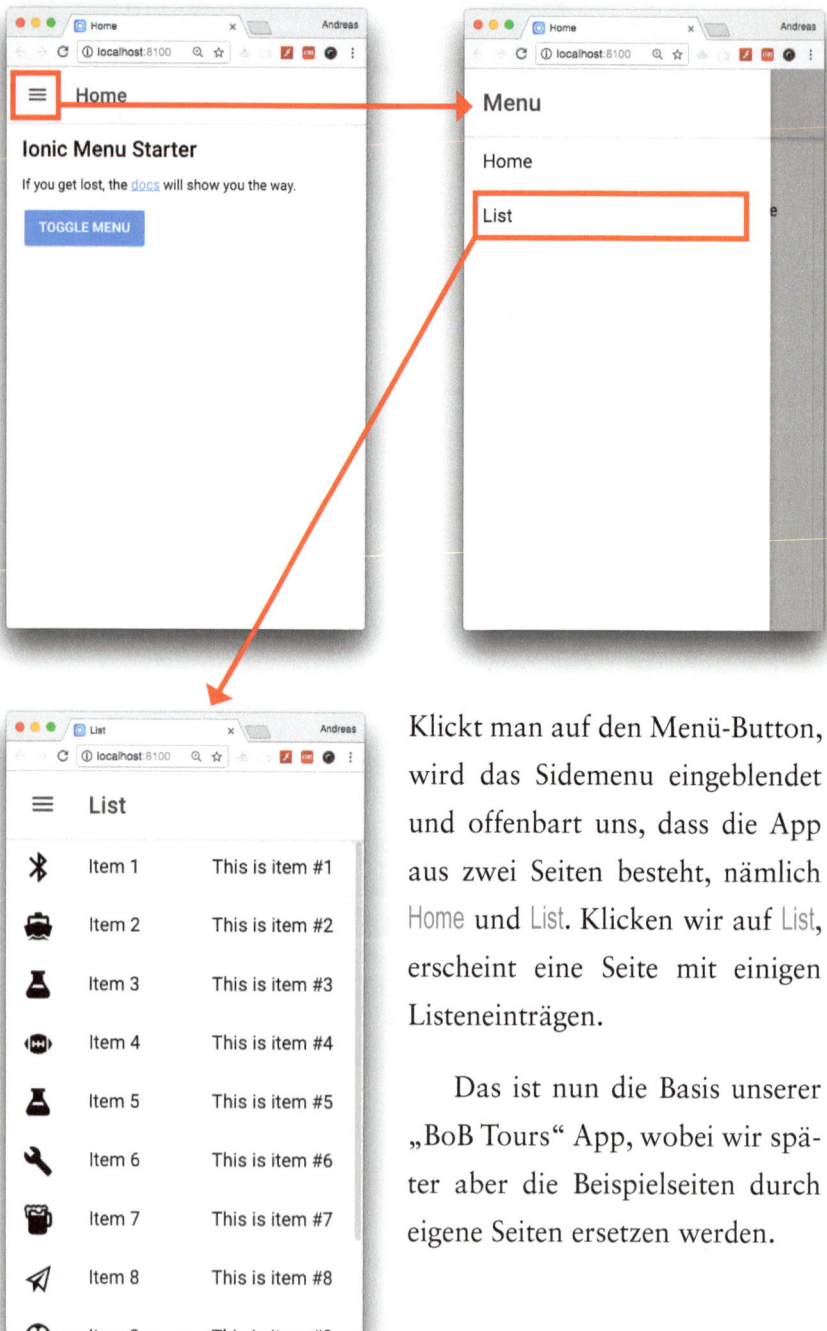

Klickt man auf den Menü-Button, wird das Sidemenu eingeblendet und offenbart uns, dass die App aus zwei Seiten besteht, nämlich Home und List. Klicken wir auf List, erscheint eine Seite mit einigen Listeneinträgen.

Das ist nun die Basis unserer „BoB Tours" App, wobei wir später aber die Beispielseiten durch eigene Seiten ersetzen werden.

STRUKTUR EINES IONIC-PROJEKTS

S CHAUEN WIR UNS EINMAL DIE STRUKTUR UNSERES PROJEKTS AN. Dabei geht es zunächst nur um einen Überblick.

src

Im Ordner src (source) werden wir unsere meiste Entwicklerzeit verbringen, da sie die meisten Code-Dateien enthält, die wir bearbeiten werden. Hier werden wir (gleich) auch noch eine ganze Reihe eigener Code-Dateien anlegen.

app

Dies ist der Startordner einer App mit der Bootstrap-Datei main.ts. Hier bzw. in app.module.ts und app.component.ts kannst du Initialisierungscode platzieren.

pages

Im Ordner pages werden alle Seiten (Views) einer App angelegt.

home

Schauen wir uns den Inhalt des Ordners home an. Er enthält drei Dateien:

home.ts

ist eine Type-Script-Datei und repräsentiert die Angular-Komponente (den eigentlichen Funktionscode) einer Seite.

home.html

enthält den HTML-Code mit den sichtbaren Elementen einer Seite.

home.scss

ist eine Sass-Datei. Kurz gesagt ist Sass syntaktisch erweitertes CSS und kümmert sich um Style-Anweisungen für eine Seite.

theme

Im theme-Ordner werden die globalen Styles einer App gepflegt werden.

www

Ionic durchläuft bei einem build einen Kompilierungsprozess und legt die erzeugten Dateien im Ordner www ab.

index.html

Diese Seite ist der Startpunkt einer kompilierten App. Sie enthält mit deren Root-Komponente.

Es gibt einige zentrale Dateien im Stammverzeichnis eines Ionic-Projekts, die du kennen solltest:

config.xml

Dies ist die Standard-Konfigurationsdatei von Ionic-/Cordova-Apps.

ionic.config.json

enthält ein paar grundlegende Konfigurationswerte für eine Ionic-App.

package.json

ist die Standarddatei, die Node verwendet, um Packages zu installieren.

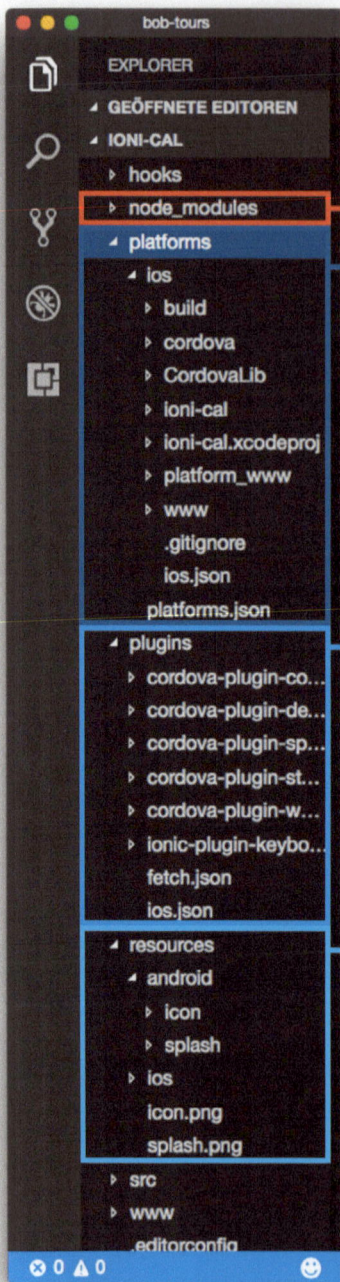

node_modules

Wie bei allen Node-Anwendungen ist das der Ordner, in den alle npm-Packages installiert werden.

platforms

Hier werden Dateien abgelegt, wenn wir eine App für eine bestimmte Plattform kompilieren. Üblicherweise werden diese nicht weiter manuell bearbeitet.

plugins

Dieser Ordner enthält alle Native Device Plugins, die in einer App verwendet werden, wie zum Beispiel die Kamera.

resources

Dieser Ordner enthält alle (plattformspezifischen) Mediendateien wie Icons und Splashscreens.

Das soll hier als erster Überblick genügen.

3 | NAVIGATION

PAGES

WENN WIR EINE APP PLANEN, ist es immer eine gute Idee, uns zunächst ein paar Gedanken über ihren Aufbau zu machen. Dabei spielt bei Apps die Seiten-Navigation eine zentrale Rolle. Für unsere App „BoB Tours" soll die Navigation so aussehen:

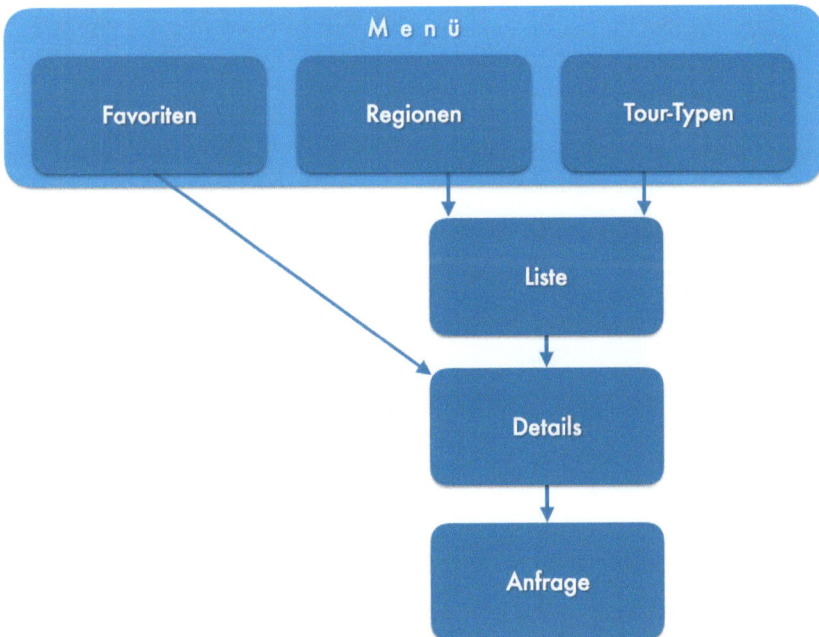

Die Seiten in der Waagerechten (Favoriten, Regionen, Tour-Typen) sollen dabei unsere Menü-Seiten bilden. Von dort aus gelangt man dann zu den Folgeseiten Liste, Details und Anfrage, wobei es von den Favoriten direkt zu den Details geht.

Machen wir uns an die Arbeit und werfen zunächst einen Blick in den Ordnerbereich von src > pages. Wie wir sehen, gibt es dort bereits die von unserem sidemenu-Template automatisch generierten Seiten home und list.

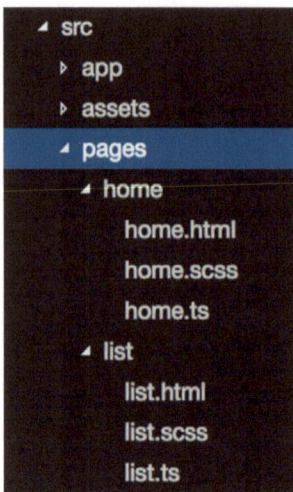

```
▲ src
  ▶ app
  ▶ assets
  ▲ pages
    ▲ home
        home.html
        home.scss
        home.ts
    ▲ list
        list.html
        list.scss
        list.ts
```

Die könnten wir nun manuell abändern und bereits für unsere App nutzen. Die fehlenden Seiten wären dann noch zu ergänzen. Dumm nur, dass eine Seite immer aus mehreren Dateien besteht. Da kommt wohl erst mal langweilige immer gleiche Routine-Arbeit auf uns zu, um all' diese Seiten anzulegen, oder?

Nein! Ionic sei Dank! Bei dieser Aufgabe hilft uns nämlich der integrierte Code-Generator.

Entfernen wir aber zuerst einmal die beiden Seiten-Ordner home und list. Das können wir gleich in Visual Studio Code erledigen (Rechtsklick auf Ordnernamen > Loeschen).

Die Namen der Seiten home und list bzw. HomePage und ListPage merken wir uns aber. Wir werden für Umbauarbeiten im Code gleich Ausschau nach diesen Namen halten müssen...

IONIC GENERATE

S O, WAS IST NUN MIT DIESEM CODE-GENERATOR?
Wie kann uns Ionic dabei helfen, Seiten in unserer App anzulegen?

Da hilft ein Blick in die Terminal-Hilfe zu generate, die wir mit

```
ionic generate --help
```

aufrufen. Da lesen wir nun folgendes:

```
Generate pipes, components, pages, directives, providers, and tabs (ionic-angular >=
3.0.0)

  Usage:
    $ ionic generate [type] [name]
  Inputs:
    type .................. The type of generator (e.g. page, component, tabs)
    name .................. The name of the component being generated
  Examples:
    $ ionic generate
    $ ionic generate component
    $ ionic generate directive
    $ ionic generate page
    $ ionic generate pipe
    $ ionic generate provider
    $ ionic generate tabs
    $ ionic generate component foo
    $ ionic generate page Login
    $ ionic generate pipe MyFilterPipe
```

Ok, generate page klingt doch passend!

Versuchen wir es einmal damit:

```
ionic generate page Favoriten
```

Nach dem Ausführen dieser Anweisung müssen wir nicht lange auf eine gute Nachricht warten:

```
[OK] Generated a page named Favoriten!
```

Schauen wir uns das einmal genauer im Editor an:

```
⊿ pages
   ⊿ favoriten
         favoriten.html
         favoriten.module.ts
         favoriten.scss
         favoriten.ts
```

Es wurde innerhalb des Ordner src > pages tatsächlich ein Unterordner namens favoriten mit scss-, html- und ts-Dateien angelegt. Und wir haben uns dabei nicht überarbeitet, oder?

Und weil es so schön einfach war, legen wir auch gleich die beiden Seiten Regionen und Tour-Typen an. Hier verwenden wir statt des Kommandos generate einfach einmal das Kürzel g:

```
ionic g page Regionen
```

```
ionic g page Tour-Typen
```

Damit wären auch schon alle Menü-Seiten unserer App erstellt.

Die pages-Ordner home und list kannst du nun löschen, da sie nicht mehr benötigt werden.

SEITEN EINBINDEN

JETZT GILT ES, DIESE DREI SEITEN IN UNSERE APP UND DAS MENÜ EINZUBINDEN. Dazu begeben wir uns in die Datei src > app > app.module.ts, dem zentralen App-Modul.

```ts
app.module.ts ×
 1   import { BrowserModule } from '@angular/platform-browser';
 2   import { ErrorHandler, NgModule } from '@angular/core';
 3   import { IonicApp, IonicErrorHandler, IonicModule } from 'ionic-angular';
 4
 5   import { MyApp } from './app.component';
 6   import { HomePage } from '../pages/home/home';
 7   import { ListPage } from '../pages/list/list';
 8
 9   import { StatusBar } from '@ionic-native/status-bar';
10   import { SplashScreen } from '@ionic-native/splash-screen';
11
12   @NgModule({
13     declarations: [
14       MyApp,
15       HomePage,
16       ListPage
17     ],
18     imports: [
19       BrowserModule,
20       IonicModule.forRoot(MyApp),
21     ],
22     bootstrap: [IonicApp],
23     entryComponents: [
24       MyApp,
25       HomePage,
26       ListPage
27     ],
28     providers: [
29       StatusBar,
30       SplashScreen,
31       {provide: ErrorHandler, useClass: IonicErrorHandler}
32     ]
33   })
34   export class AppModule {}
```

Hier finden wir drei Bereiche, in denen die ursprünglichen Seiten home (HomePage) und list (ListPage) eingebunden werden.

Vorweg: Seit Ionic 3 gibt es einen vereinfachten Weg zur Einbindung von Seiten (sogenanntes Lazy Loading). Deshalb werden wir nun ein wenig umbauen, besser gesagt: zurückbauen.

import

In den Zeilen 6 und 7 sorgen die import-Anweisungen dafür, dass die Seiten HomePage und ListPage in diesem Codebereich verfügbar werden. Wir löschen diese beiden import-Zeilen, denn wir brauchen sie seit Ionic 3 nicht mehr. Dazu später mehr.

declarations

Die Dekorator-Funktion @NgModule (ab Zeile 12) beinhaltet ein Metadaten-Objekt, das Angular mitteilt, wie es Modul-Code kompilieren und ausführen soll. In der Metadaten-Eigenschaft declarations löschen wir die Einträge HomePage und ListPage (bisherige Zeilen 15 und 16), denn wir brauchen sie seit Ionic 3 nicht mehr.

entryComponents

Eine weitere Metadaten-Eigenschaft stellen die entryComponents (ab Zeile 23) dar. Hier werden - vereinfacht formuliert - Komponenten eingetragen, die mit dem Start der App gleich mit ausgeliefert werden sollen. Auch hier können wir auf die Einträge HomePage und ListPage (bisherige Zeilen 25 und 26) verzichten, löschen diese also.

So sieht src > app > app.module.ts nach dem Aufräumen aus:

```
app.module.ts ×
 1    import { BrowserModule } from '@angular/platform-browser';
 2    import { ErrorHandler, NgModule } from '@angular/core';
 3    import { IonicApp, IonicErrorHandler, IonicModule } from 'ionic-angular';
 4
 5    import { MyApp } from './app.component';
 6
 7    import { StatusBar } from '@ionic-native/status-bar';
 8    import { SplashScreen } from '@ionic-native/splash-screen';
 9
10    @NgModule({
11      declarations: [
12        MyApp
13      ],
14      imports: [
15        BrowserModule,
16        IonicModule.forRoot(MyApp),
17      ],
18      bootstrap: [IonicApp],
19      entryComponents: [],
20      providers: [
21        StatusBar,
22        SplashScreen,
23        {provide: ErrorHandler, useClass: IonicErrorHandler}
24      ]
25    })
26    export class AppModule {}
27
```

Nichts weist mehr auf irgendwelche Seiten hin. Hmm... und das soll funktionieren? Glaub' mir: ja, das tut es. In unserem App-Modul app.module.ts brauchen wir seit Ionic 3 keine Seiten mehr zu importieren, deklarieren oder als Einstiegskomponenten aufzulisten.

Verantwortlich dafür ist, das (seit Ionic 3) mit ionic generate page zu jeder Seite nicht nur (wie bisher) eine SeitenName.ts, sondern zusätzlich eine SeitenName.module.ts erzeugt wird. Wenn du dir den Inhalt eines dieser Seiten-Module ansiehst, findest du dort in @NgModule einen exports-Eintrag, der die jeweilige Seite exportiert und damit app-weit verfügbar macht. Wir werden auf die so exportierten Seiten gleich in app.component.ts zugreifen, um daraus unser Sidemenu zu gestalten.

Wenden wir uns der Datei src > app > app.component.ts zu, der zentralen App-Komponente (nur bis Zeile 29 dargestellt).

```
app.component.ts ×
1    import { Component, ViewChild } from '@angular/core';
2    import { Nav, Platform } from 'ionic-angular';
3    import { StatusBar } from '@ionic-native/status-bar';
4    import { SplashScreen } from '@ionic-native/splash-screen';
5
6    import { HomePage } from '../pages/home/home';
7    import { ListPage } from '../pages/list/list';
8
9    @Component({
10     templateUrl: 'app.html'
11   })
12   export class MyApp {
13     @ViewChild(Nav) nav: Nav;
14
15     rootPage: any = HomePage;
16
17     pages: Array<{title: string, component: any}>;
18
19     constructor(public platform: Platform, public statusBar: StatusBar,
20       this.initializeApp();
21
22       // used for an example of ngFor and navigation
23       this.pages = [
24         { title: 'Home', component: HomePage },
25         { title: 'List', component: ListPage }
26       ];
27
28     }
29
```

Wir löschen die imports (Zeilen 6 und 7) und Zeile 15 ändern wir so ab:

```
rootPage: any = 'FavoritenPage';
```

Wir weisen der Variablen this.pages unsere Seiten zu:

```
this.pages = [
    { title: 'Meine Favoriten', component: 'FavoritenPage' },
    { title: 'Regionen', component: 'RegionenPage' },
    { title: 'Tour-Typen', component: 'TourTypenPage' }
  ];
```

So sieht die Datei src > app > app.component.ts nach dem Umbau aus (nur bis Zeile 27 dargestellt):

```
app.component.ts  ×
1    import { Component, ViewChild } from '@angular/core';
2    import { Nav, Platform } from 'ionic-angular';
3    import { StatusBar } from '@ionic-native/status-bar';
4    import { SplashScreen } from '@ionic-native/splash-screen';
5
6    @Component({
7      templateUrl: 'app.html'
8    })
9    export class MyApp {
10     @ViewChild(Nav) nav: Nav;
11
12     rootPage: any = 'FavoritenPage';
13
14     pages: Array<{title: string, component: any}>;
15
16     constructor(public platform: Platform, public statusBar: StatusBar,
17       this.initializeApp();
18
19       // used for an example of ngFor and navigation
20       this.pages = [
21         { title: 'Meine Favoriten', component: 'FavoritenPage' },
22         { title: 'Regionen', component: 'RegionenPage' },
23         { title: 'Tour-Typen', component: 'TourTypenPage' }
24       ];
25
26     }
27
```

Wie du siehst, greifen wir auf die Seiten zu, indem wir einfach deren Namen als Strings verwenden.

Lass' uns in src > app > app.html noch den Eintrag Menu durch unseren App-Namen BoB Tours ersetzen:

```
app.html     ×
1    <ion-menu [content]="content">
2      <ion-header>
3        <ion-toolbar>
4          <ion-title>BoB Tours</ion-title>
5        </ion-toolbar>
6      </ion-header>
```

Unsere App sieht nun so aus:

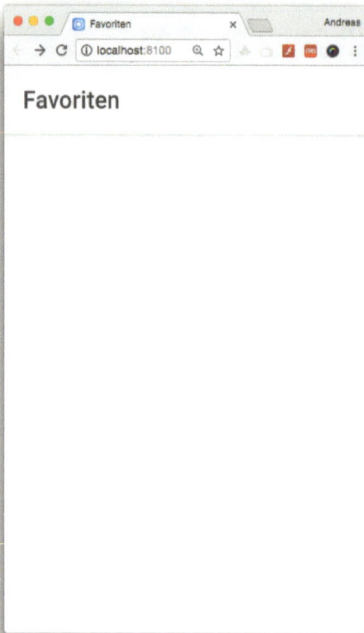

Was auffällt: Der Menü-Button (oben links neben dem Seitentitel) ist weg! Das lässt sich einfach korrigieren. Ergänze hierzu in allen drei html-Seiten (favoriten.html, regionen. html und tour-typen.html) oberhalb von ion-title folgenden Code:

```
<ion-header>
  <ion-navbar>
    <button ion-button menuToggle>
      <ion-icon name="menu"></ion-icon>
    </button>
    <ion-title>Favoriten</ion-title>
  </ion-navbar>
</ion-header>
```

Jetzt passt alles: Der Menü-Button ist auf allen drei Seiten sichtbar und funktioniert wie erwartet. Das Seitenmenü zeigt unseren App-Namen und listet unsere Seiten auf. So soll es sein!

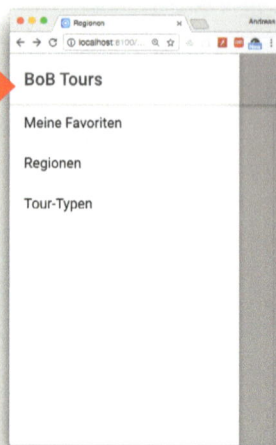

STACKS

W IR WERDEN NOCH DIE WEITEREN SEITEN (Liste, Details und Anfrage) anlegen. Diese sind im Terminal schnell generiert:

```
ionic generate page Liste
ionic generate page Details
ionic generate page Anfrage
```

Bevor wir diese in unsere Seiten-Navigation integrieren, schauen wir uns aber erst einmal genauer an, wie Ionic Seiten verwaltet. Dazu müssen wir uns über Stacks unterhalten. Stacks? Was ist das denn? Wenn du dir unsere Seiten-Navigation noch einmal anschaust, betrachte diese einmal von oben nach unten. Da wäre eine denkbare Navigationsreihenfolge Favoriten > Details > Anfrage.

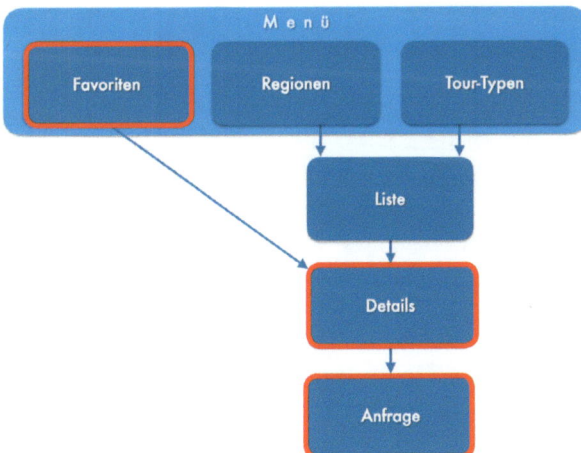

Und nun stell' dir unsere Menü-Seiten als Spielkarten vor, die auf einem Stapel (Stack) liegen. Obenauf liegt die Karte Favoriten. Das ist die Seite, die der Anwender gerade sieht.

Wechselt der Anwender zu Details, legt Ionic die neue Seite oben auf unseren Seitenstapel.

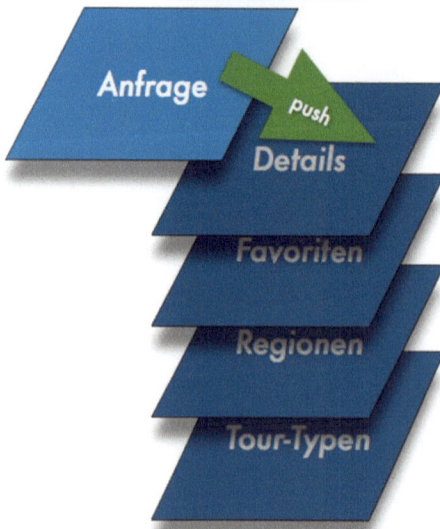

Wechselt der Anwender zur Anfrage, wird diese Seite obendrauf gelegt.

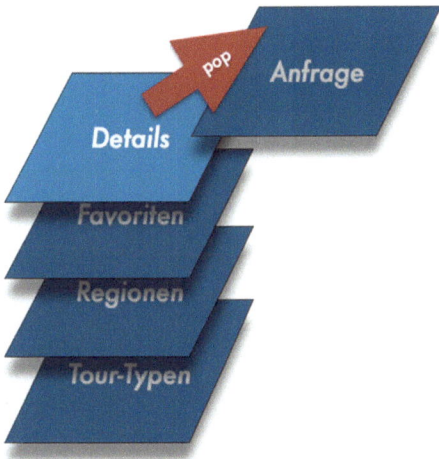

Was passiert nun, wenn der Anwender von der Anfrage zurück zu den Details navigiert?

Na, dann wird diese Seite wieder vom Stack genommen. Damit wird die Seite Details wieder die oberste Seite und für den Anwender sichtbar.

Entsprechend verhält es sich, wenn der Anwender von den Details zurück zur Seite Favoriten wechselt.

Dieses System nennt man Navigation Stack.

Und warum lautet die Überschrift dieses Abschnitts „Stacks"? Hier geht es doch immer nur um *einen* Stack!? Du ahnst es sicher: Eine Ionic-App kann *mehrere* Navigationsstapel (Stacks) besitzen.

Mit mehreren Stacks könntest du eine App mit ganz ausgeklügelten Navigationspfaden, Seitenpfaden und Unterpfaden gestalten! Aber denk' daran, dass der Anwender später kein Navi benötigen sollte, um sich in deiner App zurecht zu finden ;-)

NAVCONTROLLER

U M DIE STEUERUNG DES NAVIGATION STACK KÜM-
MERT SICH DER NAVCONTROLLER. Seine Metho-
den push() und pop() und wie diese auf einen Navigation
Stack wirken, habe ich in die Grafiken auf den vorigen Seiten bereits
eingezeichnet. Nun geht's an deren Verwendung in unserer App.

Als erstes wollen wir von der Seite Favoriten zur Seite Details wechseln. Dazu erzeugen wir in src > pages > favoriten > favoriten.html innerhalb
des ion-content-Tags einen Button, der auf ein click-Event reagiert, indem eine Funktion namens showDetails() ausgeführt wird:

```
<ion-content padding>
  <button ion-button (click)="showDetails()">Details</button>
</ion-content>
```

In src > pages > favoriten > favoriten.ts schreiben wir dazu innerhalb
der Klasse FavoritenPage die Funktion showDetails():

```
showDetails() {
    this.navCtrl.push('DetailsPage');
}
```

Was bedeutet die Zeile? Mit dem Schlüsselwort this greifen
wir auf unser Seiten-Objekt zu. Dieses kennt ein Objekt namens
navCtrl. Dabei handelt es sich um den NavController, der über die
Zeile

```
import { IonicPage, NavController NavParams } from 'ionic-angular';
```

in unsere Seite importiert und im Konstruktor mit

```
constructor(public navCtrl: NavController public navParams: NavParams) {}
```

als `public`-Variable namens `navCtrl` instantiiert wurde.

Die Methode `push` sagt dir nach meinen bisherigen Ausführungen zum Navigation Stack bzw. Stacks etwas: sie sorgt für den Wechsel zur Seite Details, indem sie die Seite oben auf den Seitenstapel legt.

Schauen wir uns an, wie nun die Navigation in unserer App funktioniert:

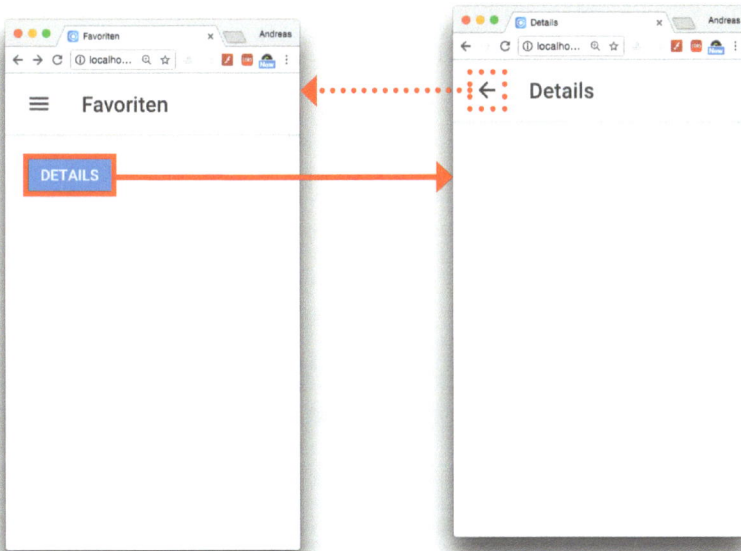

Prima ist, dass der Seite Details automatisch ein Back-Button spendiert wurde, mit dem wir zurück navigieren können. Das ist die Regel: Jede Seite, die ein ion-navbar-Element besitzt, aber nicht die Startseite (rootPage) ist, erhält automatisch einen Back-Button.

Der Übung halber - obwohl es bereits einen Back-Button gibt - spendieren wir der Seite Details einen eigenen Button, mit dem wir zur Favoriten-Seite zurück navigieren können. Hier der Code in src > pages > details > details.html:

```html
<ion-content padding>
  <button ion-button (click)="navigate()">back</button>
</ion-content>
```

Und hier der Code dazu in src > pages > details > details.ts:

```
navigate() {
    this.navCtrl.pop();
}
```

Wenn wir die Navigation testen, stellen wir fest, dass sich unser back-Button genau so verhält, wie der automatisch hinzugefügte back-Button in der Kopfzeile unserer App.

Wie gesagt, diente dies nur der Übung bzw. der Demonstration der pop()-Methode und macht in unserem Kontext navigations-technisch keinen Sinn. Wir ändern daher den vorstehenden Code etwas ab. In src > pages > details > details.html:

```html
<ion-content padding>
  <button ion-button (click)="navigate()">Tour anfragen</button>
</ion-content>
```

Und den Code in src > pages > details > details.ts:

```
navigate() {
    this.navCtrl.push('AnfragePage');
}
```

Unsere Navigation stellt sich jetzt so dar:

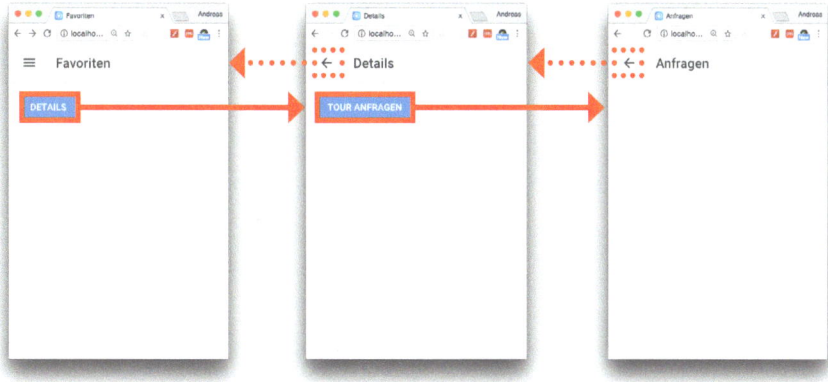

Auch die Anfrage-Seite besitzt automatisch einen Back-Button, da sie ein ion-navbar-Element besitzt, aber nicht die Startseite (rootPage) ist.

Schön wäre es noch, wenn wir von der Anfrage-Seite direkt zur Favoriten-Seite zurückspringen könnten. Dazu spendieren wir src > pages > anfrage > anfrage.html einen Button:

```html
<ion-content padding>
  <button ion-button (click)="navigate()">Zurück zu Favoriten</button>
</ion-content>
```

Die zugehörige Funktion navigate() in src > pages > anfrage > anfrage.ts codieren wir so:

```typescript
navigate() {
    this.navCtrl.popToRoot();
}
```

So weit, so gut! Aber was ist schon eine App ohne Daten? Und wie werden Daten von einer App-Seite an die nächste weiter gereicht? Diesen Fragen widmen wir uns im nächsten Abschnitt.

NavParams

U M DATEN VON EINER SEITE ZUR NÄCHSTEN WEITER ZU REICHEN, verwenden wir die NavParams. Wie das funktioniert, beschreibt dieser Abschnitt.

Zunächst wäre es hilfreich, uns erst einmal ein paar Daten zu erzeugen. Das machen wir in unserer rootPage, also in der Seite Favoriten. In src > pages > favoriten > favoriten.ts legen wir oberhalb des Konstruktors ein kleines Array von Tour-Objekten an:

```
touren = [
    { ID: '1', Titel: 'Stadtrundgang Bonn' },
    { ID: '2', Titel: 'Auf den Spuren von Beethoven' },
    { ID: '3', Titel: 'Villa Hammerschmidt' }
];
```

Bauen wir unsere Benutzeroberfläche in src > pages > favoriten > favoriten.html (innerhalb von ion-content) etwas um:

```
<ion-list>
  <button ion-item *ngFor="let tour of touren"
        (click)="showDetails()">
        {{tour.Titel}}
  </button>
</ion-list>
```

Erläuterung des Codes: Mit „let tour of tours" sagen wir: laufe in einer Schleife durch jedes Element von touren und weise jedes einzelne einer lokalen Variable namens tour zu. Die Angular-Anweisung *ngFor rendert dann für jedes Element einen Button. Wir geben dabei die Titel-Eigenschaft jedes tour-Objekts in einem Platzhalter mit doppelt geschweiften Klammern als {{tour.Titel}} aus.

Mit (click) weisen wir die App an, auf einen Mausklick bzw. das Antippen eines Listeneintrags zu reagieren. In diesem Falle soll jeweils unsere bereits vorhin erstellte Methode showDetails() ausgeführt werden.

Schauen wir uns das in der laufenden App an:

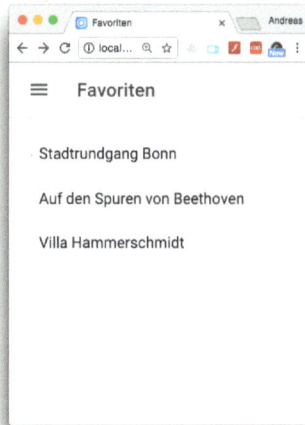

Das sieht schon ganz gut aus. Schön wäre es nun, wenn bei jedem Klick auf einen Listeneintrag der Titel der jeweils ausgewählten Tour auch an die Folgeseite überreicht und dort angezeigt würde. Dazu übergeben wir an die (click)-Anweisung die ausgewählte tour:

```
(click)="showDetails( tour )"
```

Die zugehörige showDetails-Methode in favoriten.ts erweitern wir (zunächst) so:

```
showDetails(tour) {
    console.log(tour.Titel);
    this.navCtrl.push('DetailsPage');
}
```

Aktivieren wir in Chrome die JavaScript-Konsole (Menü Anzeigen > Entwickler > JavaScript-Konsole) und starten die App. Bei jedem Klick auf einen der Listeneinträge sehen wir, dass der jeweilige Variablenwert von tour bzw. tour.Titel bei der Methode showDetails ankommt.

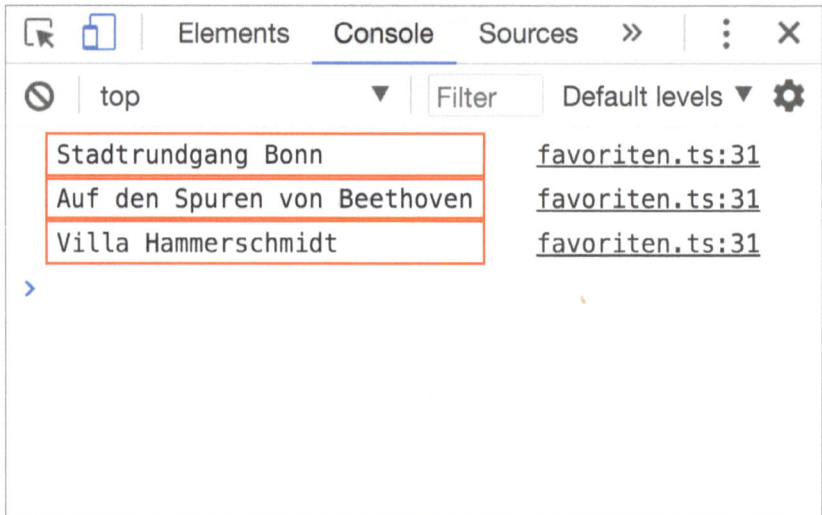

Wir erweitern showDetails nun dergestalt, dass wir der push-Methode das tour-Objekt als zweiten Parameter hinzufügen:

```
showDetails(tour) {
    console.log(tour.Titel);
    this.navCtrl.push('DetailsPage', tour );
}
```

Setzen wir in details.ts in der (defaultmäßig angelegten) Methode ionViewDidLoad() eine weitere console.log-Anweisung:

```
ionViewDidLoad() {
    console.log('ionViewDidLoad DetailsPage', this.navParams );
}
```

Erläuterung des Codes: Wir können Datenobjekte als zweiten Parameter der push-Methode des NavControllers in der *aufrufenden* Seite mitgeben. In der *aufgerufenen* Seite können wir dann über this.navParams auf das Datenobjekt zugreifen. Die Daten werden auf diese einfache Weise von Seite zu Seite durchgereicht.

Schauen wir uns die Ausgabe von this.navParams bei Aufruf einer Details-Seite in der JavaScript-Konsole an:

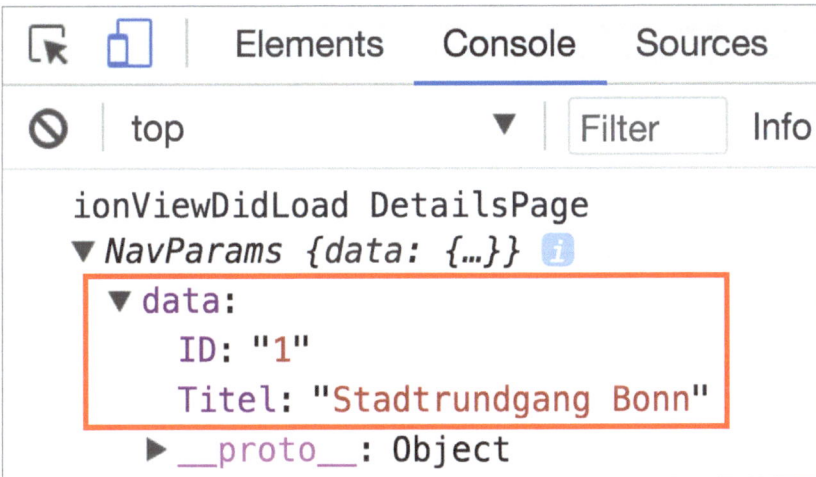

Wir sehen: die eigentlichen Daten stecken im Objekt data.

Ergänzen wir in details.ts die Seiten-Klasse folgendermaßen:

```
export class DetailsPage {

  tour = {};

  constructor(public navCtrl: NavController, public navParams: NavParams)
  {}

  ionViewDidLoad() {
    this.tour = this.navParams.data;
    console.log('ionViewDidLoad DetailsPage', this.navParams );
  }

  navigate() {
    this.navCtrl.push('AnfragenPage');
  }

}
```

Wir deklarieren die Variable tour oberhalb des Konstruktors und instantiieren sie durch die Zuweisung von = {} als leeres Objekt.

In der Methode ionViewDidLoad() weisen wir dieser Variablen das data-Objekt von NavParams zu.

Um den Tour-Titel auf jeder Details-Seite auszugeben, setzen wir in details.html im ion-title-Element dazu einfach den entsprechenden Platzhalter {{tour.Titel}}:

```
<ion-navbar>
    <ion-title>{{tour.Titel}}</ion-title>
  </ion-navbar>
```

Die App zeigt nun beim Wechsel zu einer Details-Seite den ausgewählten Tour-Titel als Seiten-Titel an:

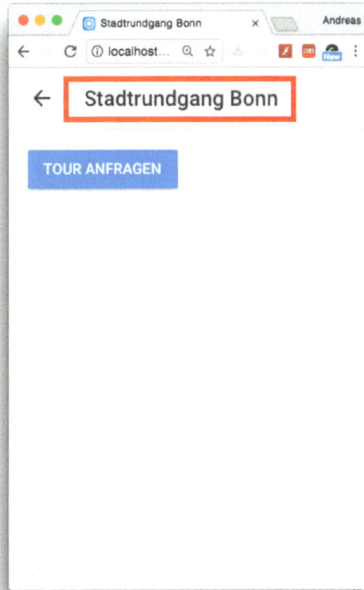

So soll es sein!

In diesem Kapitel hast du das Erstellen von App-Seiten sowie
die wesentlichen Akteure NavController und NavParams zur Navigation
und Datenweitergabe kennen und anwenden gelernt. Vertiefende
Informationen findest du in der Ionic-Dokumentation:

▶ https://ionicframework.com/docs/api/navigation/NavController/

▶ https://ionicframework.com/docs/api/navigation/NavParams/

4 | Services

Datenbank

Backend mit

Google Firebase

FAST JEDE APP NUTZT SERVICES, um Daten abzurufen, zu verändern, zu speichern oder zu löschen. Unsere App wird da natürlich keine Ausnahme machen.

Doch bevor wir mit einem Service arbeiten, richten wir erst einmal unser Backend ein. Dazu verwenden wir Firebase, ein einfach zu nutzendes - und kostenloses - Online-Datenbanksystem von Google. Eine umfassende Einführung in Firebase würde den Rahmen dieses Buches sprengen. Außerdem gibt es zu dem Thema anderweitig genügend Literatur. Ich beschränke mich hier auf die Funktionen, die wir für unsere App „BoB Tours" benötigen. Diese Funktionen reichen prinzipiell auch für die Realisierung vieler anderer App-Ideen aus.

1 Richten wir Firebase ein. Dazu benötigst du einen Account. Den erhältst du - wie gesagt: kostenlos - über

▶ https://firebase.google.com/

2 Ist das erst einmal erledigt, wechselst du zur Firebase-Konsole:

▶ https://console.firebase.google.com

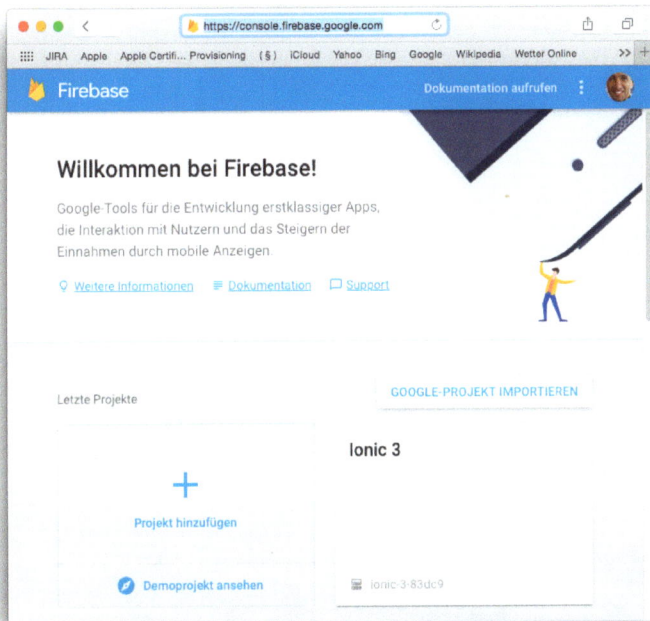

3 Über die Schaltfläche Projekt hinzufuegen erstellen wir ein neues Projekt und geben ihm den Namen „BoB-Tours-App".

4 In der Seitenleiste (links) klicken wir auf Database. Der Eintrag null verrät uns, dass die Datenbank noch leer ist.

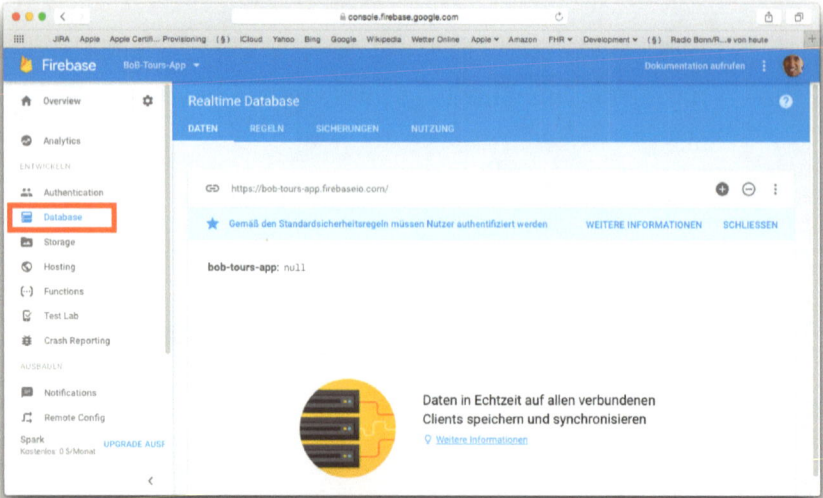

5 Wir füllen jetzt unsere Datenbank mit Hilfe einer von mir vorbereiteten JSON-Datei namens bob-tours-data.json, die du zunächst von der Website zum Buch (siehe "Die Website zum Buch" ab Seite 14) downloaden solltest.

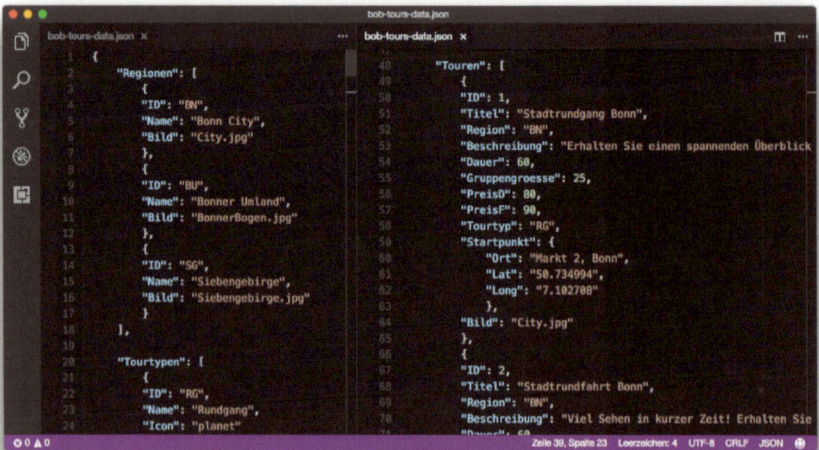

6 Klicke auf die Menüschaltfläche (ganz rechts) und wähle dort
den Eintrag Daten aus JSON-Datei importieren.

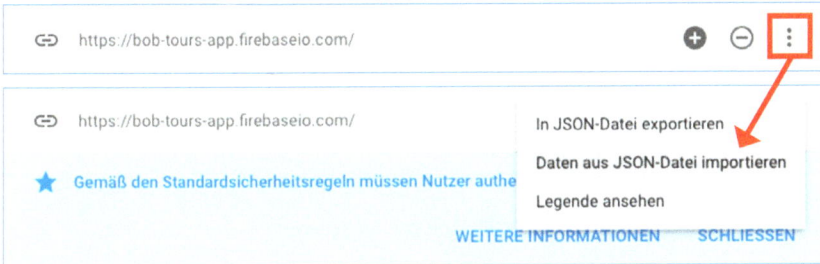

7 In dem sich öffnenden Dialogfenster wählst du die Datei bob-
tours-data.json aus und klickst dann auf Importieren.

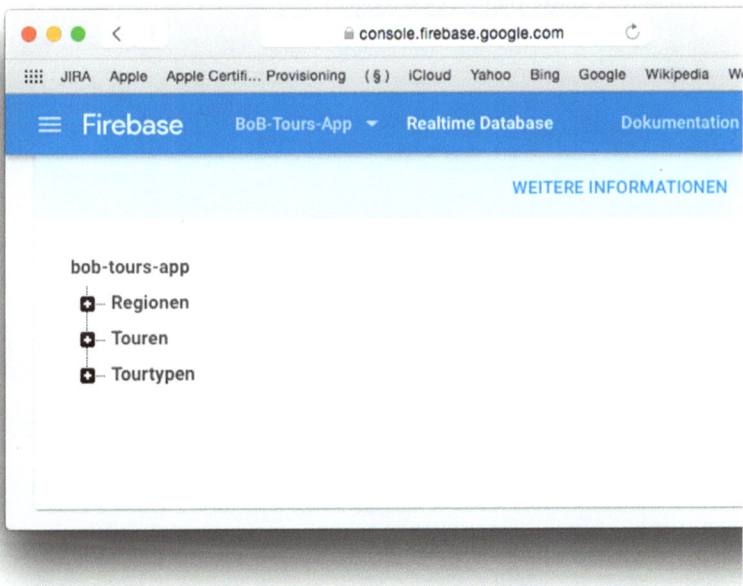

Wir haben nun eine Online-Datenbank mit den Collections Regionen,
Touren und Tourtypen erstellt. Ein letzter Schritt fehlt noch...

8 Wir müssen abschließend noch die Berechtigungen der Datenbank anpassen, um unserer App anonymen Lesezugriff zu ermöglichen. Dazu wechseln wir zur Ansicht REGELN, ändern die dortigen `rules` zum Key „read" auf „true" und bestätigen die Änderungen mit Klick auf VERÖFFENTLICHEN.

Unser Datenbank-Backend ist nun startbereit und wartet darauf, von unserer App verwendet zu werden.

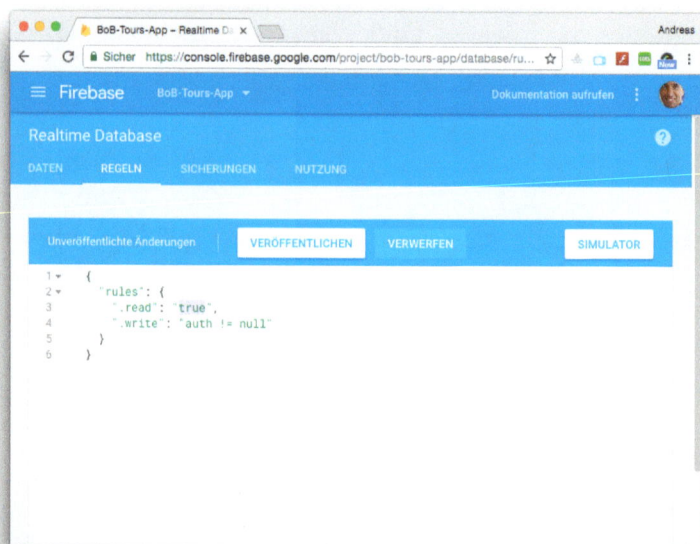

HTTP

UM MIT SERVICES ZU KOMMUNIZIEREN, erstellen wir mit Ionic einen sogenannten Provider. Dieser wird die Aufgabe übernehmen, unsere App via HTTP mit Daten aus der Datenbank zu versorgen.

Zuerst importieren wir das HttpModule in src > app > app.module.ts:

```
import { BrowserModule } from '@angular/platform-browser';
import { ErrorHandler, NgModule } from '@angular/core';
import { IonicApp, IonicErrorHandler, IonicModule } from 'ionic-angular';
import { HttpModule } from '@angular/http';

import { MyApp } from './app.component';

import { StatusBar } from '@ionic-native/status-bar';
import { SplashScreen } from '@ionic-native/splash-screen';

@NgModule({
  declarations: [
    MyApp
  ],
  imports: [
    BrowserModule,
    IonicModule.forRoot(MyApp),
    HttpModule
  ],
...
```

Den Provider erzeugen wir in einer eigenen Klasse. Dabei kann uns das Command Line Interface (CLI) von Ionic wieder helfen. Im Terminal geben wir dazu folgendes ein:

```
ionic generate provider bob-tours-service
```

Das wird uns nach erfolgreicher Ausführung mit folgender Meldung von Ionic bestätigt:

```
[OK] Generated a provider named bob-tours-service!
```

In Visual Studio Code stellen wir fest, dass ein neuer Ordner namens providers sowie der Unterordner bob-tours-service mit der Datei bob-tours-service.ts erzeugt wurden.

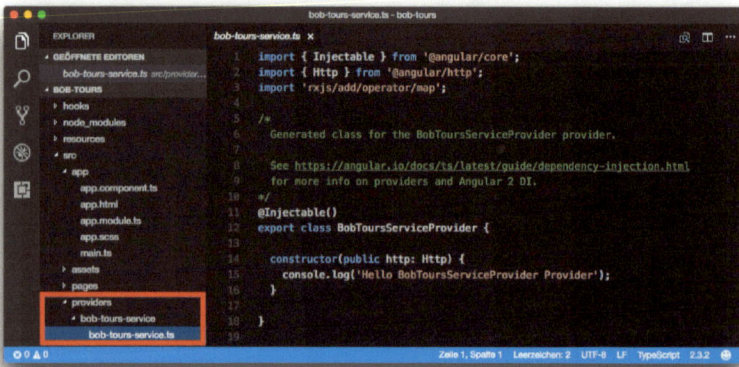

Diese Datei beinhaltet das Codegerüst für unseren HTTP-Service, das wir noch ergänzen müssen und zwar um

a) die baseUrl, also die Adresse unserer Datenbank und

b) eine Methode zum Abruf von Daten.

Die baseUrl können wir von der Firebase-Konsole im Bereich DATEN aus der grauen Kopfzeile kopieren.

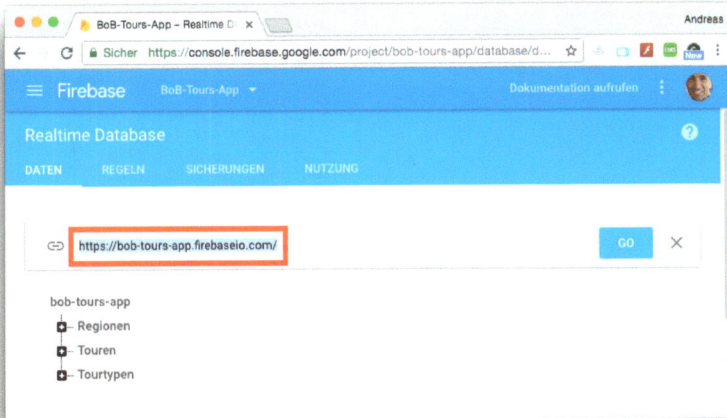

Wir legen in bob-tours-service.ts eine Variable baseUrl mit eben dieser Adresse an und fügen nach dem Konstruktor eine Methode zum Abruf von Daten (in diesem Fall der Regionen) ein:

```
export class BobToursServiceProvider {

  baseUrl = 'https://bob-tours-app.firebaseio.com';

  constructor(public http: Http) {
    console.log('Hello BobToursServiceProvider Provider');
  }

  getRegionen() {
    return new Promise(resolve => {
      this.http.get(`${this.baseUrl}/Regionen.json`)
        .subscribe(res => resolve(res.json()));
    });
  }

}
```

Zum Code: this.http.get ist eine Methode, die einen HTTP-Aufruf startet. Der in den Klammern übergebene Ausdruck `${this.

`baseUrl}/Regionen.json` baut uns die verkettete Adresse `https://bob-tours-app.firebaseio.com/Regionen.json` zusammen, was uns in Firebase den Zugriff auf die Collection Regionen verschafft.

Mit der Methode `.subscribe` warten wir auf einen Output des HTTP-Aufrufs. Diesen Output geben wir mit `res => resolve(-res.json())` im Erfolgsfall als JSON-Objekt zurück.

Die gesamte Rückgabe der Methode `getRegionen()` verpacken wir in ein sogenanntes `Promise`. Darunter versteht Ionic (Angular) das Versprechen, dass eine asynchrone Funktion diesen Programmteil ausführen wird. Entweder geschieht dies erfolgreich und das Versprechen wird gehalten (`resolve`) oder nicht (`reject`). Einen `reject`-Zweig haben wir hier nicht implementiert (der Übersichtlichkeit wegen und weil wir Optimisten sind ;-)).

So, unser Service ist damit fertiggestellt. Wie können wir ihn nun verwenden?

Ziel ist es, eine Liste aller Regionen auf der gleichnamigen Seite Regionen auszugeben. Deshalb öffnen wir src > pages > regionen > regionen. ts und ergänzen dort folgendes:

```
import { Component } from '@angular/core';
import { IonicPage, NavController, NavParams } from 'ionic-angular';
import { BobToursServiceProvider }
    from '../../providers/bob-tours-service/bob-tours-service';


@IonicPage()
@Component({
  selector: 'page-regionen',
  templateUrl: 'regionen.html',
})
```

```
export class RegionenPage {

    regionen: any;

    constructor(public navCtrl: NavController, public navParams: NavParams,
                private btService: BobToursServiceProvider) {}

    ionViewDidLoad() {
        this.btService.getRegionen().then(data => this.regionen = data);
    }

}
```

Erläuterung des Codes: Die import-Zeile erklärt sich von selbst; um den Service benutzen zu können müssen wir ihn sowohl importieren als auch im Konstruktor mit private btService: BobTours-ServiceProvider als Variable einführen. Der eigentliche Funktionsaufruf erfolgt dann im Event ionViewDidLoad() mit dem Code this.btService.getRegionen(). Da wir unser Funktionsergebnis als Promise zurückgeben, können wir ein angehängtes .then() zur Behandlung des Ergebnisses verwenden. Promises werden deshalb auch oft thenables genannt. Der Ausdruck in Klammern data => this.regionen = data bedeutet: Wenn es Daten gibt, dann binde diese an die Variable regionen.

In regionen.html erzeugen wir schließlich eine Liste, in der wir über alle Einträge in Regionen iterieren und deren Namen ausgeben:

```
<ion-content padding>
  <ion-list>
    <button ion-item *ngFor="let region of regionen">
            {{region.Name}}
    </button>
  </ion-list>
</ion-content>
```

Starten wir unsere App und schauen uns an, was passiert, wenn wir über das Seitenmenü zur Seite Regionen wechseln:

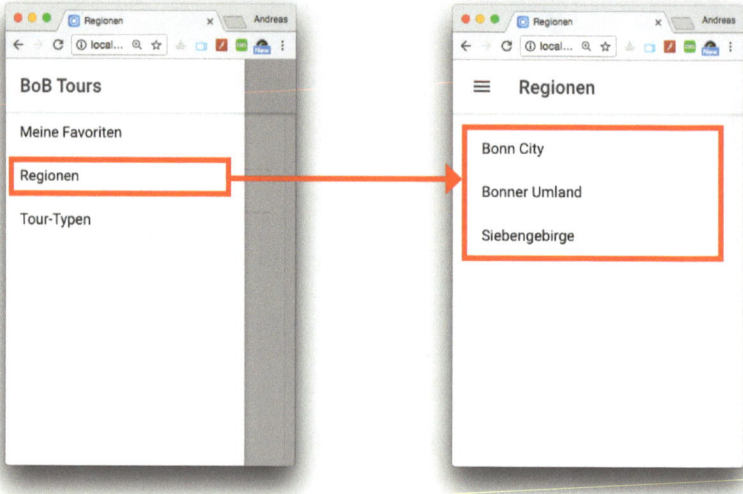

Klasse: unsere App liefert Daten aus einer Online-Datenbank!

Und weil das so gut geklappt hat, schreiben wir gleich den Code für den nächsten Datenabruf, diesmal für den Abruf der Tourtypen.

In unserer Provider-Klasse bob-tours-service.ts können wir dazu einfach die vorhandene Methode getRegionen() per Copy & Paste duplizieren und wie folgt umbauen:

```
getTourtypen() {
    return new Promise(resolve => {
        this.http.get(`${this.baseUrl}/Tourtypen.json`)
            .subscribe(res => resolve(res.json()));
    });
}
```

In src > pages tour-typen > tour-typen.ts codieren wir:

```
import { Component } from '@angular/core';
import { IonicPage, NavController, NavParams } from 'ionic-angular';
import { BobToursServiceProvider }
      from '../../providers/bob-tours-service/bob-tours-service';


@IonicPage()
@Component({
  selector: 'page-tour-typen',
  templateUrl: 'tour-typen.html',
})
export class TourTypenPage {

  tourtypen: any;


  constructor(public navCtrl: NavController, public navParams: NavParams,
            private btService: BobToursServiceProvider) {}


  ionViewDidLoad() {
    this.btService.getTourtypen().then(data => this.tourtypen = data);
  }

}
```

Und in src > pages tour-typen > tour-typen.html erstellen wir wieder eine Liste, die alle Tourtypen namentlich ausgibt:

```
<ion-content padding>
  <ion-list>
    <button ion-item *ngFor="let tourtyp of tourtypen">
          {{tourtyp.Name}}
    </button>
  </ion-list>
</ion-content>
```

That's it!

Nun funktioniert auch die Navigation vom Seitenmenü zu den Tour-Typen:

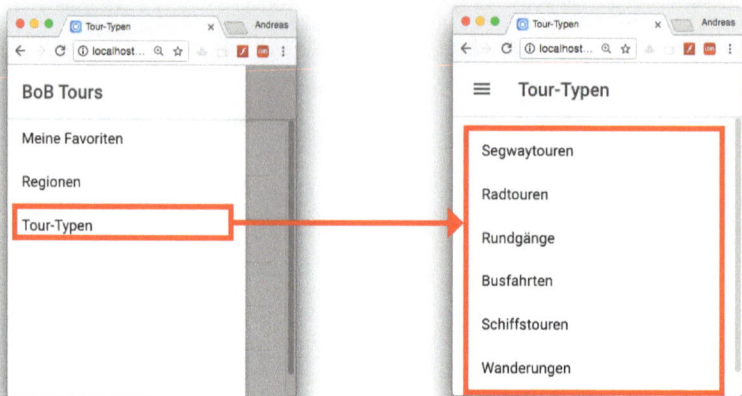

Schön wäre es jetzt noch, wenn die Tour-Typen alphabetisch sortiert wären. Dazu bedarf es nur einer kleinen Erweiterung unserer Provider-Klasse bob-tours-service.ts Wir importieren dazu die Bibliothek lodash:

```
import _ from 'lodash';
```

Die Zeile

```
.subscribe(res => resolve( res.json() ));
```

ändern wir so ab, dass `res.json()` von der `lodash`-Methode `sortBy` anhand der Eigenschaft `Name` sortiert wird:

```
.subscribe(res => resolve( _.sortBy(res.json(),'Name') ));
```

Du ahnst vielleicht, das lodash noch viel mehr drauf hat und ganz schön nützlich sein kann. Details zu lodash findest du hier:

▶ https://lodash.com

Perfekt, oder? Nicht ganz, denn ein kleiner Schönheitsfehler besteht darin, dass sowohl die Regionen als auch die Tour-Typen bei *jedem* Seitenaufruf aus der Datenbank abgefragt werden. Das lässt sich leicht kontrollieren, wenn wir in Chrome die Entwicklertools aktivieren (Menü Anzeigen > Entwickler > Entwicklertools) und dort das Network anzeigen. Bei *jedem* Seitenaufruf werden unsere Daten online abgerufen.

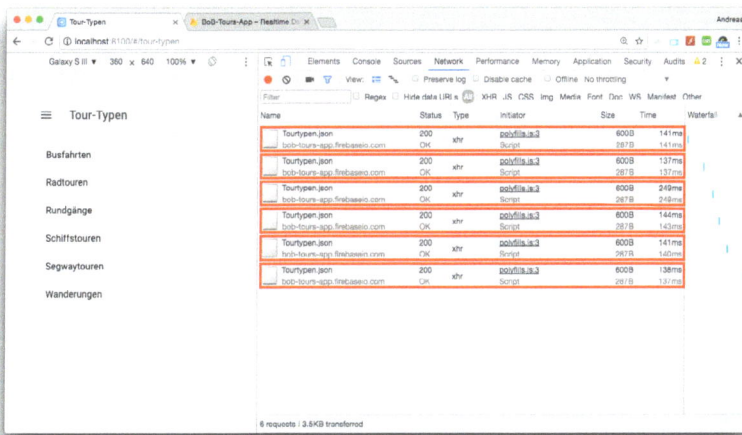

Zugegeben, die abgerufene Datenmenge von 600 Byte ist winzig und die Abrufzeiten sind recht flott. Aber überflüssige Abrufe sollten dennoch vermieden werden. Denn auf einem Smartphone kann sich das schon etwas träger als in unserem Browser anfühlen, erst recht, wenn der Anwender eine langsame Internetverbindung hat!

Es ist einfach nicht erforderlich, dass unsere App die Daten bei jedem Seitenaufruf aus der Datenbank ausliest. Wir sollten uns daher einmal mit der Frage befassen, ob es andere Events gibt, bei denen wir unseren HTTP-Aufruf unterbringen könnten.

Machen wir im folgenden Abschnitt also einen kleinen Exkurs zu den Ionic Lifecycle Events.

LIFECYCLE EVENTS

IM LEBEN EINER APP GIBT ES VERSCHIEDENE EREIG-NISSE. Diese wollen wir uns einmal etwas näher ansehen. Gerade im Zusammenhang mit dem Abruf von Daten aus dem Internet kann es einen entscheidenden Unterschied für die User Experience machen, welche Events wir in unserer App nutzen (und welche wir besser vermeiden sollten). Hier ein Überblick:

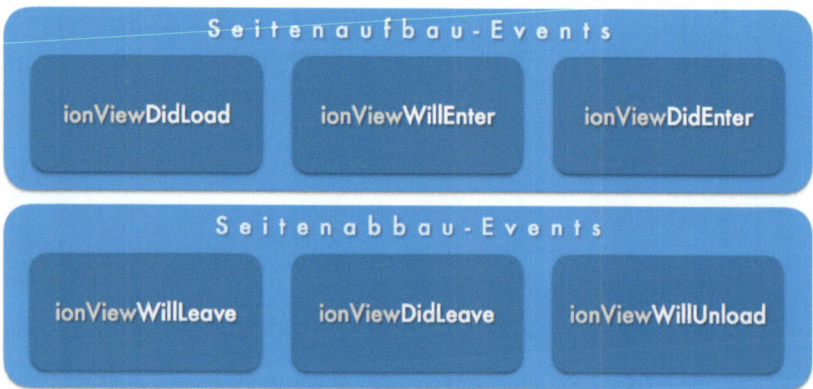

ionViewDidLoad wird aufgerufen, wenn die Seite *erstmals* geladen wird. Da Ionic über einen Cache-Mechanismus für Seitenaufrufe verfügt, kann es sein, dass eine Seite angezeigt (aus dem Cache aufgerufen) wird, *ohne* dass dieses Event (erneut) ausgelöst wird.

ionViewWillEnter ist verfügbar, *bevor* eine Seite aktiv wird.

ionViewDidEnter ist verfügbar, *nachdem* eine Seite aktiv wurde.

ionViewWillLeave ist verfügbar, *bevor* eine Seite inaktiv wird.

ionViewDidLeave ist verfügbar, *nachdem* eine Seite inaktiv wurde.

ionViewWillUnload ist verfügbar, *bevor* eine Seite entladen wird.

Fügen wir zur Veranschaulichung des Lifecycle den folgenden Code in unsere Favoriten-Seite (src > pages > favoriten >favoriten.ts) ein:

```
ionViewDidLoad() {
  console.log('ionViewDidLoad');
}

ionViewWillEnter() {
  console.log('ionViewWillEnter');
}

ionViewDidEnter() {
  console.log('ionViewDidEnter');
}

ionViewWillLeave() {
  console.log('ionViewWillLeave');
}

ionViewDidLeave() {
  console.log('ionViewDidLeave');
}

ionViewWillUnload() {
  console.log('ionViewWillUnload');
}
```

Starten wir unsere App und aktivieren die JavaScript-Konsole in Chrome. Dann wechseln wir zum Seitenmenü und klicken auf Favoriten.

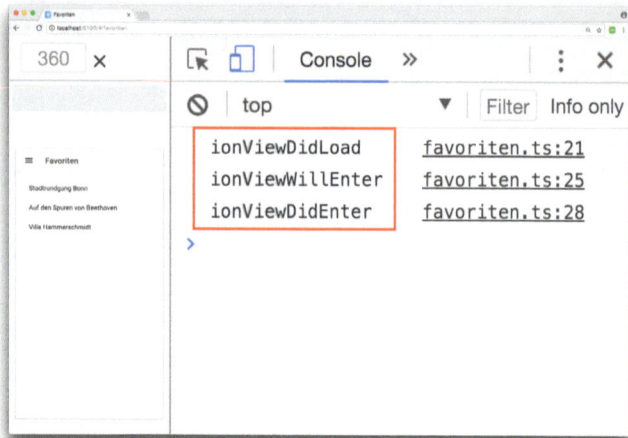

Wir sehen alle drei *Eingangs*-Events der Seite Favoriten in chronologischer Reihenfolge: ionViewDidLoad, ionViewWillEnter, ionViewDidLoad.

Wechseln wir zurück zum Seitenmenü, geschieht - nichts! Die Seite wurde also nicht entladen.

Wechseln wir nun zur Seite Tour-Typen.

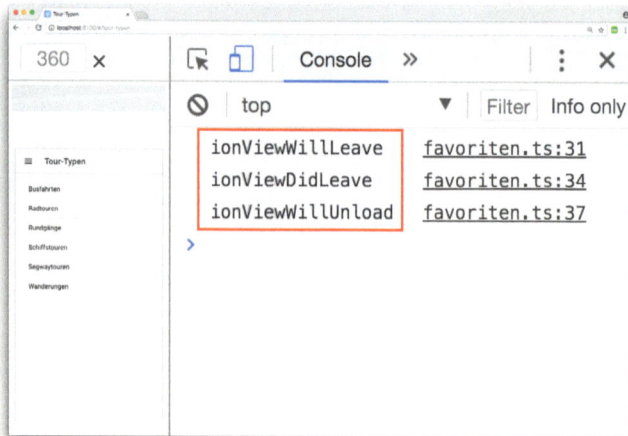

Wir sehen alle drei *Ausgangs*-Events der Seite Favoriten in chronologischer Reihenfolge: ionViewWillLeave, ionViewDidLeave, ionViewWillUnload - und (sofern du die entsprechende console.log-Anweisung in tour-typen.ts nicht entfernt hast) ein ionViewDidLoad-Event der Seite Tour-Typen *vor* den Ausgangs-Events der Seite Favoriten.

Wenn wir nun ein paar Mal hintereinander immer wieder die Seite Tour-Typen öffnen, stellen wir fest, dass ionViewDidLoad bei jedem Seitenaufruf erfolgt. Per definitionem sollte dieses Event aber doch nur beim *erstmaligen* Laden der Seite stattfinden, oder?

Richtig - und genau das tut es auch! Denn unsere App ist so gebaut, dass das Seitenmenü jede seiner Seiten über this.nav.setRoot(page.content) aufruft. Schau dir den Code in src > app > app.component.ts in der Funktion openPage(page) dazu an:

```
openPage(page) {
    // Reset the content nav to have just this page
    // we wouldn't want the back button to show in this scenario
    this.nav.setRoot(page.component);
}
```

Diese Methode lädt eine Seite *immer neu*. Demzufolge wird ionViewDidLoad bei jedem Seitenaufruf ausgeführt.

Frage: Was bleibt aber nun an Möglichkeiten, um die Daten zu Regionen und Tour-Typen jeweils *nur ein Mal* beim Start der App zu laden, obwohl die zugehörigen Menüseiten *jedes Mal* neu geladen werden?

Antwort: *Keines* der Eingangs-Events hilft uns hier weiter, denn bei jedem würden die Daten jedes Mal neu geladen.

Die Lösung unseres Problems liegt darin, uns von den Events, die dem Seitenauf- und -abbau zugeordnet sind, zu verabschieden und *anderen* Ereignissen zuzuwenden.

Schauen wir uns doch mal an, wie Ionic den Start einer App organisiert und werfen dazu einen Blick in src > app > app.components.ts. Dort finden wir im Konstruktor die Zeile `this.initializeApp()`...

```
constructor(public platform: Platform,
            public statusBar: StatusBar,
            public splashScreen: SplashScreen) {


    this.initializeApp();
```

... sowie etwas weiter unten die zugehörige Funktion:

```
initializeApp() {
    this.platform.ready().then(() => {
        // Okay, so the platform is ready and our plugins are available.
        // Here you can do any higher level native things you might need.
        this.statusBar.styleDefault();
        this.splashScreen.hide();
    });
}
```

Wie wäre es denn, wenn wir *hier* auch unseren Service initialisieren, d.h. unsere Regionen und Tour-Typen laden? Damit würde der Datenabruf *nur einmalig* beim App-Start erfolgen.

Und genau so machen wir's!

Schreiben wir erst einmal unseren Initialisierungscode in src > providers > bob-tours-service > bob-tours-service.ts:

```
initializeService() {
  this.getRegionen().then(data => this.regionen = data);
  this.getTourtypen().then(data => this.tourtypen = data);
};
```

Damit die hier vorgenommene Datenzuweisung an this.regionen und this.tourtypen klappt, braucht unsere Service die entsprechenden beiden neuen Variablen (Eigenschaften), die wir - üblicherweise - oberhalb des Konstruktors platzieren.

```
public regionen: any;
public tourtypen: any;
```

Wechseln wir zu src > app > app.components.ts und importieren dort unseren Service:

```
import { BobToursServiceProvider }
from '../providers/bob-tours-service/bob-tours-service';
```

Nehmen wir ihn dann mit dem Variablennamen btService in den Konstruktor auf.

```
constructor(public platform: Platform,
            public statusBar: StatusBar,
            public splashScreen: SplashScreen,
            public btService: BobToursServiceProvider)
```

Und schließlich ergänzen wir in initializeApp() die Zeile

```
this.btService.initializeService();
```

Hier der aktuelle Code von bob-tours-service.ts:

```typescript
import { Injectable } from '@angular/core';
import { Http } from '@angular/http';
import 'rxjs/add/operator/map';
import _ from 'lodash';


@Injectable()
export class BobToursServiceProvider {

  public regionen: any;
  public tourtypen: any;


  // Füge hier bitte DEINE baseUrl ein!
  private baseUrl = 'https://bob-tours-app.firebaseio.com';


  // Konstruktor
  constructor(public http: Http) {
    console.log('Hello BobToursServiceProvider Provider');
  }


  /*
    Initialisiert den BoB-Tours-Service.
    Regionen und Tourtypen werden aus der DB gelesen
    und über die gleichnamigen öffentlichen Variablen (Eigenschaften)
    app-weit bereit gestellt.
  */
  public initializeService() {
    this.getRegionen().then(data => this.regionen = data);
    this.getTourtypen().then(data => this.tourtypen = data);
  };
```

```
// Lese 'Regionen' aus der DB.
  getRegionen() {
    return new Promise(resolve => {
      this.http.get(`${this.baseUrl}/Regionen.json`)
          .subscribe(res => resolve(res.json())));
    });
  }


  // Lese 'Tourtypen' aus der DB und sortiere sie nach Name.
  getTourtypen() {
    return new Promise(resolve => {
      this.http.get(`${this.baseUrl}/Tourtypen.json`)
          .subscribe(res => resolve(_.sortBy(res.json(),'Name'))));
    });
  }


}
```

Und hier der aktuelle Code von app.component.ts:

```
import { Component, ViewChild } from '@angular/core';
import { Nav, Platform } from 'ionic-angular';
import { StatusBar } from '@ionic-native/status-bar';
import { SplashScreen } from '@ionic-native/splash-screen';
import { BobToursServiceProvider } from '../providers/bob-tours-service/
bob-tours-service';

@Component({
  templateUrl: 'app.html'
})
export class MyApp {
  @ViewChild(Nav) nav: Nav;
```

```
rootPage: any = 'FavoritenPage';


pages: Array<{title: string, component: any}>;


constructor(public platform: Platform,
            public statusBar: StatusBar,
            public splashScreen: SplashScreen,
            public btService: BobToursServiceProvider) {

  this.initializeApp();

  // used for an example of ngFor and navigation
  this.pages = [
    { title: 'Meine Favoriten', component: 'FavoritenPage' },
    { title: 'Regionen', component: 'RegionenPage' },
    { title: 'Tour-Typen', component: 'TourTypenPage' }
  ];

}


initializeApp() {
  this.platform.ready().then(() => {
    // Okay, so the platform is ready and our plugins are available.
    // Here you can do any higher level native things you might need.
    this.statusBar.styleDefault();
    this.splashScreen.hide();
    this.btService.initializeService();
  });
}


openPage(page) {
  // Reset the content nav to have just this page
  // we wouldn't want the back button to show in this scenario
  this.nav.setRoot(page.component);
}


}
```

In unseren beiden Seiten Regionen und Tour-Typen müssen wir noch ein wenig umbauen. So wird in regionen.ts aus der Zeile

```
this.btService.getRegionen().then(data => this.regionen = data);
```

nunmehr

```
this.regionen = this.btService.regionen;
```

und in tour-typen.ts aus der Zeile

```
this.getTourtypen().then(data => this.tourtypen = data);
```

schließlich

```
this.tourtypen = this.btService.tourtypen;
```

Fassen wir zusammen: Beim Start der App wird unser Service initialisiert; dieser lädt die Daten und stellt sie über öffentliche Variablen/Eigenschaften bereit. Beim Laden einer Seite erfolgt dann (nur noch) die Zuweisung der benötigten Daten an die jeweilige Seiten-Variable. So ist's gut!

Starten wir unsere App und aktivieren dazu die Entwicklertools, zeigt uns der Blick in das Netzwerkprotokoll, dass die Daten jetzt endlich *nur einmalig* am Anfang geladen werden - egal, wie oft wir zu dieser oder jener Seite wechseln.

RxJS

RXJS IST EINE POPULÄRE PROGRAMMBIBLIOTHEK, die das Arbeiten mit asynchronen Datenströmen erleichtert. Rx steht für Reactive Extensions und ist aus einem Projekt im Rahmen der Microsoft Open Technologies entstanden. Ursprünglich für .NET konzipiert, wurde es dank seiner großen Beliebtheit in weitere Programmiersprachen wie C++, Python, Ruby oder eben auch JavaScript portiert. Da RxJS inzwischen zu einer der „Hausbibliotheken" von Ionic geworden ist, solltest du auch den Umgang mit ihr kennen lernen.

Unsere bisherigen Datenabfragen verwendeten Promises. RxJS präsentiert alle Daten-Sequenzen als Observable Sequences, kurz: Observables. Schreiben wir den Code hierzu wieder in unsere Provider-Datei bob-tours-service.ts - diesmal zum Auslesen aller Touren:

```
// Lese alle 'Touren' aus der DB.
getTouren() {
    return this.http.get(`${this.baseUrl}/Touren.json`)
        .map((response) => {
            return _.sortBy(response.json(),'Titel');
        });
}
```

Hier arbeiten wir mit dem map-Operator von RxJs, der standardmäßig mit folgender Import-Zeile bereit gestellt wird:

```
import 'rxjs/add/operator/map';
```

Der Code bedeutet sinngemäß: nimm das Ergebnis response aus der Http-Anfrage und liefere es als Observable im JSON-Format zurück.

Damit unsere neue Funktion ausgeführt wird, bietet es sich an, diese ebenfalls - wie zuvor bereits getRegionen() und getTourtypen() - in initializeService() aufzurufen:

```
initializeService() {
  this.getRegionen().then(data => this.regionen = data);
  this.getTourtypen().then(data => this.tourtypen = data);
  this.getTouren().subscribe(data => this.touren = data);
}
```

Da getTouren() aber kein Promise verwendet, auf das wir mit then zugreifen können, sondern ein Observable, nutzen wir hier subscribe, um das Ergebnis (sortiert) an eine öffentliche Eigenschaft namens touren zuzuweisen.

Selbstverständlich müssen wir noch diese neue Eigenschaft touren in unserem Service deklarieren, um sie - wie oben - verwenden zu können:

```
public touren: any;
```

Wie du gesehen hast, lässt dir Ionic die Wahl zwischen verschiedenen asynchronen Methoden. Ob du nun lieber Promises oder Observables verwendest, bleibt dir überlassen. RxJS als integrierte Bibliothek kann manchmal aber der bessere Problemlöser sein. Details findest du auf

▶ https://www.npmjs.com/package/rxjs

Hier der aktuelle Code von bob-tours-service.ts:

```typescript
import { Injectable } from '@angular/core';
import { Http } from '@angular/http';
import 'rxjs/add/operator/map';
import _ from 'lodash';


@Injectable()
export class BobToursServiceProvider {

  public regionen: any;
  public tourtypen: any;
  public touren: any;


  // Füge hier bitte DEINE baseUrl ein!
  private baseUrl = 'https://bob-tours-app.firebaseio.com';


  // Konstruktor
  constructor(public http: Http) {
    console.log('Hello BobToursServiceProvider Provider');
  }


  /*
    Initialisiert den BoB-Tours-Service.
    Regionen und Tourtypen werden aus der DB gelesen
    und über die gleichnamigen öffentlichen Variablen (Eigenschaften)
    app-weit bereit gestellt.
  */
  initializeService() {
    this.getRegionen().then(data => this.regionen = data);
    this.getTourtypen().then(data => this.tourtypen = data);
    this.getTouren().subscribe(data => this.touren = data);
  };
```

```
// Lese 'Regionen' aus der DB.
  getRegionen() {
    return new Promise(resolve => {
      this.http.get(`${this.baseUrl}/Regionen.json`)
          .subscribe(res => resolve(res.json())));
    });
  }


  // Lese 'Tourtypen' aus der DB und sortiere sie nach Name.
  getTourtypen() {
    return new Promise(resolve => {
      this.http.get(`${this.baseUrl}/Tourtypen.json`)
          .subscribe(res => resolve(_.sortBy(res.json(),'Name')));
    });
  }


  // Lese alle 'Touren' aus der DB und sortiere sie nach Titel.
  getTouren() {
    return this.http.get(`${this.baseUrl}/Touren.json`)
      .map((response) => {
        .subscribe(res => resolve(_.sortBy(res.json(),'Titel')));
      });
  };

}
```

DATEN FILTERN

D A WIR JETZT ALLE UNSERE DATEN ZUSAMMEN HABEN, können wir wesentliche Funktionen unserer App umsetzen. Dazu gehört, durch Auswahl eines Eintrags auf einer der Seiten Regionen und Tour-Typen jeweils die passenden Touren auszufiltern und anzuzeigen.

Nehmen wir uns als erstes die Seite Regionen vor. Wir beginnen mit regionen.html und ergänzen das Button-Element:

```html
<ion-content padding>
  <ion-list>
    <button ion-item *ngFor="let region of regionen"
            (click)="showTourListe(region)">
        {{region.Name}}
    </button>
  </ion-list>
</ion-content>
```

Für das Click-Event schreiben wir in regionen.ts den entsprechenden Event-Handler:

```typescript
showTourListe(region) {
    this.navCtrl.push('ListePage', region);
}
```

Wir erinnern uns: Der 2. Parameter in der push-Methode (hier region) reicht die sogenannten NavParams (unsere Daten) an die aufzurufende Seite (hier die Liste-Seite) weiter.

Wenden wir uns der Liste-Seite zu und ändern in liste.ts den Inhalt der Funktion ionViewDidLoad zunächst wie folgt:

```
ionViewDidLoad() {
    console.log('ionViewDidLoad ListePage', this.navParams );
}
```

Schauen wir uns das Ergebnis in Chrome bei aktivierter JavaScript-Konsole an:

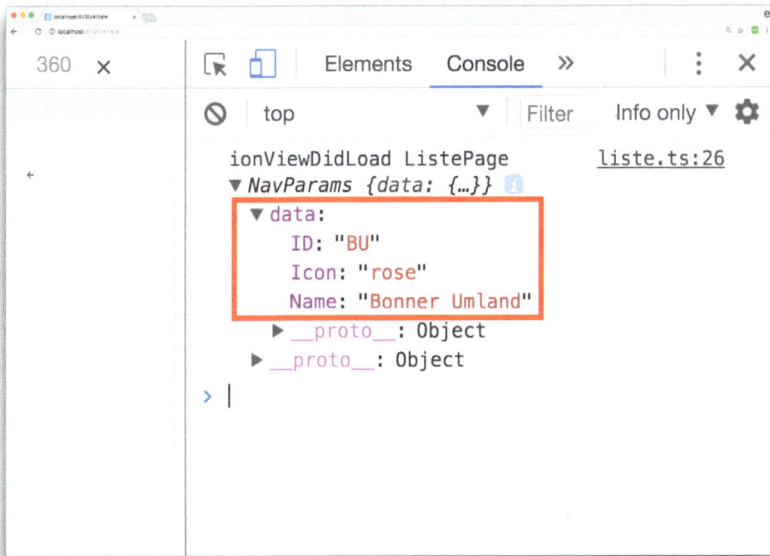

In data finden wir das übergebene Region-Objekt mit den Eigenschaften ID , Icon und Name. Die ID soll uns später als Filter zur Anzeige aller passenden Touren dienen. Das wird funktionieren, weil jede Tour eine Eigenschaft Region besitzt, die mit einem entsprechenden Kürzel, z.B. BN für die Region Bonn City, versehen ist.

Legen wir los! Wir importieren in liste.ts unseren Service und die Bibliothek lodash (vgl. Seite 70). Letztere hat uns beim *Sortieren* der Daten schon gute Dienste geleistet; nun soll sie beim *Filtern* helfen.

```
import { BobToursServiceProvider }
       from '../../providers/bob-tours-service/bob-tours-service';
import _ from 'lodash';
```

Wir deklarieren folgende Variablen:

```
region: any; // ausgewählte Region
titel: string = ''; // Name der ausgewählten Region
touren = []; // Array aller Touren der ausgewählten Region
```

Wir fügen unseren Service mit der Variablen btService in den Konstruktor ein:

```
constructor(public ...
            private btService: BobToursServiceProvider) { }
```

Unsere Filter-/Anzeige-Funktion können wir nun so formulieren:

```
ionViewDidLoad() {
    // Region aus dem übergebenen Daten-Objekt verwenden
    this.region = this.navParams.data;
    // Name der ausgewählten Region
    this.titel = this.region.Name;
    // Touren anhand der ID der Region filtern
    this.touren = _.filter(this.btService.touren,
                           ['Region' : this.region.ID]);
}
```

Zum Code: Wir weisen der Variablen this.region das per navParams übergebene data-Objekt zu (die ausgewählte Region der Vorseite). Als titel wird der Name der Region zugewiesen. Wir filtern schließlich mittels der lodash-Funktion filter() aus allen Touren, die unser Service geladen hat, diejenigen heraus, deren Eigenschaft Region der

ID der ausgewählten Region entsprechen.

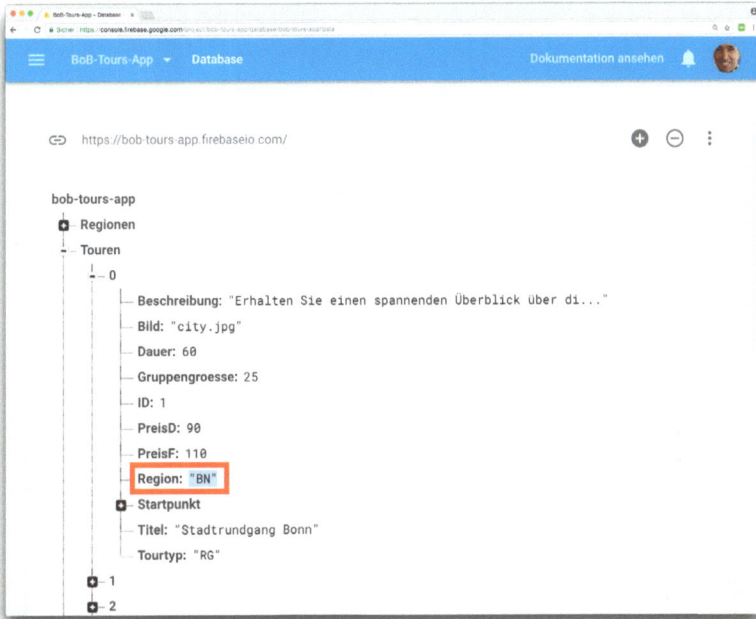

Jetzt müssen wir uns noch um die *Anzeige* der gefilterten Touren kümmern und liste.html wie folgt anpassen:

```
<ion-header>
  <ion-navbar>
    <ion-title>{{titel}}</ion-title>
  </ion-navbar>
</ion-header>


<ion-content padding>
  <ion-list>
    <button ion-item *ngFor="let tour of touren">
        {{tour.Titel}}
    </button>
  </ion-list>
</ion-content>
```

Starten wir die App und wählen eine der angebotenen Regionen:

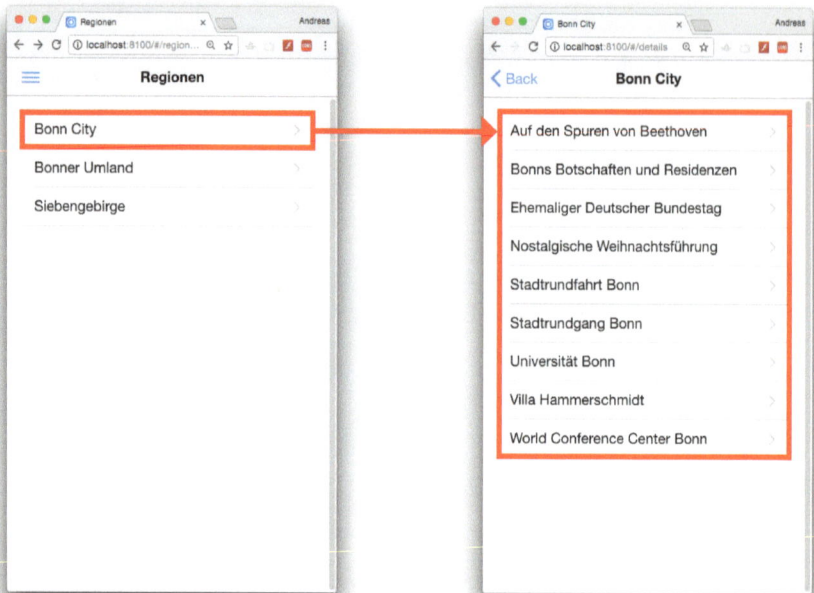

Prima! Wir erhalten eine gefilterte Anzeige der Touren, die zur jeweils ausgewählten Region passen.

Nehmen wir uns als nächstes die Seite Tour-Typen vor. Wir beginnen mit tour-typen.html und ergänzen das Button-Element:

```html
<ion-content padding>
  <ion-list>
    <button ion-item *ngFor="let tourtyp of tourtypen"
            (click)="showTourListe(tourtyp)">
        {{tourtyp.Name}}
    </button>
  </ion-list>
</ion-content>
```

Für das `click`-Event schreiben wir in tour-typen.ts den entsprechenden Event-Handler:

```
showTourListe(tourtyp) {
    this.navCtrl.push('ListePage', tourtyp);
}
```

Starten wir unsere App, stellen wir fest, dass die Seite Liste zwar aufgerufen wird, aber - bis auf den korrekt angezeigten Titel - leer bleibt. Aber warum?

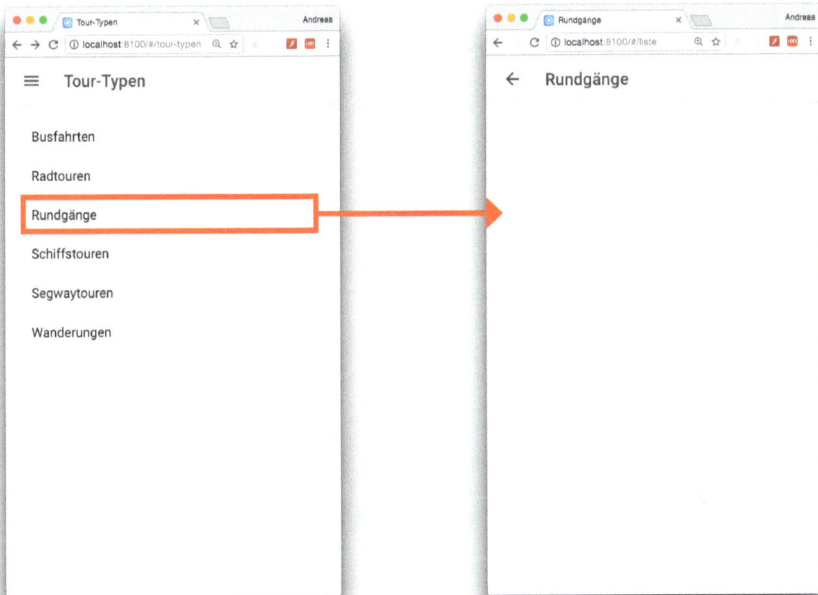

Darum: Unser Programmcode in liste.ts hat noch einen kleinen Haken. Die Liste-Seite geht davon aus, dass sie immer eine Region als Filtervorgabe erhält. Wir wollen die Seite jedoch auch zur Anzeige von Touren anhand eines ausgewählten Tour-Typen (wieder)verwenden.

Wir geben dazu in tour-typen.ts dem Seitenaufruf von ListePage nicht nur das Tourtyp-Objekt, sondern auch den Namen der Eigenschaft mit, die mit dem Filterkriterium abgeglichen werden soll:

```
// Liste aufrufen; Filter-Eigenschaft 'TourTyp' und tourtyp-Objekt übergeben.
showTourListe(tourtyp) {
    this.navCtrl.push('ListePage', ['Tourtyp', tourtyp]);
}
```

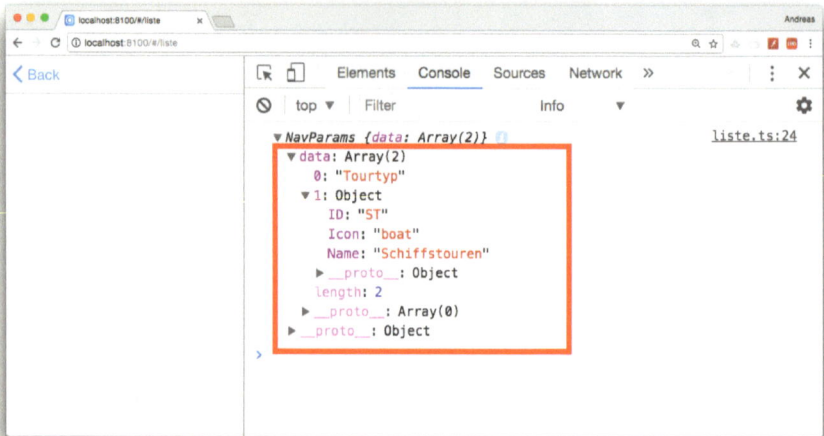

Was in der Liste nach der Auswahl eines Tour-Typen nun ankommt, ist folgendes:

NavParams.data ist jetzt ein Array mit zwei Elementen: das erste enthält den Namen unserer (Filter-)Eigenschaft Tourtyp, das zweite enthält das ausgewählte Tourtyp-Objekt.

Damit können wir unsere Filter-Funktion in liste.ts so erweitern, dass sie vielseitiger (und damit gleich auch für unsere Seite Regionen nutzbar) wird.

Hier der vollständig aktualisierte Code von liste.ts:

```
import { Component } from '@angular/core';
import { IonicPage, NavController, NavParams } from 'ionic-angular';
import { BobToursServiceProvider } from '../../providers/bob-tours-ser-
vice/bob-tours-service';
import _ from 'lodash';


@IonicPage()
@Component({
  selector: 'page-liste',
  templateUrl: 'liste.html',
})
export class ListePage {

  filter:string = ''; // Filter-Eigenschaft
  auswahl: any; // ausgewähltes Objekt
  titel: string = ''; // Name der ausgewählten Rubrik
  touren = []; // Array aller Touren der ausgewählten Rubrik


  constructor(public navCtrl: NavController,
              public navParams: NavParams,
              private btService: BobToursServiceProvider) {}


  ionViewDidLoad() {
    // Filter-Eigenschaft ('Tourtyp' oder 'Region')
    this.filter = this.navParams.data[0];
    // ausgewähltes Objekt
    this.auswahl = this.navParams.data[1];
    // Titel der Auswahl
    this.titel = this.auswahl.Name;
    // Touren anhand der Filter-Eigenschaft
    // und der ID des Auswahl-Objekts filtern
    this.touren = _.filter(this.btService.touren,
                    [this.filter, this.auswahl.ID]);

  }

}
```

Wir haben die neuen Variablen `filter` und `auswahl` eingeführt, die von der aufrufenden Seite das erste und zweite Element unseres NavParams.data-Arrays entgegen nehmen. Die Filter-Funktion sucht in der Eigenschaft `this.filter` auf Übereinstimmung mit `this.auswahl.ID`.

Noch einmal am konkreten Beispiel: Von der aufrufenden Seite Tour-Typen werden Schiffstouren ausgewählt. Übergeben werden in `this.navParams.data[0]` der Wert Tourtyp und in `this.navParams.data[1]` das Auswahl-Objekt für Schiffstouren mit der ID ST. Der Filter sucht damit in allen Touren nach denjenigen, deren Eigenschaft Tourtyp das Kürzel (die ID) ST enthält und liefert diese zurück.

Starten wir unsere App und probieren es aus:

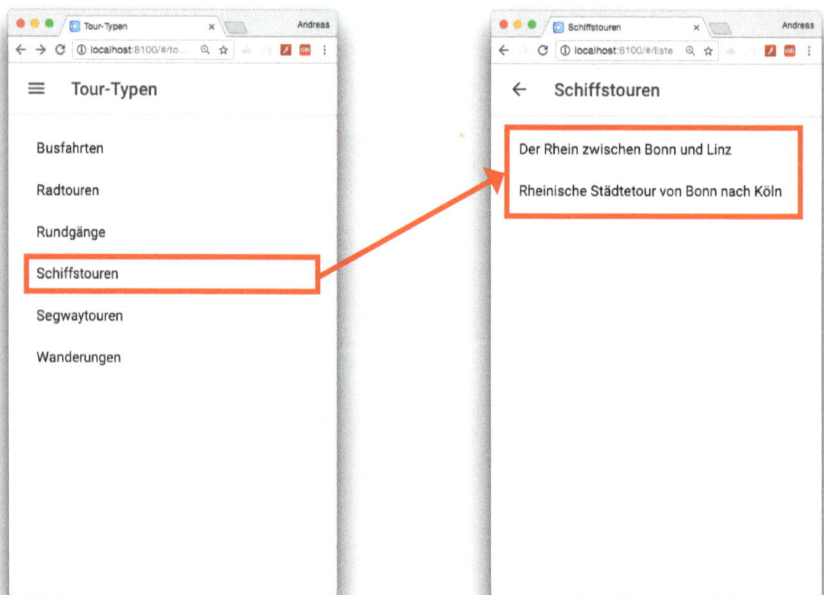

Das sieht gut aus!

Zum Abschluss passen wir noch die Funktion showTourListe in regionen.ts an, damit unsere umgebaute Filter-Funktion in liste.ts auch für Regionen funktioniert:

```
// Liste aufrufen; Filter-Eigenschaft 'Region' und region-Objekt überge-
ben.
showTourListe(region) {
    this.navCtrl.push('ListePage', ['Region', region]);
}
```

Herzlichen Glückwunsch! Du und unsere App machen Fortschritte.

5 | Storage

Local Storage

NAHEZU JEDE APP ermöglicht es dem Anwender, persönliche Einstellungen zu speichern. Wir wollen so etwas auch anbieten, nämlich zum Speichern von Favoriten.

Die einfachste Möglichkeit, solche kleine Datenmengen lokal in einer App zu speichern, ist der sogenannte Local Storage.

Sinnvollerweise bieten wir einen Button, mit dem wir dem Anwender ermöglichen, eine Tour als Favoriten hinzuzufügen, auf der Seite Details an. Diese Seite müssen wir aber noch in unsere App-Navigation einbinden.

Dazu spendieren wir dem Button in liste.html eine click-Prozedur:

```html
<ion-content padding>
  <ion-list>
    <button ion-item *ngFor="let tour of touren"
        (click)="showDetails(tour)">
        {{tour.Titel}}
    </button>
  </ion-list>
</ion-content>
```

Die entsprechende Funktion schreiben wir in `liste.ts` wie folgt:

```
// Seite mit Tour-Details aufrufen
showDetails(tour) {
  this.navCtrl.push('DetailsPage', tour);
}
```

Führen wir unsere App aus, können wir nun vom Seitenmenue aus zum Beispiel die Regionen aufrufen, hiervon eine Region auswählen und mit Klick auf eine der aufgelisteten Touren deren Details anzeigen. Na ja, wirklich viel angezeigt - vom Titel und dem Anfragen-Button einmal abgesehen - wird hier noch nichts (was wir natürlich später ändern werden).

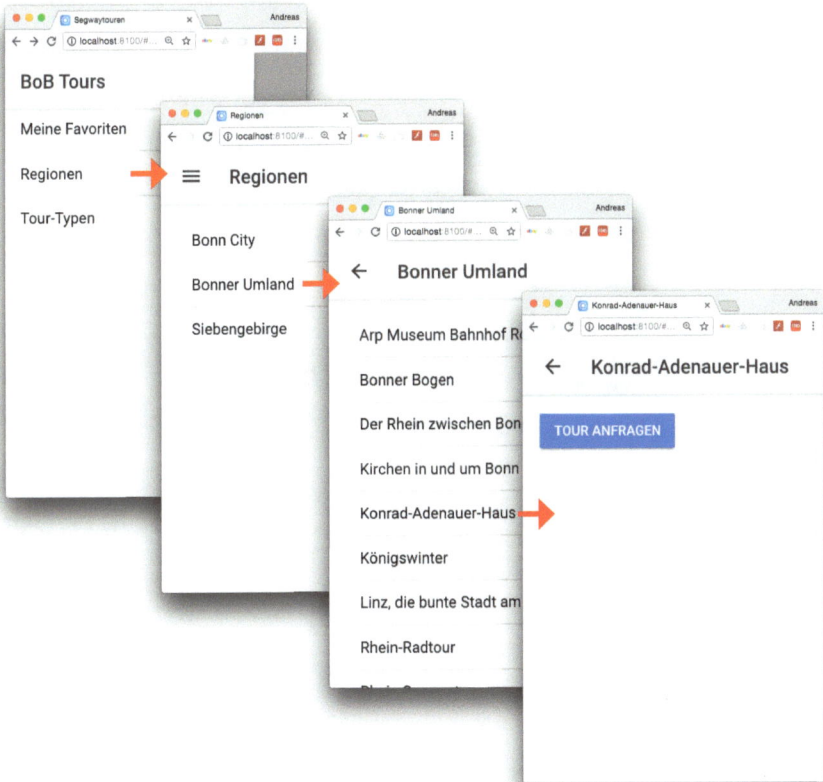

So weit zur Vorarbeit. Die Logik zum Verwalten unserer Favoriten wollen wir in einer eigenen Provider-Klasse unterbringen und geben dazu in der Konsole folgendes ein:

```
ionic g provider favoriten-service
```

Ionic erzeugt uns damit wieder alle erforderlichen Strukturen einschließlich der erforderlichen Einträge in app.module.ts. Schreiben wir nun den Code in die angelegte Datei providers/favoriten-service/favoriten-service.ts:

```typescript
import { Injectable } from '@angular/core';
import { Http } from '@angular/http';
import 'rxjs/add/operator/map';

@Injectable()
export class FavoritenServiceProvider {

  public IDs: Array<number>; // IDs der als Favoriten gespeicherten Touren
  public touren: any;        // Array der Favoriten-Tour-Objekte
  public keineFavoriten: boolean;  // true, wenn es keine Favoriten gibt


  constructor(public http: Http) {}


  // Lese 'FavoritenIDs' aus LocalStorage und fülle 'this.touren'.
  init(touren) {
    this.touren = [];
    this.IDs = JSON.parse(window.localStorage.getItem('FavoritenIDs'));
    if (this.IDs==null) {
      this.IDs = [];
    } else {
      touren.forEach(tour => {
        if (this.IDs.indexOf(tour.ID)!=-1) {
          this.touren.push(tour);
        }
      });
```

```
    }
    this.keineFavoriten = this.IDs.length==0;
  }


  // Füge Tour-ID zu 'Favoriten' hinzu und aktualisiere den LocalStorage.
  add(tour) {
    this.IDs.push(tour.ID);
    this.touren.push(tour);
    this.keineFavoriten = this.IDs.length==0;
    window.localStorage.setItem('FavoritenIDs', ⏎
    JSON.stringify(this.IDs));
  }


  // Entferne Tour-ID aus 'Favoriten' und aktualisiere den LocalStorage.
  remove(tour) {
   var removeIndex:number = this.IDs.indexOf(tour.ID);
   if (this.IDs.indexOf(tour.ID)!=-1) {
      this.IDs.splice(removeIndex,1);
      this.touren.splice(removeIndex,1);
      this.keineFavoriten = this.IDs.length==0;
      window.localStorage.setItem('FavoritenIDs', ⏎
      JSON.stringify(this.IDs));
    }
  }

}
```

Unser Provider besitzt die Methoden init, add und remove. Auf deren Funktionsweise gehe ich gleich im Zusammenhang mit deren jeweiliger Verwendung in unserer App noch genauer ein.

In details.ts ergänzen wir folgendes:

```typescript
import { Component } from '@angular/core';
import { IonicPage, NavController, NavParams } from 'ionic-angular';
import { FavoritenServiceProvider }
        from '../../providers/favoriten-service/favoriten-service';


@IonicPage()
@Component({
  selector: 'page-details',
  templateUrl: 'details.html',
})
export class DetailsPage {

  tour = {};
  istFavorit: boolean;


  constructor(public navCtrl: NavController,
              public navParams: NavParams,
              private favService: FavoritenServiceProvider ) {}


  ionViewDidLoad() {
    this.tour = this.navParams.data;
    this.istFavorit = this.favService.IDs.indexOf(
                  this.navParams.data.ID)!=-1;
  }


  navigate() {
    this.navCtrl.push('AnfragePage');
  }

}
```

Zum Code: Wir importieren unseren neuen FavoritenServiceProvider und fügen ihn im Konstruktor über die Variable favService hinzu. Außerdem ergänzen wir eine Variable istFavorit. Beim Laden der Seite wird geprüft, ob die ID der per this.navParams.data übergebenen Tour in unseren Favoriten-IDs enthalten ist. Mit anderen Worten: Es wird geprüft, ob die angezeigte Tour als Favorit gespeichert wurde oder nicht. Und das halten wir in der Variablen istFavorit fest. Wozu das wichtig ist, zeige ich gleich.

Hier der Code von details.html:

```
<ion-header>
  <ion-navbar>
    <ion-title>{{tour.Titel}}</ion-title>
  </ion-navbar>
</ion-header>


<ion-content padding>
  <button ion-button (click)="navigate()">Tour anfragen</button>
  <button ion-button (click)="favService.add(tour); istFavorit=true;"
          *ngIf="!istFavorit">Zu Favoriten hinzufügen</button>
  <button ion-button (click)="favService.remove(tour); istFavorit=false;"
          *ngIf="istFavorit">Aus Favoriten entfernen</button>
</ion-content>
```

Der Button Zu Favoriten hinzufuegen verwendet die add-Methode des FavoritenServiceProviders. Schauen wir uns diese Funktion genauer an:

```
add(tour) {
```

Der add-Methode wird die aktuelle Tour übergeben.

Anschließend fügen wir mit

```
    this.IDs.push(tour.ID);
    this.touren.push(tour);
```

dem Array this.IDs die Tour-ID und dem Array this.touren das Tour-Objekt hinzu. Mit der booleschen Prüfung

```
this.keineFavoriten = this.IDs.length==0;
```

stellen wir anhand der IDs-Array-Länge fest, ob es Favoriten gibt oder nicht und halten das Ergebnis in `keineFavoriten` fest. Diese Variable steuert in details.html über `*ngIf` die Anzeige der beiden Buttons Zu Favoriten hinzufuegen und Aus Favoriten entfernen.

Schließlich wird mit

```
window.localStorage.setItem('FavoritenIDs', JSON.stringify(this.IDs));
```

das aktuelle `IDs`-Array in den Local Storage geschrieben. Da der Local Storage nur einfache Key/Value-Einträge als Strings speichern kann, müssen wir unser Array aber mit `JSON.stringify` entsprechend umwandeln.

Probieren wir unsere App aus (auch wenn wir noch nicht ganz fertig mit unserer Favoriten-Verwaltung sind): Navigieren wir zu einer einzelnen Tour, z.B. zur Stadtrundfahrt Bonn und klicken auf den Button Als Favorit hinzufuegen. Tatsächlich ändert sich nun der Button. Genauer gesagt: er verschwindet und an seiner Stelle erscheint der Button Aus Favoriten entfernen. Unser Code funktioniert.

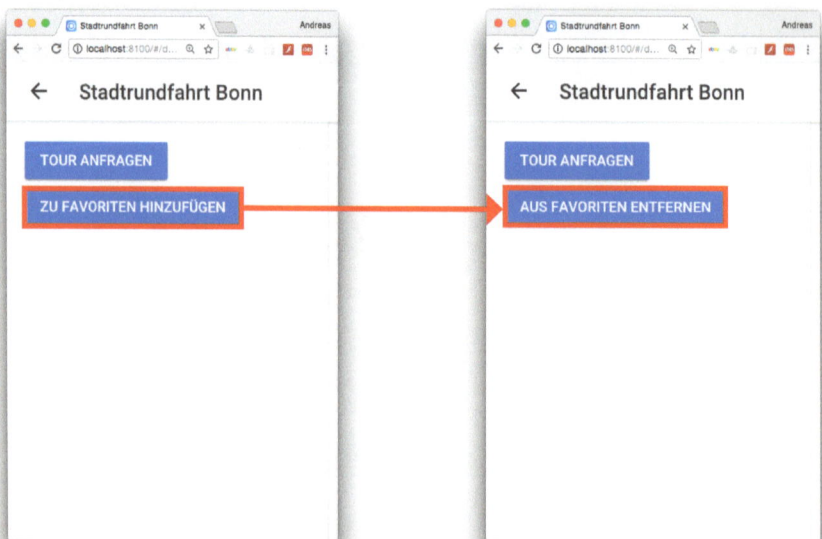

Was geschieht aber genau im Local Storage? Können wir uns das ansehen? Ja, das können wir!

Aktiviere dazu in Chrome die Entwicklertools (Menü Anzeigen > Entwickler > Entwicklertools). Dort wechselst Du von der Console zu Application und markierst dort unterhalb des Eintrags Storage > Local Storage die http-Adresse deines laufenden Ionic-Servers.

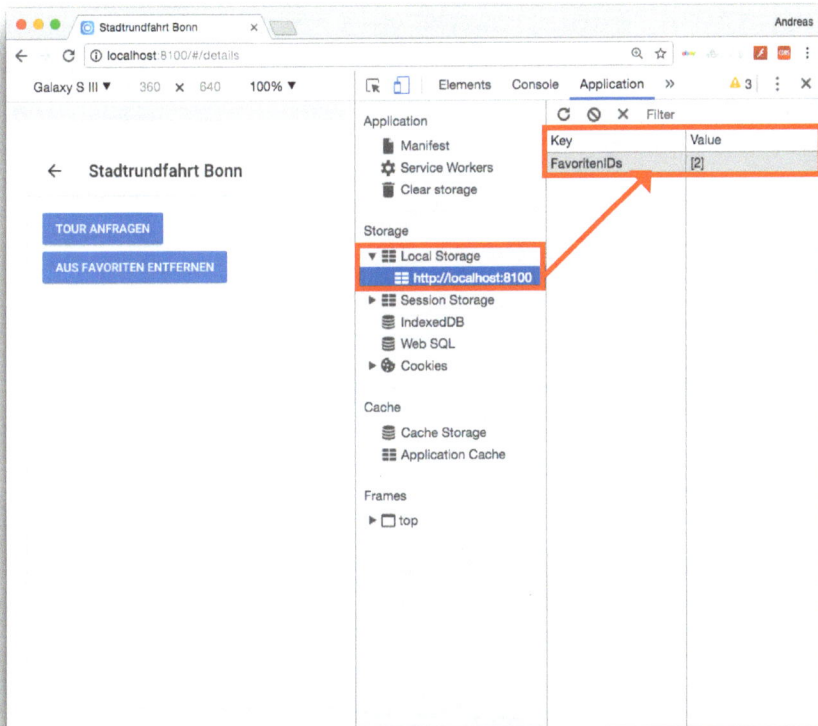

Hier siehst du nun den Inhalt des Local Storage und kannst prima verfolgen, was das Anklicken der Favoriten-Buttons bewirkt.

Nach diesem Test sollte es dir nicht schwerfallen, die remove-Methode des FavoritenServiceProviders nachzuvollziehen. Hier dessen Erläuterung:

```
remove(tour) {
```

Der remove-Methode wird die ausgewählte Tour übergeben.

Dann prüfen wir (sicherheitshalber) mit

```
if (this.IDs.indexOf(tour.ID)!=-1) {
```

ob das IDs-Array die zu entfernende ID enthält und entfernen diese dann aus beiden Arrays.

```
this.IDs.splice(removeIndex,1);
this.touren.splice(removeIndex,1);
```

Mit der booleschen Prüfung

```
this.keineFavoriten = this.IDs.length==0;
```

stellen wir erneut anhand der IDs-Array-Länge fest, ob es Favoriten gibt oder nicht und halten das Ergebnis in keineFavoriten fest. Wir erinnern uns: Diese Variable steuert in details.html über *ngIf die Anzeige der beiden Buttons Zu Favoriten hinzufuegen und Aus Favoriten entfernen.

Schließlich wird wieder mit

```
window.localStorage.setItem('FavoritenIDs', JSON.stringify(this.IDs));
```

das aktuelle (nun um eine ID ärmere) IDs-Array in den Local Storage geschrieben.

Wenden wir uns dem Start unserer App zu. Hier gilt es, den Local Storage erst einmal auszulesen, um die Favoriten (sofern vorhanden) anzeigen zu können. Hierzu habe ich bob-tours-service.ts etwas erweitert:

```typescript
[...]
import { FavoritenServiceProvider }
    from '../../providers/favoriten-service/favoriten-service';


@Injectable()
export class BobToursServiceProvider {

  [...]


  // Konstruktor
  constructor(public http: Http,
            private favService: FavoritenServiceProvider) {}


  // Initialisierung
  public initializeService() {
    this.getRegionen().then(data => this.regionen = data);
    this.getTourtypen().then(data => this.tourtypen = data);
    // this.getTouren().subscribe(data => this.tourtypen = data);
    this.getTourenAndFavoriten();
  };


[...]


  // Lese alle 'Touren' und – sobald diese verfügbar sind – ↵
  aktualisiere 'Favoriten'.
  getTourenAndFavoriten() {
    this.getTouren().subscribe( data => {
      this.touren = data;
      this.favService.init(this.touren);
    });
  }
```

Zum Code: Den FavoritenServiceProvider habe ich wie üblich importiert und über die Variable favService bereit gestellt. Neu ist die
Funktion getTourenAndFavoriten. Diese stellt sicher, dass, nachdem alle Touren über getTouren() geladen wurden, diese an unseren FavoritenServiceProvider durch Aufruf von dessen init-Methode
(s. Seite 96) weiter gereicht werden. Dort werden diese mit den aus
dem Local Storage geladenen Favoriten-IDs abgeglichen und bei Übereinstimmung in das dortige touren-Array übernommen.

Was jetzt noch fehlt, ist die Darstellung der Favoriten auf der
gleichnamigen Seite. Hier der Code zu favoriten.ts:

```typescript
import { Component } from '@angular/core';
import { IonicPage, NavController, NavParams } from 'ionic-angular';
import { FavoritenServiceProvider }
    from '../../providers/favoriten-service/favoriten-service';

@IonicPage()
@Component({
  selector: 'page-favoriten',
  templateUrl: 'favoriten.html',
})
export class FavoritenPage {

  constructor(public navCtrl: NavController,
              public navParams: NavParams,
              private favService: FavoritenServiceProvider) {}

  showDetails(tour) {
    this.navCtrl.push('DetailsPage', tour);
  }

}
```

Das bisher verwendete `touren`-Array nebst Daten habe ich ersatzlos entfernt. Und außer dem Import des FavoritenServiceProviders nebst dessen Einbindung über die Variable `favService` ist hier weiter nichts Spannendes passiert.

Die Einbindung des Providers ermöglicht uns aber schließlich die Darstellung der Favoriten in favoriten.html:

```html
<ion-header>
  <ion-navbar>
      <button ion-button menuToggle>
          <ion-icon name="menu"></ion-icon>
      </button>
    <ion-title>Favoriten</ion-title>
  </ion-navbar>
</ion-header>

<ion-content padding>
  <ion-list>
    <button ion-item *ngFor="let tour of favService.touren"
            (click)="showDetails(tour)">
        {{tour.Titel}}
    </button>
  </ion-list>
  <label *ngIf="favService.keineFavoriten">
    Du hast noch keine Favoriten hinzugefügt!
  </label>
</ion-content>
```

Hier habe ich auf die vom FavoritenServiceProvider bereit gestellten Touren referenziert (`favService.touren`), die in einer `*ngFor`-Schleife alle Favoriten auflisten. Ferner habe ich ein Label ergänzt, das via `*ngIf` zur Anzeige kommt, falls es noch keine Favoriten gibt.

Unsere komplette Favoriten-Verwaltung steht. Probiere es aus: Starte unsere App, navigiere zu der ein oder anderen Tour und deren Details, klicke auf den Button Zu Favoriten hinzufuegen und navigiere zurück zu den Favoriten. Beende den Ionic-Server und starte ihn neu. Die Favoriten sind immer noch da, dank der persistenten Speicherung im Local Storage. Voilá, c'est ça!

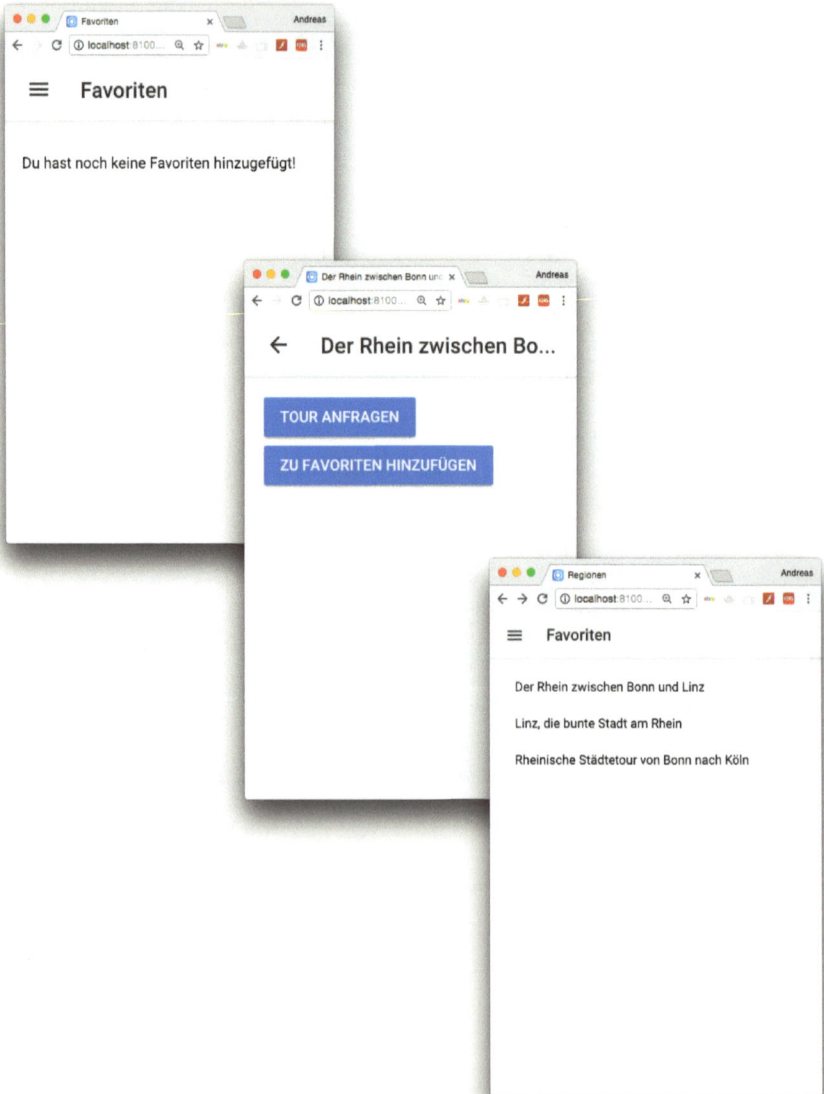

IONIC STORAGE

IONIC STORAGE IST EIN EINFACHES KEY/VALUE-MO-
DUL FÜR IONIC APPS mit sofort einsatzfähiger SQLite-Un-
terstützung. Das Modul macht es uns dabei leicht, die beste
verfügbare Storage Engine zu verwenden, ohne mit dieser direkt zu
interagieren. Die aktuelle Reihenfolge ist SQLite, IndexedDB, WebSQL
und Local Storage. Mit anderen Worten: Ionic Storage findet die beste
passende Engine (in der genannten Reihenfolge) von allein und verwendet diese. Wir brauchen uns darum keine Gedanken zu machen,
sondern nutzen immer dieselben einfachen Methoden, nämlich
set() und get().

Ein Grund, SQLite gegenüber Local Storage zu bevorzugen, sind be-
triebssystemabhängige Aspekte beim Speichern in nativen Apps. Ein
prominentes Beispiel ist iOS, das LocalStorage (und zuweilen IndexedDB)
leert, wenn der Speicher im Device knapp wird. Ein dateibasierter
Ansatz mit SQLite hilft, dies zu vermeiden und all' deine Daten zu
erhalten.

Wir wollen unsere Favoriten-Verwaltung auf Ionic Storage bzw.
SQLite umstellen. Du wirst gleich sehen, dass das in wenigen Schritten erledigt sein wird.

Zunächst müssen wir Ionic Storage installieren. Das erledigen wir über das Terminal mit

```
npm install @ionic/storage
```

Um SQLite als Storage Engine nutzen zu können, müssen wir das SQLite-Plugin (läuft nur in einem Device oder Emulator) installieren:

```
cordova plugin add cordova-sqlite-storage --save
```

Zur Einbindung von Ionic Storage müssen wir src/app/app.module.ts wie folgt ergänzen:

```
...
import { IonicStorageModule } from '@ionic/storage';

@NgModule({
  declarations: [
    ...
  ],
  imports: [
    IonicModule.forRoot(MyApp),
    IonicStorageModule.forRoot()
  ],
  bootstrap: [IonicApp],
  entryComponents: [
    ...
  ],
  providers: [
    ...
  ]
})
export class AppModule { }
```

Abschließend ergänzen bzw. bauen wir unseren FavoritenServiceProvider, also die Datei providers/favoriten-service/favoriten-service.ts um:

```
import { Injectable } from '@angular/core';
import { Http } from '@angular/http';
import 'rxjs/add/operator/map';


import { Storage } from '@ionic/storage';

@Injectable()
export class FavoritenServiceProvider {

  public IDs: Array<number>; // IDs der als Favoriten gespeicherten Touren
  public touren: any;        // Array der Favoriten-Tour-Objekte
  public keineFavoriten: boolean;  // True, wenn es keine Favoriten gibt


  constructor(public http: Http,
              private storage: Storage ) {}


  // Lese 'FavoritenIDs' aus Storage und fülle 'this.touren'.
  init(touren) {
    this.touren = [];
    // this.IDs = JSON.parse(window.localStorage.getItem('FavoritenIDs'));
    this.storage.ready().then(() => {
      this.storage.get('FavoritenIDs').then((IDs) => {
        this.IDs = JSON.parse(IDs);
        if (this.IDs==null) {
          this.IDs = [];
        } else {
          touren.forEach(tour => {
            if (this.IDs.indexOf(tour.ID)!=-1) {
              this.touren.push(tour);
            }
          });
        }
        this.keineFavoriten = this.IDs.length==0;
      });
    });
  }
```

```
  // Füge Tour-ID zu 'Favoriten' hinzu und aktualisiere den Storage.
  add(tour) {
    this.IDs.push(tour.ID);
    this.touren.push(tour);
    this.keineFavoriten = this.IDs.length==0;
//window.localStorage.setItem('FavoritenIDs', JSON.stringify(this.IDs));
    this.storage.set('FavoritenIDs', JSON.stringify(this.IDs));
  }


  // Entferne Tour-ID aus 'Favoriten' und aktualisiere den Storage.
  remove(tour) {
    var removeIndex:number = this.IDs.indexOf(tour.ID);
    if (removeIndex!=-1) {
      this.IDs.splice(removeIndex,1);
      this.touren.splice(removeIndex,1);
      this.keineFavoriten = this.IDs.length==0;
//window.localStorage.setItem('FavoritenIDs', JSON.stringify(this.IDs));
      this.storage.set('FavoritenIDs', JSON.stringify(this.IDs));
    }
  }
}
```

Erläuterung des neuen Codes:

Mit der Zeile

```
import { Storage } from '@ionic/storage';
```

importieren wir Storage und stellen im Konstruktor mit

```
private storage: Storage
```

die Variable storage bereit, um darüber auf die Methoden von Ionic Storage zugreifen zu können.

Um sicher zu stellen, dass der Storage verfügbar ist, prüfen wir das mit

```
this.storage.ready().then(() => {
```

`ready()` liefert ein Promise, weshalb wir mit `then` in die weitere Behandlung einsteigen können, wenn der Storage bereit ist.

Nun holen wir uns mit `get()` die Daten. Wir nennen unseren Storage-Key hier ebenfalls wieder `FavoritenIDs` (wie zuvor beim Zugriff über Local Storage).

```
this.storage.get('FavoritenIDs').then((IDs) => {
```

Auch `get()` liefert ein Promise, das wir mit `then` behandeln und der Variablen `this.IDs` schließlich den Speicherinhalt, der ebenfalls wieder als String vorliegt, via `JSON.parse` als Array umgewandelt zuweisen.

```
this.IDs = JSON.parse(IDs);
```

Du siehst anhand der von mir auskommentierten Zeile

```
// this.IDs = JSON.parse(window.localStorage.getItem('FavoritenIDs'));
```

wie ähnlich der Zugriff abläuft. Die Besonderheit besteht hier lediglich in der Verschachtelung der Promise-Methoden `ready()` und `get()`.

Unsere Methoden `add` und `remove` müssen wir nur minimal umformulieren. Aus der (nun auskommentierten) Zeile

```
//window.localStorage.setItem('FavoritenIDs', JSON.stringify(this.IDs));
```

wird jetzt

```
this.storage.set('FavoritenIDs', JSON.stringify(this.IDs));
```

That's it! Höchste Zeit, das Ganze auszuprobieren...

Beim Start der App sind die Favoriten zunächst leer. Dass eventuell noch Daten im Local Storage liegen, nützt uns nichts. Den Speicherzugriff managt ja nun das neue Modul Ionic Storage.

Beim Start der App auf dem Desktop bzw. im Browser bedeutet dies: Ionic Storage prüft, welche Engine es verwenden kann - in der Reihenfolge SQLite, IndexedDB, WebSQL und Local Storage. SQLite steht nur in einem Device bzw. Emulator zur Verfügung, IndexedDB nur in manchen Browsern, nicht im Safari, dort kommt dann WebSQL zum Einsatz. In meinem Chrome tut es aber IndexedDB.

Das können wir uns auch ansehen. Füge über unsere App aber erst einmal ein paar Favoriten hinzu. Dann aktivierst du in Chrome wieder die Entwicklertools (Menü Anzeigen > Entwickler > Entwicklertools) und wechselst von der Console zu Application und markierst dort den Eintrag Storage > IndexedDB > _ionickv (für Ionic Key/Value):

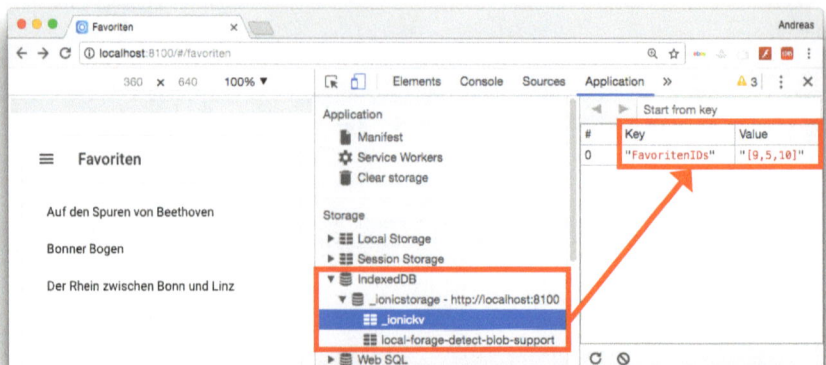

In diesem Kapitel hast du zwei Möglichkeiten kennen gelernt, wie man kleinere Datenmengen, zum Beispiel benutzereigene Einstellungen in einer App lokal speichert. Dabei hat Local Storage den Charme, ohne weitere Installationen verwendet werden zu können. Local Storage wird aber im ungünstigsten Fall vom Betriebssystem eines mobilen Endgeräts gelöscht, wenn's speichermäßig eng wird. Sicherer, aber mit etwas Installationsaufwand verbunden, ist die Verwendung einer Engine wie beispielsweise SQLite, die unsere App-Daten in eine eigene Datei schreibt, die sich dem Zugriff des Betriebssystems entzieht. Wie wir gesehen haben, hilft uns dabei das Modul Ionic Storage in Kombination mit dem SQLite-Plugin.

Weitere Einzelheiten zum Thema findest du hier:

▶   https://ionicframework.com/docs/storage/

Verwandte Themen:

▶   https://ionicframework.com/docs/native/sqlite/

▶   https://ionicframework.com/docs/native/sqlite-porter/

6 | Komponenten für unsere App

Allgemeines

Unsere App verwendet bisher nur Listen und Buttons, sieht man einmal von den Seitenelementen ion-header, ion-navbar und ion-content ab. Das wollen wir ändern und weitere der hervorragenden Ionic-Komponenten einbauen, um unserer App mehr Attraktivität und Funktionalität zu verleihen.

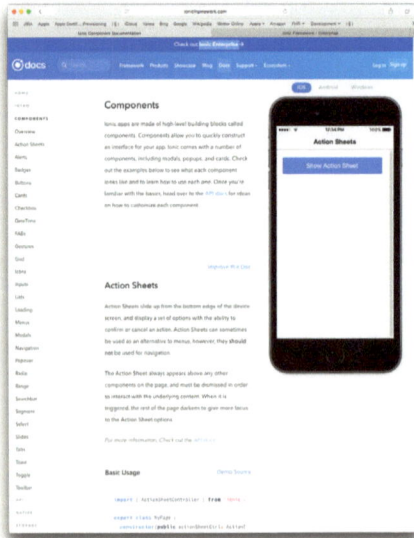

Bevor wir dies tun, möchte ich an dieser Stelle auf die umfangreiche Dokumentation aller Komponenten des Ionic Frameworks hinweisen.

Dort findest du von A wie Action Sheets bis T wie Toolbar alles, was zur Gestaltung einer gelungenen Benutzeroberfläche gebraucht wird. Unbedingt ansehen!

▶ http://ionicframework.com/docs/components/

Ionic stellt Dutzende von qualitativ hochwertigen UI-Komponenten bereit. Sie sind einfach verwendbar und lassen sich auf vielfältige Weise optional erweitern.

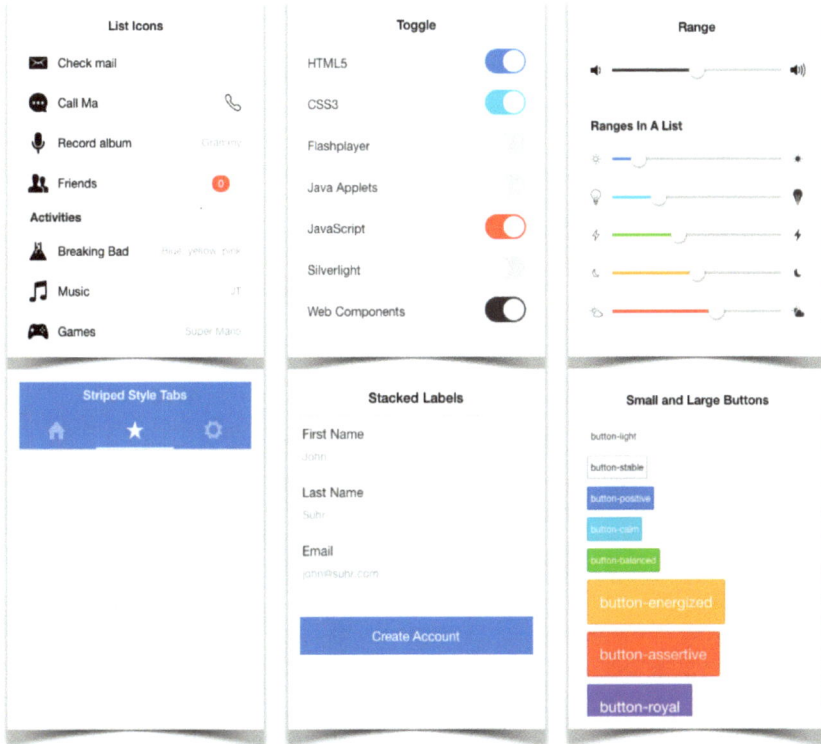

Die Komponenten verfügen - standardmäßig - über plattformspezifische Styles, Verhalten und Übergänge. Anders ausgedrückt: Ionic beachtet die Style-Richtlinien aller gängigen mobilen Plattformen, damit der Anwender bei einer mit Ionic erstellten App das jeweils gewohnte Look & Feel einer nativen Anwendung erfährt. Ionic nennt das platform continuity. Mehr zu dieser Philosophie findest du hier:

▶ http://blog.ionic.io/platform-continuity/

Bei der Vielzahl an Komponenten, die uns Ionic bereit stellt, war mein erster Gedanke, dass ich mich in diesem Buch auf eine kleine Auswahl *beschränken* muss. Doch warum eigentlich? Was wäre, wenn ich nicht weniger als 24 (!) verschiedene Komponenten in unsere App integriere und dir dabei auch noch die ein oder andere nützliche Einsatzmöglichkeit aufzeige, die sich allein anhand der Ionic-Dokumentation nicht erschließt? Und das Ganze schön geordnet in alphabetischer Reihenfolge. Stellen wir uns dieser Herausforderung und beginnen mit A wie...

ACTION SHEETS

ACTION SHEETS BEWEGEN SICH VOM UNTEREN RAND EINER APP NACH OBEN und bieten dem Anwender eine Auswahl von kontextbezogenen Optionen.

Sie werden zuweilen als Alternative zu Menüs verwendet. In der Ionic-Dokumentation wird aber ausdrücklich betont, dass Action Sheets *nicht* für die *Navigation* verwendet werden sollten.

Ein Action Sheet erscheint immer über allen anderen Komponenten einer Seite und muss geschlossen werden, um mit dem darunter liegenden Inhalt (wieder) interagieren zu können. Bei der Anzeige eines Action Sheet wird der Rest der Seite abgedunkelt, um den Fokus auf die angebotenen Optionen zu lenken.

In unserer App bietet es sich an, ein Action Sheet auf der Details-Seite einzubinden. Anstelle der bisherigen Buttons soll es nur noch einen Optionen-Button geben, der beim Anklicken dem Anwender verschiedene Möglichkeiten anbietet. Hier zunächst der Code der umgebauten Datei details.html:

```html
<ion-header>
  <ion-navbar>
    <ion-title>{{tour.Titel}}</ion-title>
  </ion-navbar>
</ion-header>

<ion-content padding>
  <!-- Details folgen später... -->
</ion-content>

<ion-footer padding>
  <button ion-button block (click)="presentActionSheet()">
    Optionen
  </button>
</ion-footer>
```

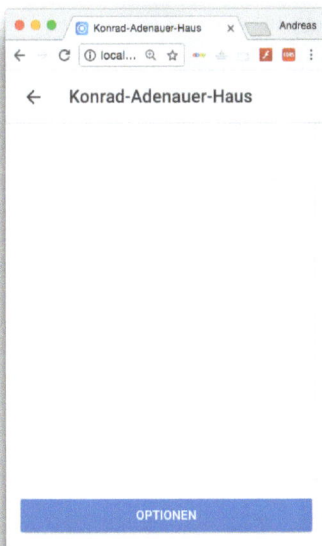

Bei der Gelegenheit verwenden wir dann auch gleich das Fußzeilen-Element ion-footer, um den neuen Optionen-Button am unteren Rand der App zu positionieren.

Der Button triggert beim Anklicken die Funktion presentActionSheet(), die wir nun in details.ts schreiben werden.

```
...


import { ActionSheetController } from 'ionic-angular';


...


export class DetailsPage {

  tour = {};
  istFavorit: boolean;


  constructor(public navCtrl: NavController,
              public navParams: NavParams,
              private favService: FavoritenServiceProvider,
              private actionSheetCtrl: ActionSheetController) {}

  // Tour-Objekt wird über navParams an diese Seite übergeben.
  ionViewDidLoad() {
    this.tour = this.navParams.data;
    this.istFavorit = this.favService.IDs.indexOf ⤶
                      (this.navParams.data.ID)!=-1;
  }


  // Blendet ein ActionSheet mit verschiedenen Optionen ein.
  presentActionSheet() {
    let actionSheet = this.actionSheetCtrl.create({
      title: 'Tour',
      buttons: [
        {
          text: 'Anfragen',
          handler: () => {
            this.navCtrl.push('AnfragePage', this.tour);
          }
        },
```

```
    {
        text: (this.istFavorit) ? 'Aus Favoriten entfernen'
                                 : 'Zu Favoriten hinzufügen',
        role: (this.istFavorit) ? 'destructive' : '',
        handler: () => {
          if (this.istFavorit) {
            this.favService.remove(this.tour);
            this.istFavorit = false;
          } else {
            this.favService.add(this.tour);
            this.istFavorit = true;
          }
        }
    },
    {
        text: 'Abbrechen',
        role: 'cancel'
    }
  ]
});
actionSheet.present();
}
```

```
}
```

Wir importieren einen `ActionSheetController` mit

```
import { ActionSheetController } from 'ionic-angular';
```

und injizieren ihn im Konstruktor über die Variable `actionSheetCtrl`.

```
constructor(...
          private actionSheetCtrl: ActionSheetController) {}
```

Diese Variable verwenden wir dann in der Methode `presentActionSheet`, um mit `create` ein Action Sheet zu erzeugen.

```
presentActionSheet() {
    let actionSheet = this.actionSheetCtrl.create( ...
```

Der `create`-Methode übergeben wir einige Optionen wie den `title`
und ein Array von `Buttons`:

```
{
    title: 'Tour',
    buttons: [ ... ]
}
```

Die `Buttons` besitzen alle eine `text`-Eigenschaft zu deren jeweiliger
Beschriftung. Dabei sind auch dynamische Zuweisungen zur Laufzeit möglich, wie du an den Zeilen

```
text: (this.istFavorit) ? 'Aus Favoriten entfernen'
                        : 'Zu Favoriten hinzufügen',
```

erkennen kannst. Abhängig vom Wert der Variablen `this.istFa-`
`vorit` wird der Button entweder mit `'Aus Favoriten entfernen'`
oder mit `'Zu Favoriten hinzufügen'` beschriftet.

Die optionale `role`-Eigenschaft beeinflusst das Aussehen eines Buttons. `'destructive'` sorgt bei unserem Favoriten-Button für eine
rote Schriftfarbe.

```
role: (this.istFavorit) ? 'destructive' : '',
```

`'cancel'` zeigt den Abbrechen-Button (wieder bedingungsabhän-
gig) etwas abgesetzt von den übrigen Buttons und mit fetter Beschriftung an.

```
role: 'cancel'
```

Die `handler()`-Funktion bei den Buttons beinhaltet den jeweiligen
Ausführungscode. Ich habe hier lediglich die bereits vorhandenen

Codezeilen aus den bisherigen Buttons entsprechend zugewiesen.

Der Abbrechen-Button braucht keine `handler()`-Funktion. Hier genügt es, dass das Action Sheet beim Anklicken einfach geschlossen wird.

Die `present()`-Methode bringt unser Action Sheet schließlich zur Anzeige.

```
actionSheet.present();
```

Wenn Du zu einer Details-Seite navigierst und den Optionen-Button anklickst, kannst du unser neues Action Sheet in Aktion sehen.

Weitere Infos zu Action Sheets findest du hier:

▶   https://ionicframework.com/docs/components/#action-sheets

▶   https://ionicframework.com/docs/api/components/action-sheet/ActionSheetController/

ALERTS

ALERTS KÖNNEN DEN ANWENDER MIT WICHTI-
GEN INFOS VERSORGEN ODER IHM ENTSCHEI-
DUNGSMÖGLICHKEITEN ANBIETEN.

Alerts verdecken einen Teil des Bildschirms und sollten nur für kleinere Hinweise und Aktionen wie Passwortbestätigung oder ähnliches verwendet werden.

Wir erweitern details.ts um einen Alert als Sicherheitsabfrage, wenn eine Tour aus den Favoriten entfernt werden soll.

```typescript
...
import { AlertController } from 'ionic-angular';
...
constructor(...
            private alertCtrl: AlertController) {}
...
// Blendet ein ActionSheet mit verschiedenen Optionen ein.
  presentActionSheet() {
    let actionSheet = this.actionSheetCtrl.create({
      ... {
          text: ...,
          role: ...,
          handler: () => {
            if (this.istFavorit) {
              //this.favService.remove(this.tour);
              //this.istFavorit = false;
              this.showConfirm();
            } else {
```

```
                    this.favService.add(this.tour);
                    this.istFavorit = true;
                }
            }
        }
...


// Blendet eine Ja/Nein-Sicherheitsabfrage (Alert) ein.
showConfirm() {
    let confirm = this.alertCtrl.create({
      title: 'Favorit entfernen?',
      message: 'Wollen Sie diese Tour wirklich aus den Favoriten ⏎
                entfernen?',
      buttons: [
        {
          text: 'Nein',
          handler: () => {
            console.log('Nein angeklickt');
          }
        },
        {
          text: 'Ja',
          handler: () => {
            this.favService.remove(this.tour);
            this.istFavorit = false;
          }
        }
      ]
    });
    confirm.present();
  }
```

Wir importieren einen `AlertController` mit

```
import { AlertController } from 'ionic-angular';
```

und injizieren ihn im Konstruktor über die Variable `alertCtrl`.

```
constructor(...
```

```
private alertCtrl: AlertController) {}
```

Diese Variable verwenden wir dann in der Methode showConfirm(), um mit create einen Alert zu erzeugen.

```
showConfirm() {
    let confirm = this.alertCtrl.create({
```

Der create-Methode übergeben wir einige Optionen wie den title, eine message und ein Array mit Buttons:

```
{
  title: 'Favorit entfernen?',
  message: 'Wollen Sie diese Tour wirklich aus den Favoriten entfernen?',
  buttons: [ ... ]
}
```

Die Buttons sind hier genau so konstruiert wie bei den Action Sheets. Sie besitzen die Eigenschaft text und eine handler()-Funktion. Auf den handler() können wir beim 'Nein'-Button eigentlich verzichten. In den handler() des 'Ja'-Buttons habe ich den Code verschoben, der ursprünglich beim 'Aus Favoriten entfernen'-Button stand und eine Tour (über unseren FavoritenServiceProvider) aus dem Favoriten-Array entfernt:

```
{
  text: 'Ja',
  handler: () => {
    this.favService.remove(this.tour);
    this.istFavorit = false;
  }
}
```

Lass' uns das Ganze wieder ausprobieren. Wir navigieren zu einer unserer Favoriten-Touren, klicken auf Optionen und dann auf den 'Aus Navigation entfernen'-Button.

Unser Alert erscheint. Beantwortet der Anwender die Frage mit `'Ja'`, wird die aktuelle Tour aus den Favoriten entfernt:

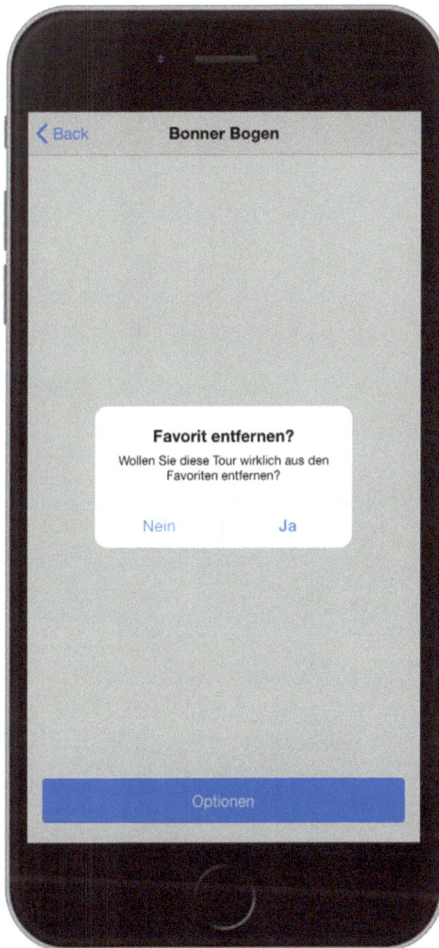

Weitere Infos zu Alerts findest du hier:

▶ https://ionicframework.com/docs/components/#alerts

▶ https://ionicframework.com/docs/api/components/alert/AlertController/

BADGES

BADGES SIND KLEINE KOMPONENTEN, DIE DEM ANWENDER TYPISCHERWEISE NUMERISCHE WERTE ANZEIGEN.

In unserer App können wir Badges prima dazu nutzen, bei den Tourtypen und Regionen die jeweilige Anzahl der passenden Touren anzugeben. Hier der Code zu tour-typen.ts:

```
...
import _ from 'lodash';
...
export class TourTypenPage {
  tourtypen: any;
  ...
  ionViewDidLoad() {
    this.tourtypen = this.btService.tourtypen;
    this.tourtypen.forEach(typ => {
      let touren = _.filter(this.btService.touren, ['Tourtyp', typ.ID]);
      typ['Anzahl'] = touren.length;
    });
  }
  ...
```

Wir importieren die lodash-Bibliothek, weil wir deren filter-Methode benötigen. Beim Laden der Seite wurden bisher nur die Tourtypen aus dem Service geladen. Neu ist nun eine forEach-Schleife über alle Tourtypen, worin wir alle Touren nach der jeweiligen Tourtyp-ID filtern, um die Anzahl der jeweiligen Touren eines Tourtyps zu ermitteln. Diese Zahl weisen wir der neuen Eigenschaft `'Anzahl'` eines jeden Tourtyp-Objekts zu und verwenden diese nun wie folgt in tour-ytpen.html:

```
...
  <ion-content padding>
  <ion-list>
    <button ion-item *ngFor="let tourtyp of tourtypen"
           (click)="showTourListe(tourtyp)">
      {{tourtyp.Name}}
      <ion-badge item-end>{{tourtyp.Anzahl}}</ion-badge>
    </button>
  </ion-list>
</ion-content>
```

Wir verwenden das `ion-badge`-Tag in Verbindung mit dem `item-end`-Attribut für eine rechtsbündige Ausrichtung. Das sieht dann so aus:

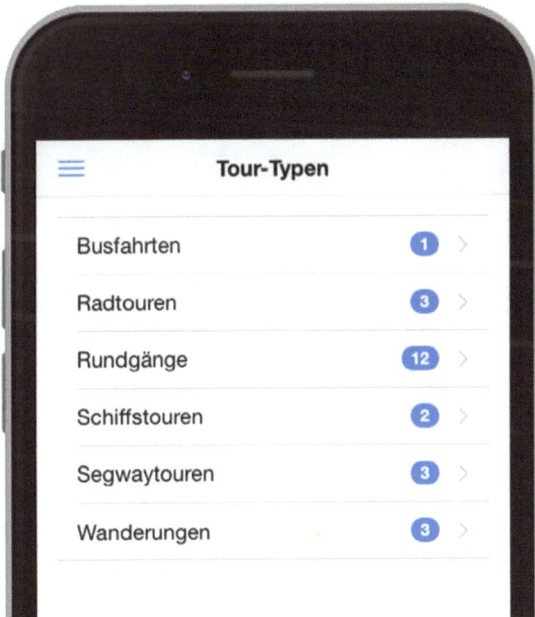

In gleicher Weise verfahren wir mit den Regionen. Hier der Code zu regionen.ts:

```
...
import _ from 'lodash';
...
export class RegionenPage {
  tourtypen: any;
  ...
  ionViewDidLoad() {
    this.regionen = this.btService.regionen;
    this.regionen.forEach(region => {
      let touren = _.filter(this.btService.touren, ['Region', region.ID]);
      region['Anzahl'] = touren.length;
    }); }
  ...
```

Und hier regionen.html:

```
...
<ion-content padding>
  <ion-list>
    <button ion-item *ngFor="let region of regionen"
            (click)="showTourListe(region)">
            {{region.Name}}
      <ion-badge item-end>{{region.Anzahl}}</ion-badge>
    </button>
  </ion-list>
</ion-content>
```

Und hier das Ergebnis:

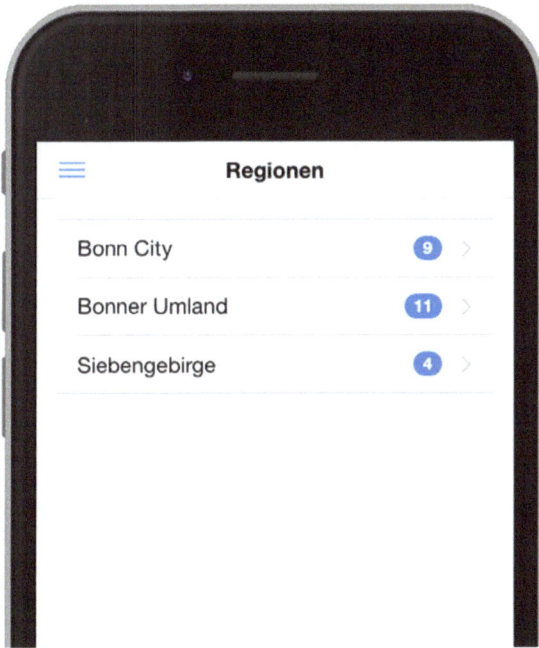

Weitere Infos zu Badges findest du hier:

▶ https://ionicframework.com/docs/components/#badges

▶ https://ionicframework.com/docs/api/components/badge/
Badge/

BUTTONS

BUTTONS SIND EIN WESENTLICHES ELEMENT ZUR INTERAKTION UND NAVIGATION IN EINER APP. Dabei sollte immer klar sein, welche Aktion von einem Button ausgelöst wird. Buttons können aus Text und/oder Icons bestehen und ihre Erscheinungsform kann durch vielerlei Attribute beeinflusst werden.

Aus Gründen der Barrierefreiheit verwenden Buttons den `button`-Tag als Standard-Element, jedoch erweitert um eine `ion-button`-Direktive.

In unserer App kommen Buttons bereits auf nahezu jeder Seite vor, meistens als Komponenten innerhalb von `ion-list`, wodurch deren Optik einem Listeneintrag gleicht und sich damit erheblich vom typischen Aussehen wie zum Beispiel dem Button in `details.html` unterscheidet.

Weitere Infos zu Buttons findest du hier:

▶ https://ionicframework.com/docs/components/#buttons

CARDS

C ARDS SIND TOLLE KOMPONENTEN, UM INFOR-
MATIONEN STRUKTURIERT ZU ORGANISIEREN.
Für eine mobile Nutzererfahrung machen Cards es uns
leicht, dieselbe Information auf verschiedenen Bildschirmgrößen
immer gut aussehen zu lassen.

In unserer App bietet es sich an, Cards auf unserer Details-Seite
zu verwenden, um dort (endlich) unsere ersten Tour-Informationen
übersichtlich darstellen zu können.

Eine kleine Vorarbeit besteht noch darin, die Region und den Tourtyp einer Tour im Langtext zu ermitteln, da diese in einer Tour nur
als Kürzel zur Verfügung stehen. Hier die Tour mit der ID 20, wie
sie in unserer Firebase-Datenbank gespeichert ist:

```
├── Beschreibung: "Tauchen Sie ein in die Welt der zeitgenössische..."
├── Bild: "arp.jpg"
├── Dauer: 60
├── Gruppengroesse: 25
├── ID: 20
├── PreisD: 80
├── PreisF: 110
├── Region: "BU"
├── Startpunkt
├── Titel: "Arp Museum Bahnhof Rolandseck"
├── Tourtyp: "RG"
```

Statt „RG" und „BU" wollen wir gleich auf unserer Details-Seite aber lieber „Rundgang / Bonner Umland" anzeigen. Dazu erweitern wir details.ts wie folgt:

```
...
import { BobToursServiceProvider }
    from '../../providers/bob-tours-service/bob-tours-service';
...
export class DetailsPage {
  ...
  region: string;
  tourtyp: string;
  ...
  constructor(...
            private btService: BobToursServiceProvider) {}

  // Tour-Objekt wird über navParams an diese Seite übergeben.
  // Der Langtext von 'Region' und 'Tourtyp' wird ermittelt.
  ionViewDidLoad() {
    ...
    this.region = this.btService.regionen
                  .filter(r => r.ID==this.tour['Region'])
                  .map(r => r.Name);
    this.tourtyp = this.btService.tourtypen
                  .filter(t => t.ID==this.tour['Tourtyp'])
                  .map(t => t.Name);
  }
  ...
}
```

Zur Erläuterung: Wir importieren BobToursServiceProvider und verwenden ihn über die Variable btService. Über diese Variable haben wir Zugriff auf alle Regionen und Tourtypen, deren jeweilige Name-Eigenschaft uns die Langtexte liefern.

Jetzt können wir aus den Regionen mit

```
.filter(r => r.ID==this.tour['Region'])
```

die Region herausfiltern, deren ID dem Region-Kürzel der Tour entspricht. Aus dem zurückgelieferten Region-Objekt interessiert uns
nur der Name, den wir mit

```
.map(r => r.Name);
```

abholen. Das Ergebnis weisen wir this.region zu.

Entsprechend verfahren wir, um an den Langext des Tourtyps zu ge-
langen, den wir dann this.tourtyp zuweisen.

Nun können wir unsere Seite details.html mit Hilfe einer Card gestalten:

```
<ion-header>
  <ion-navbar>
    <ion-title>Tour-Details</ion-title>
  </ion-navbar>
</ion-header>


<ion-content padding>
  <ion-card padding>
    <ion-card-content>
      <p>{{tourtyp}} / {{region}}</p>
      <hr>
      <ion-card-title>{{tour.Titel}}</ion-card-title>
      <p>{{tour.Beschreibung}}</p>
    </ion-card-content>
  </ion-card>
</ion-content>


<ion-footer padding>
  ...
</ion-footer>
```

Die neu gestaltete Seite mit den Tour-Details sieht nun so aus:

Weitere Infos zu Cards findest du hier:

▶ https://ionicframework.com/docs/components/#cards

CHECKBOX

EINE CHECKBOX IST EINE EINFACHE KOMPONENTE ZUR ANZEIGE EINES BINÄREN ZUSTANDES. Sie kann in einem `ion-item`-Tag eingebettet werden, aber auch allein stehen.

Wir nutzen hier eine `Checkbox`, um eine benutzereigene Einstellung, nämlich die Erlaubnis, ob unsere App (später) Mitteilungen empfangen darf oder nicht, festzulegen.

Hier die Ergänzung zu `app.components.ts`:

```
...
export class MyApp {
...
settings: any = {};

constructor(...)
...
// Der Anwender hat seine Einstellungen aktualisiert.
  updateSettings() {
     console.log(this.settings.notifications);
  }
}
```

Wir fügen hier lediglich die Variable `settings` sowie die Methode `updateSettings()` hinzu, in der wir (vorerst nur) den Wert von `this.notifications` ausgeben.

In app.html ergänzen wir folgenden Fußbereich:

```
...
<ion-footer>
  <ion-list>
    <ion-list-header>Einstellungen</ion-list-header>
    <ion-item>
      <ion-label>Mitteilungen erlauben</ion-label>
      <ion-checkbox [(ngModel)]="settings.notifications"
                    (ionChange)="updateSettings()">
      </ion-checkbox>
    </ion-item>
  </ion-list>
</ion-footer>
```

Mittels `[(ngModel)]` binden wir die Checkbox an die Variable settings.notifications. Bei jedem Klick auf die Checkbox wird ein ionChange-Event ausgelöst und updateSettings() ausgeführt. Den jeweiligen Wert der Checkbox, true oder false, kannst du dir in der JavaScript-Konsole ansehen. Im Kapitel "9 | Kommunikation und Nachrichten" werden wir die Funktion dann weiter ausbauen.

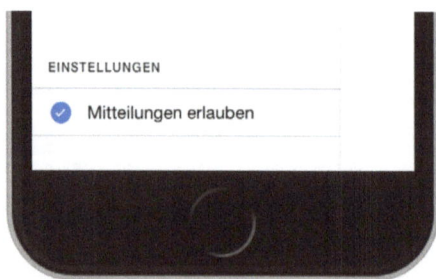

Weitere Infos zur Checkbox findest du hier:

▶   https://ionicframework.com/docs/components/#checkbox

▶   https://ionicframework.com/docs/api/components/checkbox/Checkbox/

DateTime

DIE KOMPONENTE DATETIME WIRD VERWENDET, UM DEM ANWENDER EINE EINFACHE EINGABE VON KALENDERDATEN UND UHRZEITEN ZU ERMÖGLICHEN. Ionics Komponente ist zwar ähnlich wie das native Element `<input type="datetime-local">`. Aber Ionics `DateTime` macht es uns einfacher, Datum und Zeit im bevorzugten Format anzuzeigen und die Werte zu managen.

Wir wollen `DateTime` dazu nutzen, eine Tour zu einem bestimmten Datum nebst Uhrzeit anzufragen und passen dazu unsere `Anfrage`-Seite an. Beginnen wir mit `anfrage.ts`:

```typescript
import { Component } from '@angular/core';
import { IonicPage, NavController, NavParams } from 'ionic-angular';


@IonicPage()
@Component({
  selector: 'page-anfrage',
  templateUrl: 'anfrage.html',
})
export class AnfragePage {

  tour = {};
  anfrage: any = {};
  uebermorgen: string;
  uebernaechstesJahr: string;
```

```
constructor(public navCtrl: NavController,
            public navParams: NavParams) {}

  // Seite wurde geladen.
  ionViewDidLoad() {
    // Tourdaten zuweisen
    this.tour = this.navParams.data;
    // Startdatum = uebermorgen ermitteln
    let heute = new Date();
    let uebermorgen = new Date(heute.getTime()+1000*60*60*24*2);
    this.uebermorgen = uebermorgen.toISOString().slice(0,10);
    // Enddatum = uebernaechstesJahr ermitteln
    let uebernaechstesJahr = new Date(uebermorgen ↵
                        .getTime()+1000*60*60*24*365*2);
    this.uebernaechstesJahr = uebernaechstesJahr.toISOString() ↵
                                            .slice(0,10);
  }


  // Anwender hat 'Anfrage absenden' angeklickt.
  absenden() {
    console.log('Tour angefragt für', ↵
              this.anfrage.Datum, this.anfrage.Uhrzeit);
  }

}
```

Beim Laden der Seite werden Start- und Enddatum für unsere DateTime-Komponente errechnet. Dabei gehen wir von folgender Überlegung aus: Eine Tour-Anfrage soll aus Sicht unseres imaginären Touristik-Unternehmens frühestens für den übernächsten Tag und maximal zwei Jahre im Voraus möglich sein. Diese Werte errechnen wir jeweils mittels der getTime()-Funktion und Multiplikation mit Sekunden, Minuten, Stunden und der entsprechenden Anzahl an Tagen und halten diese Daten in den Variablen this.uebermorgen (Startdatum) und this.uebernaechstesJahr (Enddatum) fest. Da DateTime Kalenderdaten im Format ISO 8601 erwartet, formatieren wir diese mit `toISOString()`. Da bei der Festlegung von Start- und Enddatum die Uhrzeit nicht interessiert, kürzen wir mittels `slice(0,10)` die Strings jeweils auf die ersten 10 Stellen. Beispiel: Fragt der Anwender am 01.01.2018 eine Tour an, ermittelt unsere Berechnung den 03.01.2018 (ausgegeben als „2018-01-03") als frühestes und den 03.01.2020 (ausgegeben als „2020-01-03") als spätestes Anfragedatum.

Schauen wir uns nun anfrage.html an:

```
...
<ion-content padding>
  <ion-list text-wrap>
    <ion-item>{{tour.Titel}}</ion-item>
    <ion-item>
      <ion-label>Datum</ion-label>
      <ion-datetime [(ngModel)]="anfrage.Datum"
        min="{{uebermorgen}}" max="{{uebernaechstesJahr}}"
        displayFormat="DD. MMMM YYYY" pickerFormat="DD MMMM YYYY"
        monthNames="Januar,Februar,März,April,Mai,Juni,Juli,August,
September,Oktober,November,Dezember"
        cancelText="Abbrechen" doneText="OK"
        placeholder="Bitte auswählen!">
      </ion-datetime>
    </ion-item>
    <ion-item>
      <ion-label>Uhrzeit</ion-label>
      <ion-datetime [(ngModel)]="anfrage.Uhrzeit"
            displayFormat="HH:mm" pickerFormat="H mm"
            hourValues="9,10,11,12,13,14,15,16,17,18,19"
            minuteValues="00,15,30,45"
            cancelText="Abbrechen" doneText="OK"
            placeholder="Bitte auswählen!">
      </ion-datetime>
    </ion-item>
```

```
  </ion-list>
</ion-content>

<ion-footer padding>
  <button ion-button block (click)="absenden()">Anfrage absenden</button>
</ion-footer>
```

Wie du siehst, kommen hier gleich *zwei* DateTime-Komponenten zum Einsatz: eines für das Datum und eines für die Uhrzeit.

Bei der Datum-Komponente binden wir mittels

```
[(ngModel)]="anfrage.Datum"
```

die Anwender-Eingabe an das in anfrage.ts deklarierte anfrage-Objekt. Zudem weisen wir dem Attribut min die berechnete Variable uebermorgen und dem Attribut max die Variable uebernaechstes-Jahr zu, legen damit also - wie zuvor beschrieben - den zulässigen Datumsbereich für die Komponente fest. Ferner steuern wir über

```
displayFormat="DD. MMMM YYYY" pickerFormat="DD MMMM YYYY"
```

das Anzeige- und das Eingabeformat. Im Attribut monthNames geben wir die deutschen Monatsnamen an, da ansonsten (standardmäßig) die englischen Monate angegeben würden. Mit

```
cancelText="Abbrechen" doneText="OK"
```

legen wir die Beschriftung der Aktions-Buttons fest, die ansonsten ebenfalls in Englisch beschriftet würden. Schließlich vergeben wir über das Attribut placeholder noch einen Platzhaltertext, der angezeigt wird, solange noch keine Datumsauswahl erfolgt ist.

Bei der Uhrzeit-Komponente binden wir mittels

```
[(ngModel)]="anfrage.Uhrzeit"
```

die Anwender-Eingabe ebenfalls an das `anfrage`-Objekt. Wir steuern über

```
displayFormat="HH:mm" pickerFormat="H mm"
```

das Anzeige- und das Eingabeformat der Uhrzeit. Über das Attribut `hourValues` begrenzen wir die zulässigen Uhrzeit-Stunden auf einen Wertebereich von 9–19, weil unser imaginäres Touristik-Unternehmen keine früheren und späteren Touren anbieten möchte. Über das Attribut `minuteValues` legen wir nur viertel-stündige Eingabemöglichkeiten fest.

Hier unsere DateTime-Komponenten in der Ausführung:

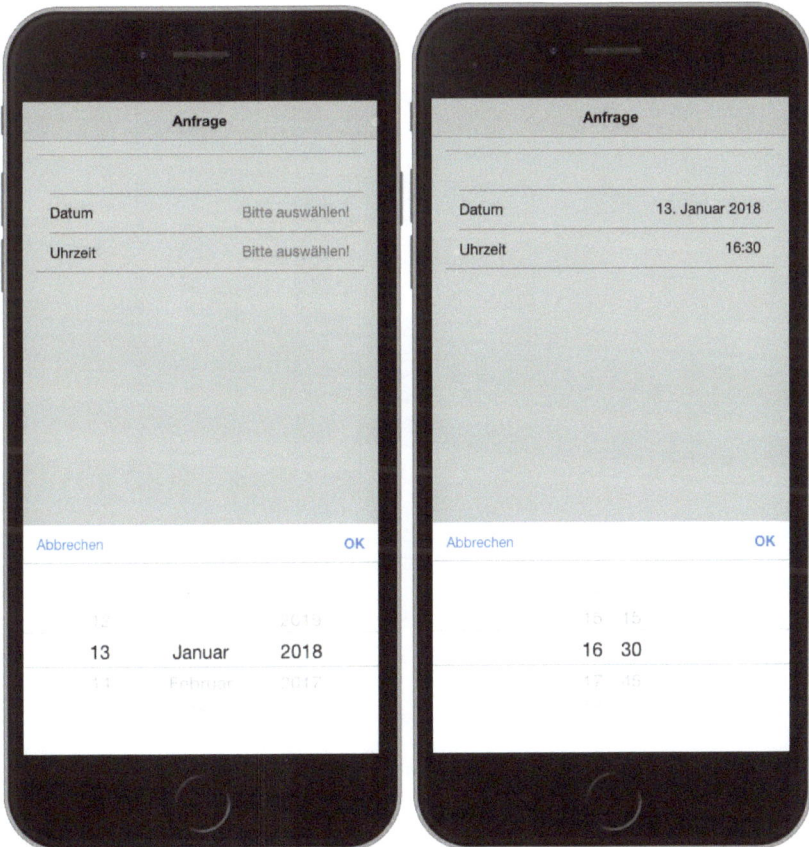

Wie du siehst, bietet DateTime ausgezeichnete Möglichkeiten, den Anwender bei der Eingabe valider Kalenderdaten und Uhrzeiten zu unterstützen. Wichtig ist, dass man sich immer an das Format ISO 8601 hält, wenn man Daten an die Komponente zuweist bzw. mit den erhaltenen Daten weiter arbeitet. Solltest du dabei einmal umfangreichere Datumsfunktionen benötigen, kann ich dir hierzu die JavaScript-Bibliothek moment.js empfehlen:

▶ https://momentjs.com/

Weitere Infos zu DateTime findest du hier:

▶ https://ionicframework.com/docs/components/#datetime

▶ https://ionicframework.com/docs/api/components/datetime/DateTime/

FABS

FABS (FLOATING ACTION BUTTONS) SIND MATERIAL DESIGN KOMPONENTEN. Diese kreisförmigen Buttons repräsentieren besondere Aktionen. Oftmals „entfächern" sie beim Anklicken weitere Optionen. Wie ihr Name verrät, fließen FABs von einer fixen Position aus über den vorhandenen Inhalt.

In unserer App wollen wir einen Teilen-Button integrieren, der uns später Zugriff auf Social Media Apps wie Facebook, GooglePlus, Instagram und WhatsApp ermöglicht (siehe hierzu Kapitel "9 | Kommunikation und Nachrichten" ab Seite 301).

In details.ts ergänzen wir dazu folgendes:

```
...
export class DetailsPage {

  ...

  showSocial: boolean;

  ...

  // Anwender hat Teilen-Button angeklickt.
  toggleSocial() {
    this.showSocial = !this.showSocial;
  }


  // Anwender hat einen der Social-App-Buttons angeklickt.
  openSocial(app) {
    console.log('Anwender will Tour über ' + app + ' teilen!');
  }
}
```

In details.html erweitern wir den `ion-footer`-Bereich wie folgt:

```
<ion-footer padding style="height:80px">
  <button ion-button *ngIf="!showSocial" (click)="presentActionSheet()">
   Optionen
  </button>
  <ion-fab right middle>
    <button ion-fab mini (click)="toggleSocial()">
      <ion-icon name="md-share"></ion-icon>
    </button>
    <ion-fab-list side="left">
      <button ion-fab (click)="openSocial('facebook')">
        <ion-icon name="logo-facebook"></ion-icon>
      </button>
      <button ion-fab (click)="openSocial('googleplus')">
        <ion-icon name="logo-googleplus"></ion-icon>
      </button>
      <button ion-fab (click)="openSocial('instagram')">
        <ion-icon name="logo-instagram"></ion-icon>
      </button>
      <button ion-fab (click)="openSocial('whatsapp')">
        <ion-icon name="logo-whatsapp"></ion-icon>
      </button>
    </ion-fab-list>
  </ion-fab>
</ion-footer>
```

Die Funktionalität ist (noch) recht simpel: Die Variable showSocial steuert über *ngIf die Sichtbarkeit des Optionen-Buttons, d.h., immer, wenn der Teilen-Button angeklickt wird, wird der Optionen-Button ausgeblendet, um den sich ausbreitenden Social-App-Buttons Platz zu machen. Werden die Social-App-Buttons eingeklappt, wird der Optionen-Button wieder eingeblendet. Dafür sorgt die Funktion toggleSocial(). Die Funktion openSocial() gibt über die Konsole aus, welcher Button angeklickt wurde. Das werden wir im bereits er-

wähnten Kapitel "9 | Kommunikation und Nachrichten" ausbauen.
Hier die laufende App mit unseren neuen FABs:

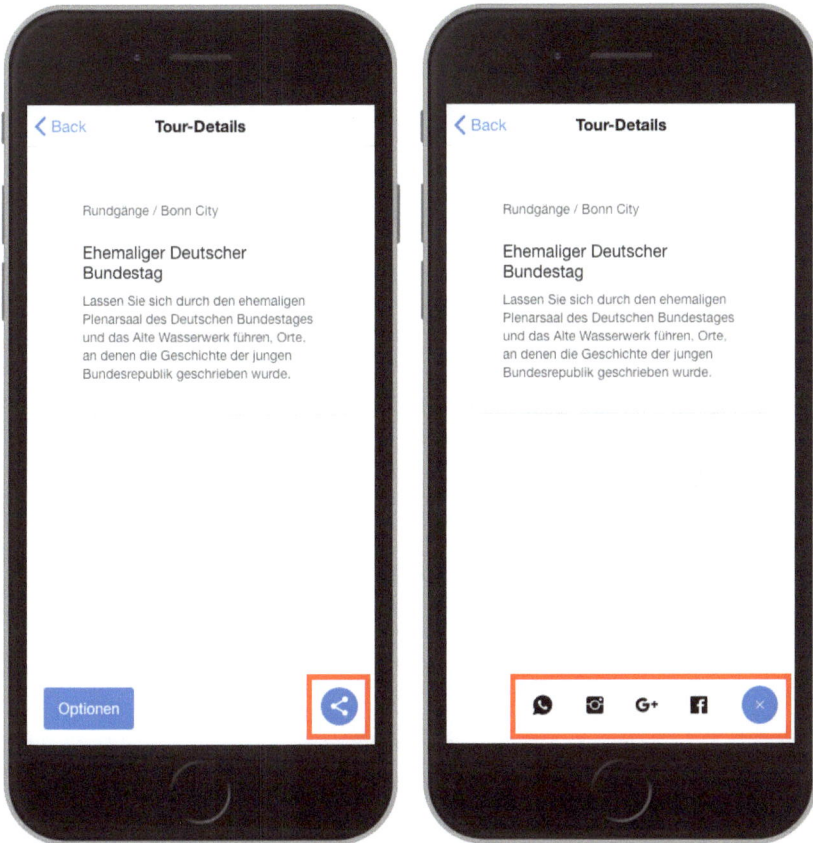

Weitere Infos zu FABs findest du hier:

▶   https://ionicframework.com/docs/components/#fabs

▶   https://ionicframework.com/docs/api/components/fab/
FabButton/

GESTURES

IONIC UNTERSTÜTZT ALLE GRUNDLEGENDEN GES-
TEN FÜR MOBILE ENDGERÄTE. Dazu gehören: tap, press,
pan, swipe, rotate und pinch.

Hier kurze Erläuterungen der unterstützten Gesten:

Tap
Kurzes Antippen des Displays

Press
Etwas längeres Berühren des Displays

Pan (Drag)
Fingerspitze über das Display bewegen, ohne den
Kontakt zu verlieren

Swipe (Flick)
Schnelle Wischbewegung über das Display mit der
Fingerspitze

Rotate
Berühren des Displays mit zwei Fingern, die sich
kreisförmig umeinander bewegen

Pinch (Spread)
Berühren des Displays mit zwei Fingern, die sich
aufeinander zu- oder voneinander wegbewegen

In unserer App verzichte ich auf die Integration expliziter Gesten. Die Einbindung von Gesten ist nämlich nichts besonderes, sondern erfolgt ganz einfach über HTML, zum Beispiel so:

```
<ion-card (pan)="panEvent($event)">
  <ion-item>
    Panned: {{pan}} times
  </ion-item>
</ion-card>
```

Oder so:

```
<ion-card (swipe)="swipeEvent($event)">
  <ion-item>
    Swiped: {{swipe}} times
  </ion-item>
</ion-card>
```

Weitere Infos zu Gestures findest du hier:

▶ https://ionicframework.com/docs/components/#gestures

Grid

IONICS GRID-SYSTEM BASIERT AUF FLEXBOX, einem CSS
Feature, das von allen Browsern und mobilen Endgeräten unterstützt wird, die auch von Ionic unterstützt werden.

Ein Grid besteht aus drei Einheiten: `grid`, `row(s)` und `column(s)`.

In unserer App verwenden wir ein Grid, um unsere Details-Seite
weiter auszugestalten. Hier der erweiterte Code zu details.html:

```
<ion-header>
  ...
</ion-header>


<ion-content padding>
  <ion-card padding>
    ...
  </ion-card>
  <ion-card>
    <ion-card-content>
      <ion-grid>
        <ion-row>
          <ion-col col-8>Dauer:</ion-col>
          <ion-col col-4>{{tour.Dauer}} min</ion-col>
        </ion-row>
        <ion-row>
          <ion-col col-8>Max. Teilnehmerzahl:</ion-col>
          <ion-col col-4>{{tour.Gruppengroesse}} Personen</ion-col>
        </ion-row>
```

```
    <ion-row>
        <ion-col col-8>Gruppenpreis (deutsch):</ion-col>
        <ion-col col-4>{{tour.PreisD}} EUR</ion-col>
    </ion-row>
    <ion-row>
        <ion-col col-8>Gruppenpreis (Fremdsprache):</ion-col>
        <ion-col col-4>{{tour.PreisF}} EUR</ion-col>
    </ion-row>
    </ion-grid>
  </ion-card-content>
 </ion-card>
</ion-content>

<ion-footer padding style="height:80px">
 ...
</ion-footer>
```

Wie du siehst, habe ich eine zweite Card angelegt, innerhalb der wir
das Grid platzieren. Dabei beginnen wir mit dem Tag `<ion-grid>`,
dem mit `<ion-row>` die Definition der ersten Zeile folgt. Innerhalb
dieser Zeile folgen zwei Spalten:

```
<ion-col col-8>Dauer:</ion-col>
<ion-col col-4>{{tour.Dauer}} min</ion-col>
```

Um die Attribute col-8 und col-4 zu verstehen, musst du wissen,
dass ein Grid in der Breite auf einem Raster von 12 Einheiten basiert.
Mit col-8 vergeben wir für unsere erste Spalte also 8 Einheiten und
mit col-4 für die zweite Spalte 4 Einheiten in der Breite. Das passt
in unserem Fall ganz gut, da die längeren Beschriftungstexte jeweils
in der ersten Spalte stehen. Für die in den zweiten Spalten auszuge-
benden Tourdaten wie Dauer, Gruppengroesse, PreisD und PreisF
verwenden wir wie üblich die doppelten geschweiften Klammern
als Platzhalter.

Schauen wir uns die Seite Details mit unserem neuen Grid in der laufenden App an:

Weitere Infos zum Grid findest du hier:

- https://ionicframework.com/docs/components/#grid

- https://ionicframework.com/docs/api/components/grid/Grid/

ICONS

BILDER SAGEN MEHR ALS 1000 WORTE. Wir sehen ein Symbol und verstehen sofort, was gemeint ist. Deswegen kommt auch keine App, die intuitiv bedient werden will, an Icons vorbei.

Ionic verfügt über mehr als 700 (!) Icons, die sich über das `name`-Attribut adressieren lassen.

Eine Übersicht über alle Icons findest du hier:

▶ http://ionicframework. com/docs/ionicons/

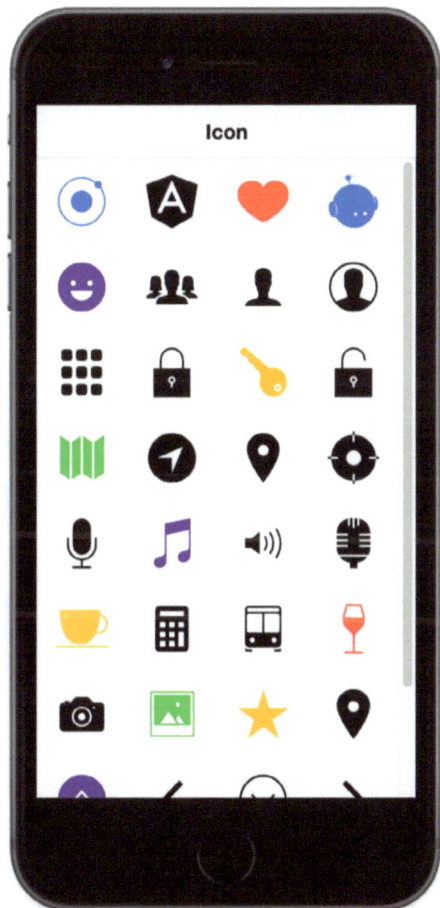

Die meisten Icons werden in drei Ausprägungen angeboten (iOS und iOS-Outline für die iOS-Plattform sowie Material Design für Android). Du hast hier die Wahl: entweder du verwendest einen allgemeinen Icon-Namen wie zum Beispiel menu und überlässt Ionic, das zur jeweiligen Plattform passende Icon zu verwenden, oder du verwendest gezielt einen der plattformspezifischen Icon-Namen wie ios-menu-outline, dann wird nur dieses spezielle Icon für alle Plattformen verwendet. Oder du gibst (wie in der Abbildung unten zu sehen) explizit die Plattform wie ios="ios-menu" an, der ein bestimmtes Icon zugeordnet werden soll.

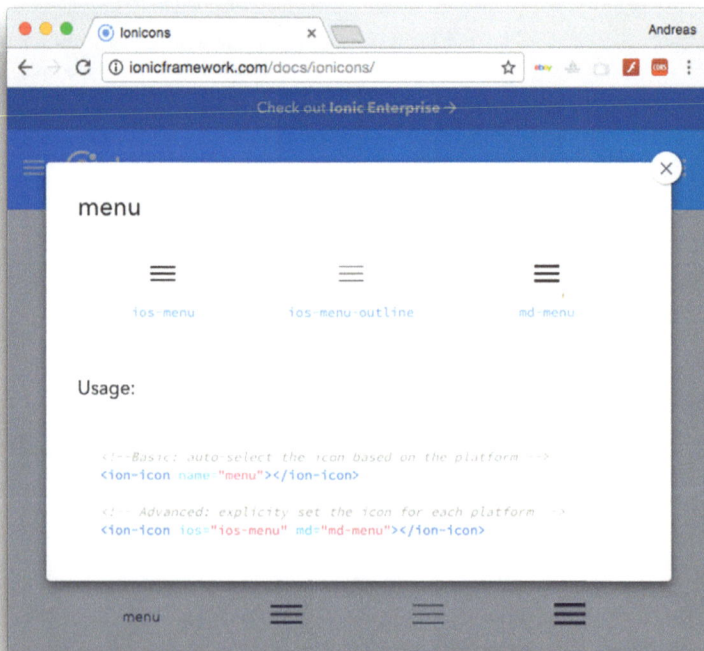

Immerhin verwendet unsere App schon ein paar Icons, nämlich das menu-Icon im Header unserer App zur Einblendung des Seitenmenüs sowie die Icons zum Aufruf der Social Media Apps auf der Details-Seite. Aber da geht noch was...

Wir wollen die Auflistung unserer Regionen und Tour-Typen mit Icons versehen. Beginnen wir mit den Tour-Typen. Ganz „zufällig" habe ich da schon in den Datenobjekten etwas vorbereitet: Jedes Tour-Typ-Objekt verfügt nämlich über die Eigenschaft icon, die den Namen - wer hätte das gedacht - eines Ionic-Icons enthält.

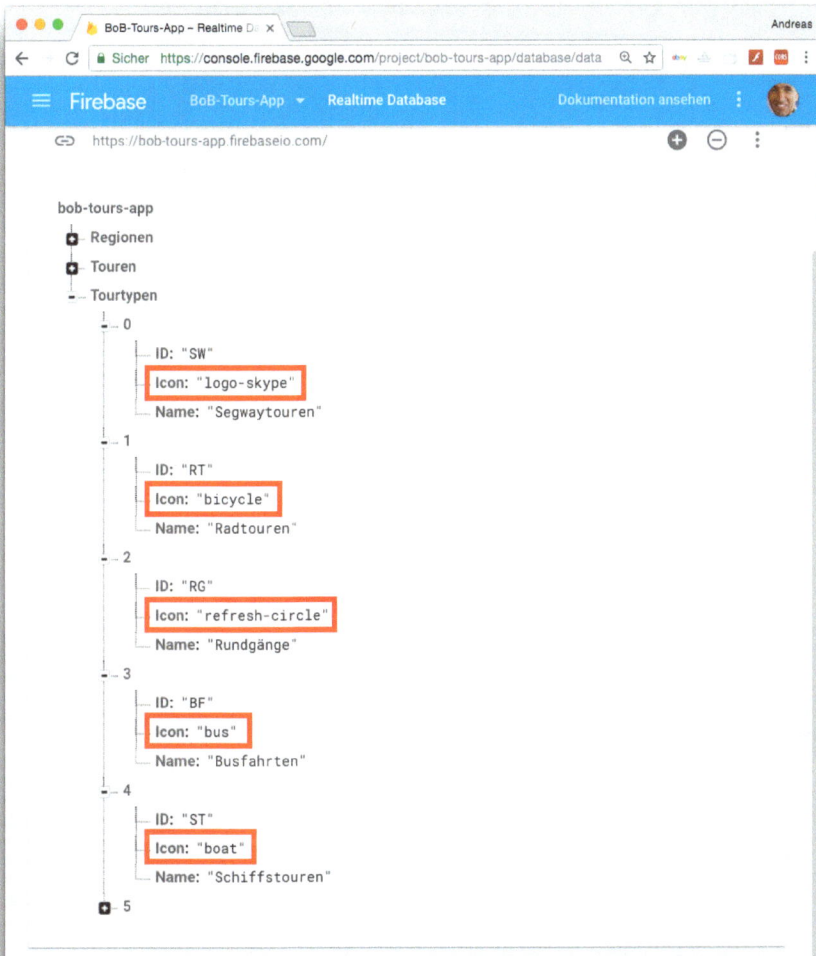

Mit diesen Daten ist es ganz einfach, unsere Liste in tour-typen.html um Icons zu erweitern:

```
<ion-content padding>
  <ion-list>
    <button ion-item *ngFor="let tourtyp of tourtypen"
            (click)="showTourListe(tourtyp)">
      <ion-grid no-padding>
        <ion-row>
          <ion-col col-2>
            <ion-icon name={{tourtyp.Icon}}></ion-icon>
          </ion-col>
          <ion-col col-10>
            {{tourtyp.Name}}
          </ion-col>
        </ion-row>
      </ion-grid>
      <ion-badge item-end>{{tourtyp.Anzahl}}</ion-badge>
    </button>
  </ion-list>
</ion-content>
```

Aus optischen Gründen habe ich wieder ein Grid verwendet, damit die Beschriftung (tourtyp.Name) hinter den unterschiedlich breiten Icons immer sauber linksbündig erfolgt.

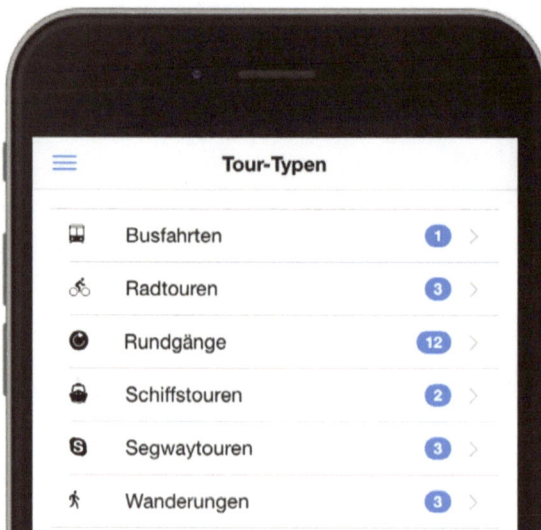

Spendieren wir in entsprechender Weise auch regionen.html ein paar Icons:

```
<ion-content padding>
  <ion-list>
    <button ion-item *ngFor="let region of regionen"
            (click)="showTourListe(region)">
      <ion-grid no-padding>
        <ion-row>
          <ion-col col-2>
            <ion-icon name={{region.Icon}}></ion-icon>
          </ion-col>
          <ion-col col-10>
            {{region.Name}}
          </ion-col>
        </ion-row>
      </ion-grid>
      <ion-badge item-end>{{region.Anzahl}}</ion-badge>
    </button>
  </ion-list>
</ion-content>
```

Und hier das Ergebnis in unserer App:

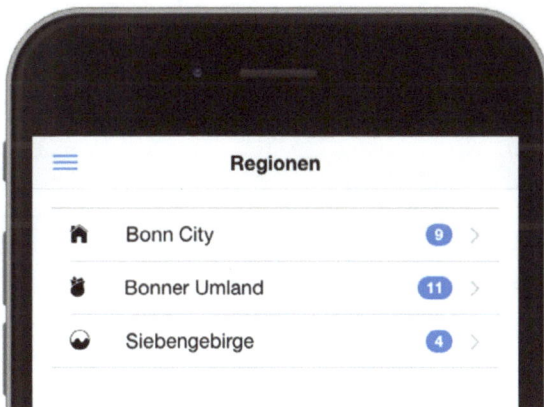

Soviel (vorerst) zu Icons. In Kapitel "7 | Theming, Styling, Customizing" ab Seite 214 werden wir unsere Icons noch ein wenig tunen.

INPUTS

INPUTS SIND WICHTIG ZUM SAMMELN UND VERWAL-
TEN VON BENUTZEREINGABEN. Als Eingabe-Komponen-
ten sollten Inputs plattformspezifischen Richtlinien folgen und
intuitiv bedienbar sein. Ionic stellt hierzu in seiner sogenannten Form
Library alle benötigten Zutaten bereit.

Wir wollen unsere Anfrage-Seite um ein paar Eingabedaten der
anfragenden Person in anfrage.html ergänzen:

```html
...
<ion-content padding>
  <ion-list text-wrap>

    ...

    <ion-item>
      <ion-label>Nachname</ion-label>
      <ion-input type="text" [(ngModel)]="anfrage.Nachname"></ion-input>
    </ion-item>
    <ion-item>
      <ion-label>Vorname</ion-label>
      <ion-input type="text" [(ngModel)]="anfrage.Vorname"></ion-input>
    </ion-item>
    <ion-item>
      <ion-label>Mail</ion-label>
      <ion-input type="text" [(ngModel)]="anfrage.Mail"></ion-input>
    </ion-item>
  </ion-list>
</ion-content>
...
```

Hier binden wir die Benutzereingabe wieder an unser `anfrage`-Objekt, jeweils mit den Eigenschaften `Nachname`, `Vorname` und `Mail`.

Das Ergebnis können wir in `anfrage.ts` über

```
console.log('Tour angefragt für',
            this.anfrage.Datum, this.anfrage.Uhrzeit,
            'von',
            this.anfrage.Vorname, this.anfrage.Nachname,
            this.anfrage.Mail);
```

ausgeben.

Und so sieht das in der laufenden App aus:

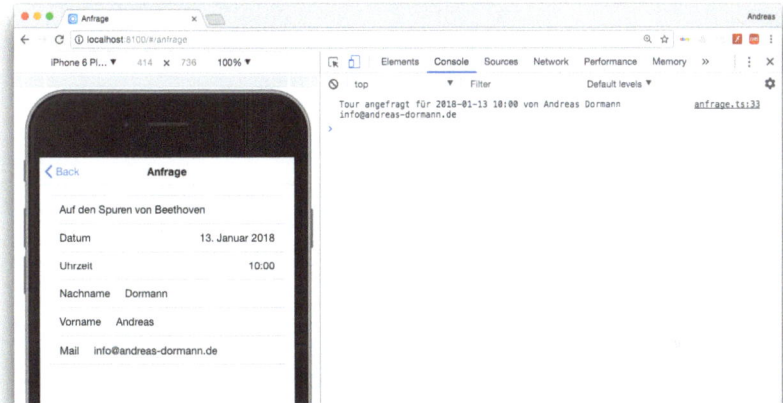

Weitere Infos zu `Inputs` findest du hier:

▶ https://ionicframework.com/docs/components/#inputs

▶ https://ionicframework.com/docs/api/components/input/Input/

IMG

WAS WÄRE EINE APP OHNE BILDER BZW. FOTOS? Ich bin mir sicher, dass du auf dieses Thema schon gewartet hast, stimmt's?

Natürlich macht es uns Ionic einfach, Bilder in unsere App zu bringen. Dazu können wir nämlich das Standard-HTML-Element img verwenden. In unserer App bietet es sich an, ein Bild der jeweiligen Tour auf der Details-Seite einzubinden.

Hier der ergänzte Code in details.html:

```html
<ion-card padding>
  <ion-card-content>
    <p>{{tourtyp}} / {{region}}</p>
    <hr>
    <ion-card-title>{{tour.Titel}}</ion-card-title>
    <img src="http://ionic3.andreas-dormann.de/img/big/{{tour.Bild}}"
        style="margin-bottom: 10px">
    <p>{{tour.Beschreibung}}</p>
  </ion-card-content>
</ion-card>
```

Im Attribut src verwenden wir eine URL, die sich aus dem Pfad (dem Online-Ordner, in dem ich meine Fotos abgelegt habe) und der Bild-Eigenschaft des ausgewählten tour-Objekts zusammen setzt. Im style-Attribut habe ich noch 10 Pixel Abstand zum nachfolgenden Text festgelegt, damit das Ganze etwas gefälliger aussieht.

Schauen wir uns die De-
tails-Seite nun mit Foto an.

Sieht gut aus, nicht wahr?

Wichtig zu betonen ist,
dass sich das img-Element
immer dann empfiehlt, wenn
es auf einer App-Seite regel-
mäßig nur *wenige* Bilder zu
rendern gibt (wie in unserer
App). Soll deine App hinge-
gen eventuell *hunderte* oder
gar *tausende* Bilder innerhalb
eines Scrollbereichs darstellen, dann solltest du unbedingt das hierauf optimierte
ion-img-Tag in Verbindung
mit virtual-scroll verwenden!

Weitere Infos zu Img (ion-img) und VirtualScroll findest du hier:

▶   https://ionicframework.com/docs/api/components/img/Img/

▶   https://ionicframework.com/docs/api/components/
virtual-scroll/VirtualScroll/

ItemReorder

LISTENEINTRÄGE, DIE VOM ANWENDER FREI GE-
ORDNET WERDEN KÖNNEN, IST EINE STANDARD-
FUNKTIONALITÄT, die eine App beherrschen sollte. Ionic
unterstützt uns erfreulicherweise hierbei, so dass die Umsetzung
keine große Sache ist.

In unserer App soll die Favoriten-Liste vom Anwender in eine Reihenfolge gebracht werden können, die seinen eigenen Vorstellun-
gen entspricht. Dazu erweitern wir favoriten-service.ts um eine reor-
der-Funktion:

```
...
import { reorderArray } from 'ionic-angular';

@Injectable()
export class FavoritenServiceProvider {
  ...
  // Anwender hat die Favoriten-Reihenfolge geändert.
  reorder(indexes: any) {
    this.touren = reorderArray(this.touren, indexes);
    this.IDs = reorderArray(this.IDs, indexes);
    this.storage.set('FavoritenIDs', JSON.stringify(this.IDs));
  }
}
```

Wir importieren die Funktion reorderArray, die wir in unserer
neuen Funktion reorder zum Neuordnen des touren-Arrays und
des IDs-Arrays verwenden. Zudem speichern wir die IDs im Storage,

damit die neue Reihenfolge dauerhaft erhalten bleibt. Die hier an `reorder` übergebene und von uns verwendete Variable `indexes` erläutere ich sogleich. Dazu sollten wir uns nämlich einmal ansehen, wie die Funktion in favoriten.html eingesetzt wird:

```html
<ion-header>
    ...
</ion-header>

<ion-content padding>
    <ion-list reorder="true" (ionItemReorder)="favService.reorder($event)">
        <button ion-item *ngFor="let tour of favService.touren"
                (click)="showDetails(tour)">
            {{tour.Titel}}
        </button>
    </ion-list>
    <label *ngIf="favService.keineFavoriten">
        Du hast noch keine Favoriten hinzugefügt!
    </label>
</ion-content>

<ion-footer>
    ...
</ion-footer>
```

Zuerst einmal machen wir die Liste mit der Anweisung

```
reorder="true"
```

sortierbar. Optisch wird das durch das Symbol ☐ hinter jedem Listeneintrag sichtbar. Nun steht uns auch das Event `ionItemReorder` zur Verfügung, dem wir unsere neue `reorder`-Funktion zuweisen.

```
(ionItemReorder)="favService.reorder($event)"
```

Das Event stellt uns über `$event` die neu sortierten Indices (`indexes`) zu Verfügung. Und genau damit arbeiten wir dann in der `reorder`-Funktion.

Wenn du magst, kannst du dem Anwender in der Fußzeile noch einen Hinweis auf die Sortiermöglichkeit der Favoriten geben:

```
<ion-footer padding *ngIf="!favService.keineFavoriten">
  <label>Du kannst deine Favoriten frei sortieren!</label>
</ion-footer>
```

Hier unsere neu gestaltete Favoriten-Seite:

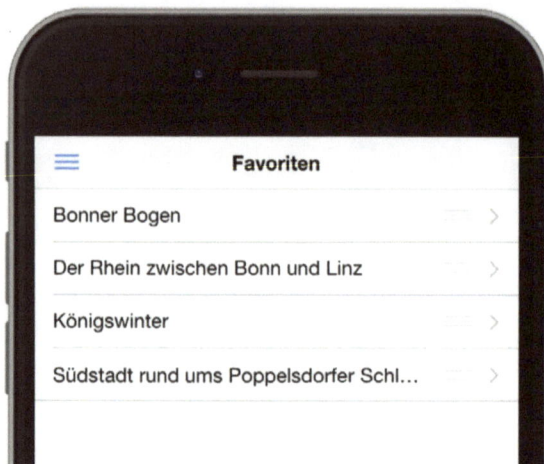

Weitere Infos zu ItemReorder findest du hier:

▶   https://ionicframework.com/docs/api/components/item/Item-Reorder/

Lists

Listen werden verwendet, um Informationen zeilenweise darzustellen. Sie stellen in vielen Apps - so auch in unserer App - eine zentrale gestalterische Komponente dar.

Die bisherige textliche Auflistung unserer Tour-Titel lässt sich durch das Hinzufügen von Thumbnails, also kleinen Miniaturbildern, etwas attraktiver gestalten. Wir können auch eine weitere Info wie zum Beispiel die Dauer einer Tour in die Liste aufnehmen. Das Ganze ist in Ionic wieder einfach umzusetzen.

Beginnen wir mit der Erweiterung von liste.html:

```html
<ion-header>
  ...
</ion-header>


<ion-content>
  <ion-list text-wrap>
    <button ion-item *ngFor="let tour of touren"
            (click)="showDetails(tour)">
      <ion-thumbnail item-start>
        <img src="http://ionic3.andreas-dormann.de/img/small/{{tour.Bild}}">
      </ion-thumbnail>
      <h2>{{tour.Titel}}</h2>
      <p>Dauer: {{tour.Dauer}} min.</p>
    </button>
  </ion-list>
</ion-content>
```

Zunächst einmal optimieren wir die Listendarstellung durch Hinzufügen des Attributs `text-wrap`. Das sorgt dafür, dass längere
Tour-Titel nicht einfach abgeschnitten, sondern umgebrochen werden. Mit

```
<ion-thumbnail item-start>
```

legen wir fest, dass ein Miniaturbild linksbündig in die Liste eingebettet werden soll, dessen Herkunft wir über

```
<img src="http://ionic3.andreas-dormann.de/img/small/{{tour.Bild}}">
```

festlegen. Unseren Text schließlich geben wir mit

```
<h2>{{tour.Titel}}</h2>
<p>Dauer: {{tour.Dauer}} min.</p>
```

zweizeilig aus, d.h. den Tour-Titel als Überschrift (`h2`) und die
Tour-Dauer dar-
unter als Absatz-
text (`p`).

Hier die erweiterte
Listendarstellung
mit Thumbnails und
mehrzeiligem Text:

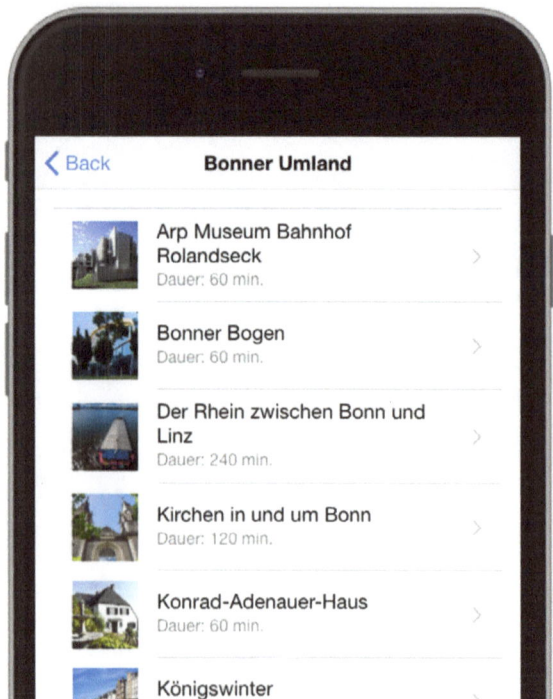

Entsprechend erweitern wir auch unsere Liste in favoriten.html:

```html
<ion-header>
  ...
</ion-header>


<ion-content>
  <ion-list reorder="true" (ionItemReorder)="favService.reorder($event)"
            text-wrap>
    <button ion-item *ngFor="let tour of favService.touren"
            (click)="showDetails(tour)">
      <ion-thumbnail item-start>
        <img src="http://ionic3.andreas-dormann.de/img/small/{{tour.Bild}}">
      </ion-thumbnail>
      <h2>{{tour.Titel}}</h2>
      <p>Dauer: {{tour.Dauer}} min.</p>
    </button>
  </ion-list>
  ...
</ion-content>


<ion-footer>
  ...
</ion-footer>
```

Und so sieht die neu gestaltete Favoriten-Ansicht aus:

Auf die Sortierbarkeit der Favoriten hat die Neugestaltung der Liste natürlich keinen Einfluss.

Auch die Liste in anfrage.html wollen wir gestalterisch optimieren:

```html
<ion-header>
  ...
</ion-header>


<ion-content padding>
  <ion-list text-wrap>

    <ion-item-group>
      <ion-item-divider>Tour</ion-item-divider>
      <ion-item>
        <ion-thumbnail item-start>
          <img src="http://ionic3.andreas-dormann.de/img/small/{{tour.Bild}}">
        </ion-thumbnail>
        <h2>{{tour.Titel}}</h2>
        <p>Dauer: {{tour.Dauer}} min.</p>
      </ion-item>
    </ion-item-group>
```

Item-Gruppe „Tour"

```html
    <ion-item-group>
      <ion-item-divider>Wunschtermin</ion-item-divider>
      <ion-item>
        <ion-label>Datum</ion-label>
        <ion-datetime ...>
        </ion-datetime>
      </ion-item>
      <ion-item>
        <ion-label>Uhrzeit</ion-label>
        <ion-datetime ...>
        </ion-datetime>
      </ion-item>
    </ion-item-group>
```

Item-Gruppe „Wunschtermin"

```html
    <ion-item-group>
```

```
   <ion-item-divider>Personalien</ion-item-divider>
   <ion-item item-end>
     <ion-label>Nachname</ion-label>
     <ion-input type="text" [(ngModel)]="anfrage.Nachname"></ion-input>
   </ion-item>
   <ion-item>
     <ion-label>Vorname</ion-label>
     <ion-input type="text" [(ngModel)]="anfrage.Vorname"></ion-input>
   </ion-item>
   <ion-item>
     <ion-label>Mail</ion-label>
     <ion-input type="text" [(ngModel)]="anfrage.Mail"></ion-input>
   </ion-item>
 </ion-item-group>
                                        Item-Gruppe „Personalien"
 </ion-list>
</ion-content>

<ion-footer padding>
  ...
</ion-footer>
```

Wir teilen die vorhandenen Listeneinträge mit Hilfe von `<ion-item-group>` in insgesamt drei Gruppen auf, die wir jeweils mittels eines `<ion-item-divider>` mit `Tour`, `Wunschtermin` und `Personalien` beschriften.

Unser Tour-Titel (in der Gruppe „Tour") wird - um ihn optisch an die zuvor gestalteten Thumbnail-Listen anzugleichen - um ein Miniaturbild und die Tour-Dauer erweitert.

Unsere Anfrage-Seite wirkt nun deutlich strukturierter:

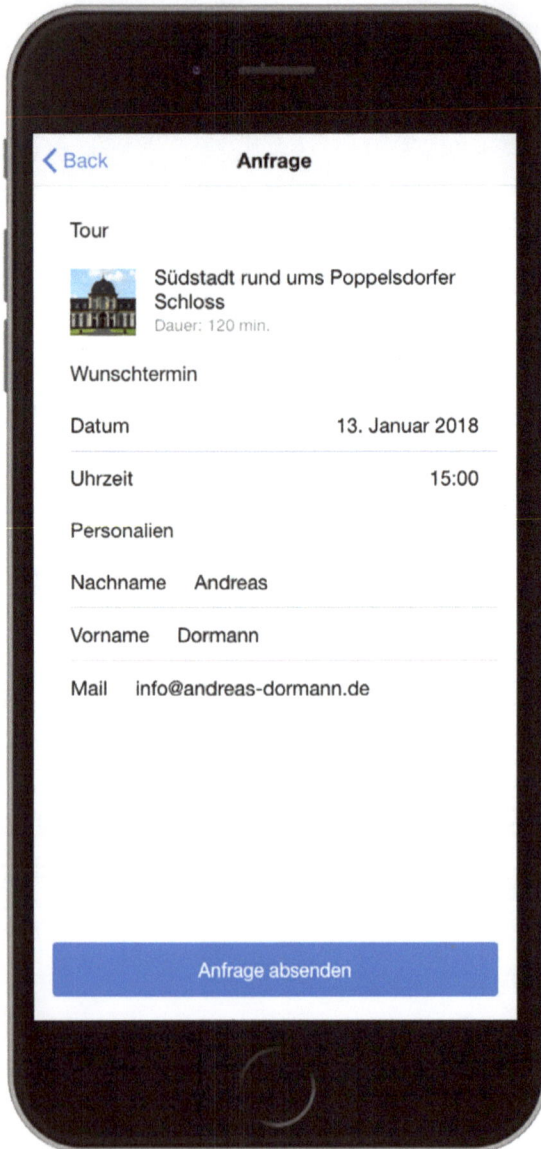

Wie dir unsere Anpassungen in diesem Buchabschnitt zeigen, gibt dir Ionic mit seinen Listen ein vielseitiges gestalterisches Werkzeug zur Verfügung. Du solltest dich daher mit den Listen- und Item-Komponenten eingehend beschäftigen. Es lohnt sich!

Weitere Infos zu Lists und Items findest du hier:

► https://ionicframework.com/docs/components/#lists

► https://ionicframework.com/docs/api/components/list/List/

► https://ionicframework.com/docs/api/components/item/Item/

LOADING

DIE LOADING-KOMPONENTE IST EIN OVERLAY, DASS DEN ANWENDER AN INTERAKTIONEN HINDERT, während sie zugleich eine (Lade-)Aktivität anzeigt. Standardmäßig erscheint ein sich drehender Strahlenkranz. Dieser kann aber versteckt oder auch modifiziert werden. Die Lade-Anzeige wird „on top" über allen anderen Elementen dargestellt.

Wir wollen einen LoadingController dazu verwenden, beim Start unserer App den Anwender solange an Aktionen zu hindern, bis alle Tour-Daten geladen sind. Diese Funktionalität platzieren wir am besten in bob-tours-service.ts:

```
...
import { LoadingController } from 'ionic-angular';

@Injectable()
export class BobToursServiceProvider {

  public regionen: any;
  public tourtypen: any;
  public touren: any;
  ...


  // Konstruktor
  constructor(public http: Http,
              private favService: FavoritenServiceProvider,
              private loadingCtrl: LoadingController) {}
```

```
/*
   Initialisiert den BoB-Tours-Service.
   Alle Daten werden aus der DB bzw. dem LocalStorage gelesen
   und über die gleichnamigen öffentlichen Variablen (Eigenschaften)
   app-weit bereit gestellt.
*/
public async initializeService() {
   let loader = this.loadingCtrl.create({content: "Lade Touren..."});
   loader.present();
   await this.getRegionen().then(data => this.regionen = data);
   await this.getTourtypen().then(data => this.tourtypen = data);
   await this.getTourenAndFavoriten();
   loader.dismiss();

}
...
```

Wir importieren einen `LoadingController`, den wir im Konstruktor als Variable namens `loadingCtrl` in unseren Service injizieren. Mit

```
let loader = this.loadingCtrl.create({content: "Lade Touren..."});
```

erzeugen wir das Objekt `loader`, das wir danach mit

```
loader.present();
```

zur Anzeige bringen.

Nachdem alle Lade-Funktionen ausgeführt wurden, blenden wir `loader` mit

```
loader.dismiss();
```

wieder aus.

Dir wird aufgefallen sein, dass wir `initializeService()` als `async` gekennzeichnet haben. Eine so deklarierte Funktion erlaubt uns, mit `await` die Ausführung jeder einzelnen Funktionszeile jeweils abzuwarten, um *danach erst* die nächste Zeile auszuführen. So können wir sicherstellen, dass tatsächlich alle unsere Lade-Funktionen ausgeführt worden sind, wenn wir `loader.dismiss()` aufrufen. Unsere `Loading`-Komponente spiegelt also die tatsächliche Ladezeit wider. Die sollte im Regelfall - bei einer flotten Internetverbindung - recht kurz sein. Wenn dir die Anzeige zu kurz erscheint, kannst du über die Option `duration` eine Anzeigedauer in Millisekunden vorgeben, zum Beispiel so:

```
let loader = this.loadingCtrl.create(
        {content: "Lade Touren...", duration: 3000}
    );
```

Unser neuer `Loader` in Aktion:

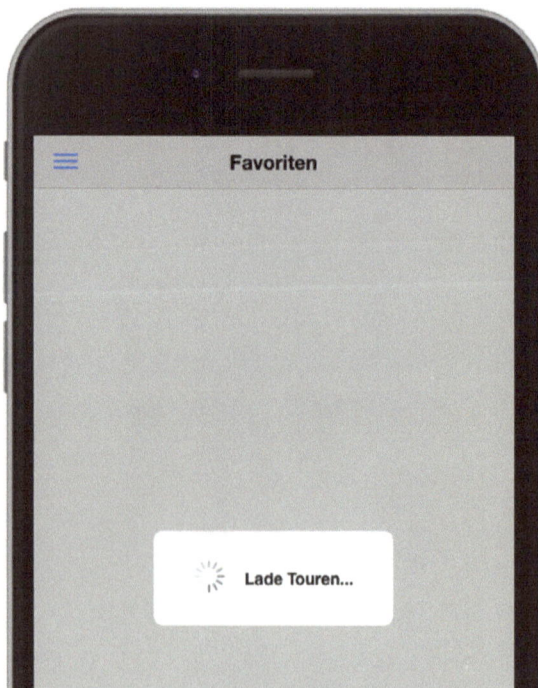

Weitere Infos zu Loading findest du hier:

▶ https://ionicframework.com/docs/components/#loading

▶ https://ionicframework.com/docs/api/components/loading/LoadingController/

MODALS

M ODALS WERDEN ALS TEMPORÄRE SLIDE INS
EINGESETZT, oftmals für so etwas wie Logins oder
eine Auswahl an Optionen.

Wir werden unsere Anfrage-Seite als Modal realisieren. Das geschieht in drei Schritten:

1. Wir modifizieren details.ts, um die Anfrage modal aufzurufen.
2. Wir ergänzen anfrage.html, um einen Abbrechen-Button.
3. Wir ergänzen anfrage.ts, um eine Abbrechen-Funktion.

Beginnen wir mit details.ts:

```
...
import { ActionSheetController, AlertController, ModalController } ↵
        from 'ionic-angular';


@IonicPage()
@Component({
  selector: 'page-details',
  templateUrl: 'details.html',
})
export class DetailsPage {

  tour = {};
  istFavorit: boolean;
  region: string;
  tourtyp: string;
  showSocial: boolean;
```

```
constructor(...
           public modalCtrl: ModalController ) {}


// Tour-Objekt wird über navParams an diese Seite übergeben.
// Der Langext von 'Region' und 'Tourtyp' wird ermittelt.
ionViewDidLoad() {
  ...
}


// Blendet ein ActionSheet mit verschiedenen Optionen ein.
presentActionSheet() {
  let actionSheet = this.actionSheetCtrl.create({
    title: 'Tour',
    buttons: [
      {
        text: 'Anfragen',
        handler: () => {
          //this.navCtrl.push('AnfragePage', this.tour);
          let modal = this.modalCtrl.create('AnfragePage', this.tour);
          modal.present();
        }
      }, ...
    ]
  });
  actionSheet.present();
}


// Blendet eine Ja/Nein-Sicherheitsabfrage (Alert) ein.
showConfirm() ...


// Anwender hat Teilen-Button angeklickt.
toggleSocial() ...


// Anwender hat einen der Social-App-Buttons angeklickt.
openSocial(app) ...

}
```

Wir importieren den `ModalController` und injizieren ihn über die Konstruktor-Variable `modalCtrl`. Im Handler des ActionSheet-Buttons `Anfragen` erzeugen wir mit

```
let modal = this.modalCtrl.create('AnfragePage');
```

die Anfrage-Seite als Modal und zeigen sie mit

```
modal.present();
```

an. Das ist hier schon alles.

Kommen wir zu anfrage.html. Hier interessiert uns nur der Header:

```
<ion-header>
  <ion-navbar>
    <ion-title>Anfrage</ion-title>
    <ion-buttons end>
      <button ion-button (click)="abbrechen()">Abbrechen</button>
    </ion-buttons>
  </ion-navbar>
</ion-header>
```

Diesem spendieren wir einen Abbrechen-Button. Beachte hier, dass wir den Button in einem `ion-buttons`-Tag mit dem Attribut `end` kapseln müssen, damit er innerhalb des Kopfbereichs korrekt und rechtsbündig dargestellt wird.

Schließlich ergänzen wir noch anfrage.ts:

```
import { Component } from '@angular/core';
import { IonicPage, NavController, NavParams, ViewController } ⏎
    from 'ionic-angular';


@IonicPage()
@Component({
  selector: 'page-anfrage',
  templateUrl: 'anfrage.html',
```

```
})
export class AnfragePage {

  ...

  constructor(public navCtrl: NavController,
              public navParams: NavParams,
              private viewCtrl: ViewController ) {}


  ionViewDidLoad() ...


  absenden() ...


  // Anwender hat 'Abbrechen' angeklickt.
  abbrechen() {
    this.viewCtrl.dismiss();
  }

}
```

Um die Anfrage-Seite schließen zu können, benötigen wir einen
ViewController. Diesen importieren wir und injizieren ihn über die
Konstruktor-Variable viewCtrl. In der Funktion abbrechen() kön-
nen wir dann mit

```
this.viewCtrl.dismiss();
```

die Seite schließen.

Hier die als Modal umgestaltete Abfrage-Seite mit Abbrechen-Button:

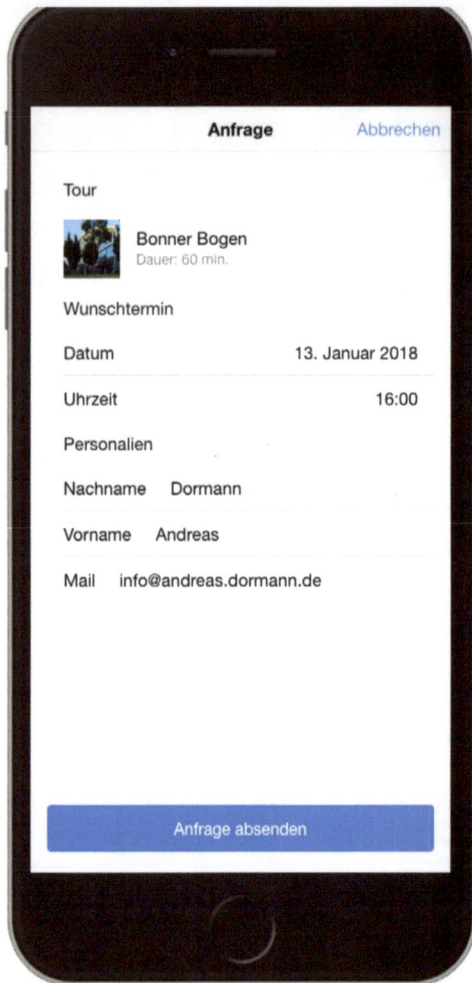

Weitere Infos zu Modals findest du hier:

▶ https://ionicframework.com/docs/components/#modals

▶ https://ionicframework.com/docs/api/components/modal/Mo-dalController/

MENUS

ENU IST EINE SEITEN-MENÜ-NAVIGATION, die herein- und herausgezogen werden kann. Wird ein Menü geschlossen, wird dessen Inhalt verborgen.

In unserer App verwenden wir ein solches Seiten-Menü. Es verwendet das `ion-menu`-Tag und ist in app.html angelegt:

```html
<ion-menu [content]="content">

  <ion-header>
  ...
  </ion-header>

  <ion-content>
    <ion-list>
      <button menuClose ion-item *ngFor="let p of pages"
              (click)="openPage(p)">
        {{p.title}}
      </button>
    </ion-list>
  </ion-content>

  <ion-footer>
  ...
  </ion-footer>

</ion-menu>
```

Der Inhalt einer Liste mit Buttons wird hier über das pages-Array gefüllt, das in app.component.ts definiert wird:

```
this.pages = [
  { title: 'Meine Favoriten', component: 'FavoritenPage' },
  { title: 'Regionen', component: 'RegionenPage' },
  { title: 'Tour-Typen', component: 'TourTypenPage' }
];
```

Wenn man zur Laufzeit dieses pages-Array verändert oder gar gegen ein anderes austauscht, lassen sich problemlos dynamische Seiten-Menüs oder gar alternative Menüs realisieren.

Zur Erinnerung: In unserer App haben wir das Seiten-Menü bereits ganz zu Anfang bei Erzeugung unseres Projekts über das sidemenu-Template generiert (siehe "Sidemenu-App" ab Seite 29).

Wir werden an der Struktur des Seiten-Menü in unserer App aber grundsätzlich nichts mehr ändern, allenfalls später noch die ein oder andere Komponente ergänzen.

Weitere Infos zum Menu findest du hier:

▶   https://ionicframework.com/docs/components/#lists

▶   https://ionicframework.com/docs/api/components/menu/Menu/

Radio

WIE DIE CHECKBOX IST EIN RADIO EINE EINGA-
BE-KOMPONENTE, DIE EINEN BOOLESCHEN
WERT REPRÄSENTIERT. Unter der Haube sind
Radios nichts anderes als HTML-Radio-Inputs. Wie auch bei den
anderen Ionic-Komponenten, sind Radios auf jeder Plattform unterschiedlich gestylt. Anders als Checkboxes werden Radios in einer Gruppe organisiert, in der immer nur genau *ein* Radio ausgewählt sein
kann.

In unserer App wollen wir das Seiten-Menü um zwei Radios erweitern, mit denen sich (später) zwischen zwei verschiedenen Styles
wählen lässt. Dazu ergänzen wir zuerst einmal app.component.ts:

```
...
import { Storage } from '@ionic/storage';

@Component({
  templateUrl: 'app.html'
})
export class MyApp {
  ...
  constructor(public platform: Platform,
              public statusBar: StatusBar,
              public splashScreen: SplashScreen,
              public btService: BobToursServiceProvider,
              private storage: Storage) {
    ...
  }
```

```
initializeApp() {
  this.platform.ready().then(() => {
    this.statusBar.styleDefault();
    this.splashScreen.hide();
    this.btService.initializeService();
    this.loadSettings();
  });
}

...

// Einstellungen laden.
loadSettings() {
  this.storage.get('Settings').then((settings) => {
    if (settings == null) {
      this.settings.style = "summer-style";
    } else {
      this.settings = JSON.parse(settings);
    }
  });
}

// Der Anwender hat seine Einstellungen aktualisiert.
updateSettings() {
  this.storage.set('Settings', JSON.stringify(this.settings));
}

}
```

Wir importieren die Storage-Library (siehe hierzu "Ionic Storage" ab Seite 109) und injizieren über den Konstruktor die Variable storage, um auf den Speicher zugreifen zu können. Diesen verwenden wir dann in den Funktionen loadSettings() und updateSettings(), um die Benutzereinstellungen zu laden bzw. upzudaten.

Erklären sollte ich noch die folgenden Zeilen:

```
if (settings == null) {
    this.settings.style = "azur";
```

Logischerweise gibt es bei der erstmaligen Nutzung der App noch keine Daten, die aus dem Storage gelesen werden können. In diesem Fall wird „summer-style" als Standard vorbelegt. Wozu das gut ist, wird gleich deutlicher, wen wir uns dazu den um die neuen Radios erweiterten Fußbereich in app.html ansehen:

```html
<ion-footer>
  <ion-list radio-group [(ngModel)]="settings.style">
    <ion-list-header>Einstellungen</ion-list-header>
    <ion-item>
      <ion-label>Azur-Style</ion-label>
      <ion-radio value="azur-style" (click)="updateSettings()"></ion-radio>
    </ion-item>
    <ion-item>
      <ion-label>Summer-Style</ion-label>
      <ion-radio value="summer-style" (click)="updateSettings()"></ion-radio>
    </ion-item>
    ...
  </ion-list>
</ion-footer>
```

Unsere Liste wird mit dem Attribut radio-group zu einer Komponente, innerhalb der es immer nur *ein* ausgewähltes Radio-Element geben kann. Mit der Anweisung

```
[(ngModel)]="settings.style"
```

binden wir die Radio-Gruppe an die neue Eigenschaft style unseres settings-Objekts. Diese erhält den jeweiligen Wert (value) des ausgewählten Radios, also entweder „azur-style" oder „summer-style". Klickt der Anwender auf einen der Radios, wird updateSettings() ausgeführt, d.h. das settings-Objekt im Storage persistent gespeichert. Damit verfügt unsere App nun über dauerhaft speicherbare Benutzereinstellungen, die beim nächsten Start der App über `loadSettings()` wieder verfügbar sind.

Hier unsere App mit dem erweiterten Seiten-Menü. Über die Entwicklertools > Application > Storage kannst du dazu auch einen Blick in den Storage werfen und die jeweils gespeicherten Benutzereinstellungen einsehen.

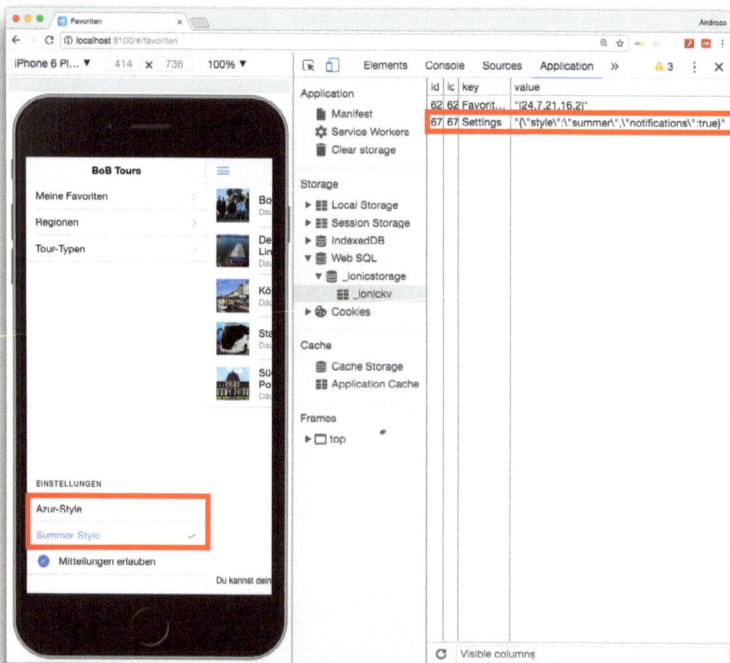

Weitere Infos zum Radio findest du hier:

▶ https://ionicframework.com/docs/components/#radio

▶ https://ionicframework.com/docs/api/components/radio/RadioButton/

▶ https://ionicframework.com/docs/api/components/radio/RadioGroup/

RANGE

EIN RANGE IST EIN EINGABE-ELEMENT, ÜBER DAS DER ANWENDER EINEN WERTEBEREICH EINGEBEN KANN. Ein Range besteht aus einem oder zwei Schiebereglern, die entlang einer Schiebeleiste bewegt werden können.

Wir werden ein Range-Element ins Seiten-Menü einbauen und dem Anwender hierüber die Möglichkeit geben, die angebotenen Touren nach Preisen zu filtern.

Beginnen wir mit einer Filterfunktion, die wir in bob-tours-service.ts ergänzen:

```
import ...

@Injectable()
export class BobToursServiceProvider {

  public regionen: any;
  public tourtypen: any;
  public touren: any;
  public alle_touren: any;

  ...

  // Konstruktor
  constructor(...) {}

  public async initializeService() ...
```

```
getRegionen() ...


getTourtypen() ...


getTouren() ...


/*
  Lese alle 'Touren' und – sobald diese verfügbar sind,
  aktualisiere 'Favoriten'.
*/
getTourenAndFavoriten() {
  this.getTouren().subscribe( data => {
    this.touren = data;
    this.alle_touren = data;
    this.favService.init(this.alle_touren);
  });
}


/*
  Filtere Touren über einen Preisbereich
  und gib die Anzahl der Treffer zurück.
*/
filterTouren(preis):number {
  this.touren = _.filter(this.alle_touren, function(tour) {
    return tour.PreisD >= preis.lower && tour.PreisD <= preis.upper;
  });
  return this.touren.length;
}


}
```

Zunächst deklarieren wir die neue Variable alle_touren. Diese erhält in der Funktion getTourenAndFavoriten() ebenso wie unsere bereits verwendete Variable touren über die Zuweisung

```
this.alle_touren = data;
```

sämtliche Tourdaten aus der Datenbank. Nun folgt die Filterfunktion `filterTouren`, die als Parameter einen Preis, genauer gesagt, einen Preis*bereich* mit den Eigenschaften `lower` (unterster Preisbereich) und `upper` (oberster Preisbereich) erhält. In einer `lodash`-Filterfunktion prüfen wir nun jede Tour darauf ab, ob ihr Preis innerhalb dieses Preisbereichs liegt. Als Ergebnis erhalten wir in `this.touren` ein Array mit allen passenden Touren zurück. Anders ausgedrückt: Aus der Gesamtmenge aller Touren in `this.alle_touren` filtern wir die preislich passenden Touren heraus und übergeben sie an `this.touren`. Die Funktion selbst liefert über

```
return this.touren.length;
```

die Anzahl der gefilterten Touren als numerischen Wert zurück.

Nun zur Benutzeroberfläche des Seiten-Menüs in `app.html`:

```html
<ion-menu [content]="content">

  <ion-header> ... </ion-header>

  <ion-content> ... </ion-content>

  <ion-footer>
    <ion-list radio-group [(ngModel)]="settings.style">
      <ion-list-header>
        Preis von {{preis.lower}} - {{preis.upper}} EUR
        <ion-badge item-end>{{treffer}}</ion-badge>
      </ion-list-header>
      <ion-item>
        <ion-range min="80" max="400" step="20" pin="true" dualKnobs="true"
                   [(ngModel)]="preis" (ionChange)="filter($event)">
          <ion-label range-left>80</ion-label>
          <ion-label range-right>400</ion-label>
        </ion-range>
      </ion-item>
```

```
        <ion-list-header>Einstellungen</ion-list-header>
        ...
      </ion-list>
    </ion-footer>


</ion-menu>

...
```

Mit dem Code

```
<ion-list-header>
  Preis von {{preis.lower}} - {{preis.upper}} EUR
  <ion-badge item-end>{{treffer}}</ion-badge>
</ion-list-header>
```

erzeugen wir eine Listenüberschrift, die den aktuellen Preisbereich sowie in einem Badge die Anzahl der Treffer der Filterung ausgeben wird.

Innerhalb eines ion-item-Tags definieren wir das Range-Element:

```
<ion-range min="80" max="400" step="20" pin="true" dualKnobs="true"
        [(ngModel)]="preis" (ionChange)="filter($event)">
  <ion-label range-left>80</ion-label>
  <ion-label range-right>400</ion-label>
</ion-range>
```

Dabei legen wir mit

```
min="80" max="400"
```

den unteren und oberen Wertebereich fest. Mit

```
step="20"
```

wird ein Werte-Raster für die Schieberegler vorgegeben.

```
pin="true"
```

sorgt dafür, dass beim Drücken eines Schiebereglers der aktuelle Wert angezeigt wird.

```
dualKnobs="true"
```

zeigt *zwei* Schiebeknöpfe an. Standard ist nur *ein* Schiebereglers (dualKnobs="false").

```
[(ngModel)]="preis"
```

bindet das Range-Element an die Variable preis, die wir gleich noch deklarieren werden. Mit

```
(ionChange)="filter()"
```

reagieren wir auf jede Veränderung, die der Anwender über die Schieberegler vornimmt. Die Funktion filter() werden wir gleich schreiben.

Schließlich sorgen die beiden Zeilen

```
<ion-label range-left>80</ion-label>
<ion-label range-right>400</ion-label>
```

für die Beschriftung des Range-Elements.

Kommen wir zu den Ergänzungen in app.components.ts:

```
import ...

@Component({
  templateUrl: 'app.html'
})
export class MyApp {
  @ViewChild(Nav) nav: Nav;

  rootPage:        any = 'FavoritenPage';
  pages:           Array<{title: string, component: any}>;
```

```
settings:           any = {};
preis:              any = { lower: 80, upper: 400 };
treffer:            number;
constructor(...) {
  ...
}

initializeApp() ...

openPage(page) ...

loadSettings() ...

updateSettings() ...

// Der Anwender hat den Preis-Filter verändert.
filter() {
  this.treffer = this.btService.filterTouren(this.preis);
}

}
```

Zunächst deklarieren wir die beiden neuen Variablen preis und treffer. Dabei weisen wir preis ein Objekt mit den Eigenschaften lower und upper und den Werten 80 und 400 zu. Du erinnerst dich? Dieses Objekt haben wir in app.html mit

```
[(ngModel)]="preis"
```

an unser Range-Element gebunden. Und damit ist das Range-Element in der Lage, Wertänderung durch den Anwender entgegen zu nehmen und in diesem preis-Objekt zu verwalten. Die durch das ionChange-Event aufgerufene filter-Funktion schließlich gibt dann das preis-Objekt an die filterTouren-Funktion in bob-tours.service.ts weiter. Was dort passiert, habe ich zuvor ja bereits erläutert.

Hier nun unser Range-Element in Aktion:

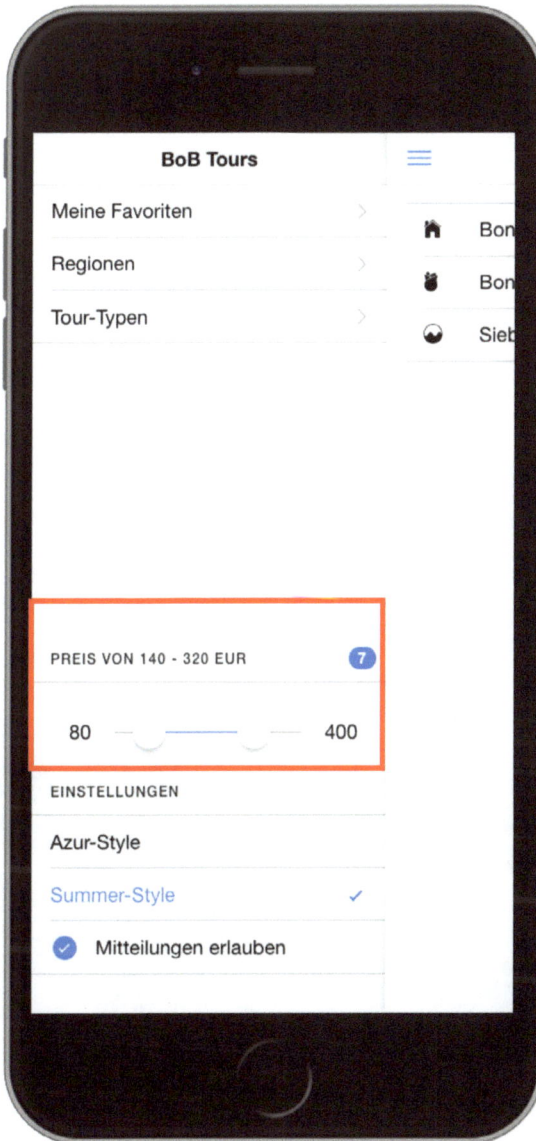

Du wirst erfreut feststellen, dass sich die neue Filterfunktion tatsächlich auf unsere Touren, die über die Seiten Regionen und Tour-Typen aufgelistet werden, auswirkt. Diese Seiten holen sich ihre Touren ja jeweils von der Variablen touren aus bob-tours-service.ts. Und genau diese Variable beeinflussen wir schließlich mit unserem Filter.

Eine kleine Optimierung nehmen wir noch vor. Da es ja nun geschehen kann, dass eine Rubrik durch ein „strenges" Filtern keine passenden Touren mehr zu bieten hat, also ihr Badge-Wert 0 anzeigt, sollten wir dem Anwender ersparen, dass er hier ins Leere klickt. Wir werden den betreffenden Button in einem solchen Fall deaktivieren.

Hier die kleine Ergänzung in regionen.html

```
<ion-header>
  ...
</ion-header>


<ion-content padding>
  <ion-list>
    <button ion-item *ngFor="let region of regionen"
            (click)="showTourListe(region)"
            [disabled]="region.Anzahl<1" >
      <ion-grid no-padding>
        ...
      </ion-grid>
      <ion-badge item-end>{{region.Anzahl}}</ion-badge>
    </button>
  </ion-list>
</ion-content>
```

Und hier der Code in tour-typen.html.

```html
<ion-header>
  ...
</ion-header>

<ion-content padding>
  <ion-list>
    <button ion-item *ngFor="let tourtyp of tourtypen"
            (click)="showTourListe(tourtyp)"
            [disabled]="tourtyp.Anzahl<1" >
      <ion-grid no-padding>
        ...
      </ion-grid>
      <ion-badge item-end>{{tourtyp.Anzahl}}</ion-badge>
    </button>
  </ion-list>
</ion-content>
```

So sieht es nun in unserer App aus, wenn der Anwender reichlich gefiltert hat:

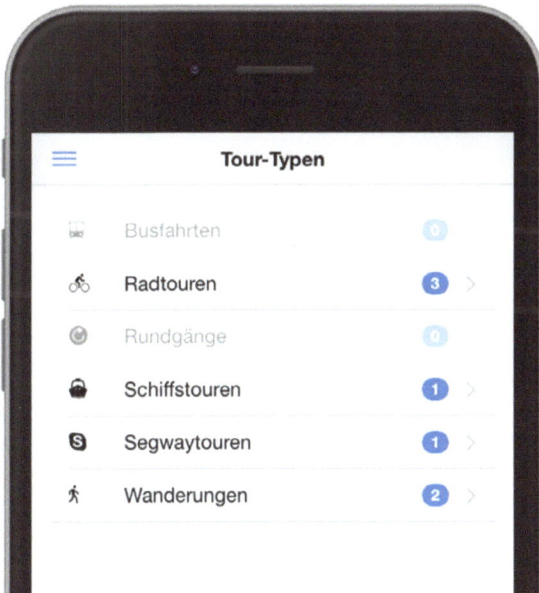

Weitere Infos zum Range findest du hier:

▶   https://ionicframework.com/docs/components/#range

▶   https://ionicframework.com/docs/api/components/range/
Range/

SEARCHBAR

EINE SUCHLEISTE IST IMMER EINE GROSSE HILFE, wenn es größere Datenbestände zu durchsuchen gilt. Die Searchbar in Ionic bietet uns eine fertige Komponente, die intern an ein Model gebunden ist. Ihr Event ionInput wird immer dann ausgelöst, wenn sich dieses Model ändert.

In unserer App wollen wir eine Searchbar in die Tour-Liste integrieren, um gegebenenfalls eine längere Trefferliste durch Eingabe eines Suchbegriffs zu kürzen und so schneller zum Ziel zu kommen.

Beginnen wir mit liste.html:

```
<ion-header>
  ...
</ion-header>


<ion-content>
  <ion-searchbar (ionInput)="search($event)" ⏎
              placeholder="Suche"></ion-searchbar>
  <ion-list text-wrap>
    <button ion-item *ngFor="let tour of touren" (click)="showDetails(tour)">
    <ion-thumbnail item-start>
      <img src="http://ionic3.andreas-dormann.de/img/small/{{tour.Bild}}">
    </ion-thumbnail>
    <h2>{{tour.Titel}}</h2>
    <p>Dauer: {{tour.Dauer}} min.</p>
    </button>
  </ion-list>
</ion-content>
```

Wie du siehst, ist das Einbauen einer Searchbar ein Kinderspiel. Gibt der Anwender in die Suchleiste etwas ein, wird ein `ionInput`-Event ausgelöst. Diesem Event weisen wir die sogleich zu schreibende `search`-Funktion zu und geben ihr dabei das `$event`-Objekt von `ionInput` mit.

Hier der entsprechende Code in liste.ts:

```
// Der Anwender hat einen Suchtext in die Searchbar eingegeben.
search(event:any) {
  let searchText = event.target.value;
  // Nur filtern, wenn Suchtext nicht leer ist...
  if (searchText && searchText.trim() != '') {
    // 1. Filter: nach Kategorie
    this.touren = _.filter(this.btService.touren, ↵
                  [this.filter, this.auswahl.ID])
                  // 2. Filter: nach Suchtext
                  .filter((tour) => {
                    return (tour.Titel.toLowerCase() ↵
                          .indexOf(searchText.toLowerCase()) > -1);
                  });
  // ... ansonsten wieder alle Touren der Kategorie anzeigen.
  } else {
    this.touren = _.filter(this.btService.touren, ↵
                  [this.filter, this.auswahl.ID]);
  }
}
```

Der Suchtext, den der Anwender eingibt, steckt in

```
event.target.value
```

Wir weisen diesen Text der Variablen `searchText` zu. Ist dieser Suchtext nicht leer, filtern wir jetzt und zwar *zweimal*:

Die *erste* Filterung erfolgt mit

```
this.touren = _.filter(this.btService.touren, ⤶
                [this.filter, this.auswahl.ID]);
```

zu dem Zweck, nur die zur ausgewählten Kategorie (zum Beispiel Radtouren) passenden Touren anzuzeigen (siehe hierzu den Abschnitt "Daten filtern" ab Seite 86).

Die *zweite* Filterung nimmt mit

```
.filter((tour) => {
  return (tour.Titel.toLowerCase() ⤶
        .indexOf(searchText.toLowerCase()) > -1);
});
```

das Ergebnis des ersten Filters auf und sucht daraus nur die Touren heraus, bei denen der Suchtext im Titel vorkommt. Üblicherweise vergleicht man mittels toLowerCase() die kleingeschriebenen Strings miteinander. Damit ist egal, welche Groß- oder Kleinschreibweise der Anwender benutzt.

Der Zweig

```
} else {
    this.touren = _.filter(this.btService.touren, ⤶
                [this.filter, this.auswahl.ID]);
}
```

schließlich sorgt dafür, dass bei einem leeren Suchtext wieder alle Touren der ausgewählten Kategorie angezeigt werden.

Hier die neue Searchbar in Aktion:

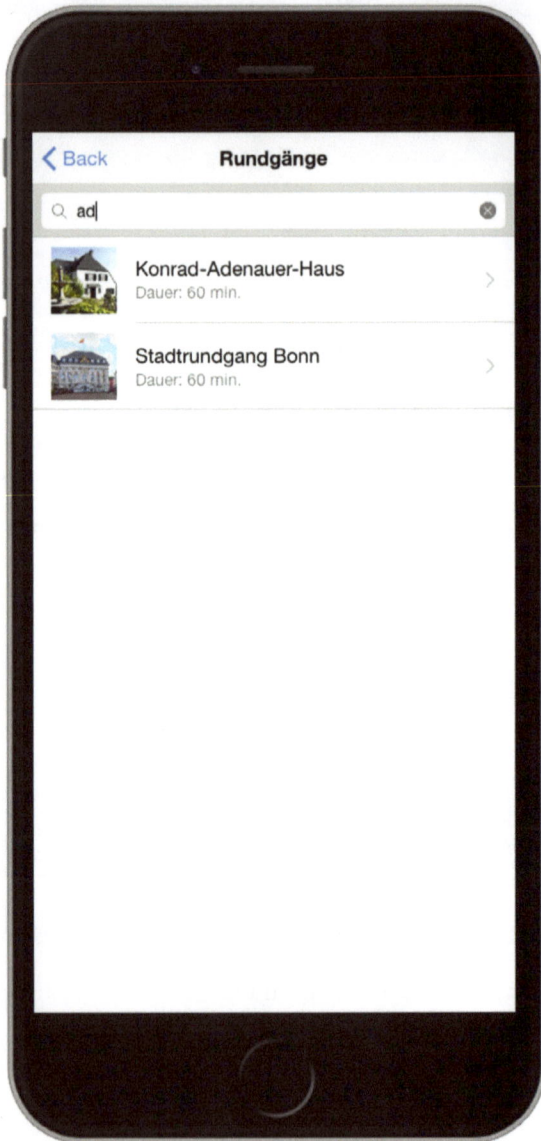

Weitere Infos zur Searchbar findest du hier:

▶ https://ionicframework.com/docs/components/#searchbar

▶ https://ionicframework.com/docs/api/components/searchbar/
Searchbar/

Select

IE ION-SELECT-KOMPONENTE VERHÄLT SICH ÄHNLICH WIE EIN HTML <SELECT>-ELEMENT. Aber Ionics Select-Komponente ist für den Anwender einfacher zu bedienen.

In unserer App werden wir eine Select-Komponente einbauen, über die man die Sprache auswählen kann, in der eine Tour geführt werden soll.

Hier die Code-Ergänzung in anfrage.html:

```html
<ion-header>
  <ion-navbar>
    <ion-title>Anfrage</ion-title>
    <ion-buttons end>
      <button ion-button (click)="abbrechen()">Abbrechen</button>
    </ion-buttons>
  </ion-navbar>
</ion-header>

<ion-content padding>
  <ion-list text-wrap>
    <ion-item-group>
      <ion-item-divider>Tour</ion-item-divider>
      ...
    </ion-item-group>
    <ion-item-group>
      <ion-item-divider>Wunschtermin</ion-item-divider>
      ...
```

```
            </ion-item-group>
        <ion-item-group>
            <ion-item-divider>Sprache</ion-item-divider>
            <ion-item>
                <ion-label>Führung auf</ion-label>
                <ion-select [(ngModel)]="anfrage.Sprache" interface="popover">
                    <ion-option>deutsch</ion-option>
                    <ion-option>englisch</ion-option>
                    <ion-option>französisch</ion-option>
                    <ion-option>italienisch</ion-option>
                    <ion-option>spanisch</ion-option>
                </ion-select>
            </ion-item>
        </ion-item-group>
        <ion-item-group>
            <ion-item-divider>Personalien</ion-item-divider>
            ...
        </ion-item-group>
    </ion-list>
</ion-content>

<ion-footer padding>
    <button ion-button block (click)="absenden()">Anfrage absenden</button>
</ion-footer>
```

Wir fügen zwischen den Item-Gruppen Wunschtermin und Personalien eine neue Gruppe namens Sprache ein. Innerhalb eines ion-item-Tags definieren wir mit

```
<ion-label>Führung auf</ion-label>
```

die Beschriftung unserer Select-Komponente sowie mit

```
<ion-select [(ngModel)]="anfrage.Sprache" interface="popover">
```

die Select-Komponente selbst. Es erfolgt eine Bindung via [(ngModel)] an das vorhandene anfrage-Objekt und dessen neue Eigenschaft `Sprache`.

Jeder Auswahl-Wert wird in ein `ion-option`-Tag eingebettet.

Mit

```
interface="popover"
```

legen wir fest, dass nur ein einfaches Popover eingeblendet werden soll, wenn der Anwender die Komponente antippt. Ohne diese Anweisung wäre eine Darstellung mit den Buttons `Cancel` und `OK` der Standard. Auf die Buttons können wir hier aber gut verzichten.

Eine kleine Ergänzung in anfrage.ts ist noch angesagt:

```
import ...

@IonicPage()
@Component({
  selector: 'page-anfrage',
  templateUrl: 'anfrage.html',
})
export class AnfragePage {

  tour = {};
  anfrage: any = { Sprache: 'deutsch' };
  uebermorgen: string;
  uebernaechstesJahr: string;

  constructor(...) {}
  ...
}
```

Mit der Anweisung

```
anfrage: any = { Sprache: 'deutsch' };
```

legen wir fest, dass `'deutsch'` in der neuen Select-Komponente beim Aufruf der Anfrage-Seite bereits vorausgewählt ist.

Hier die neue Select-Komponente in Aktion:

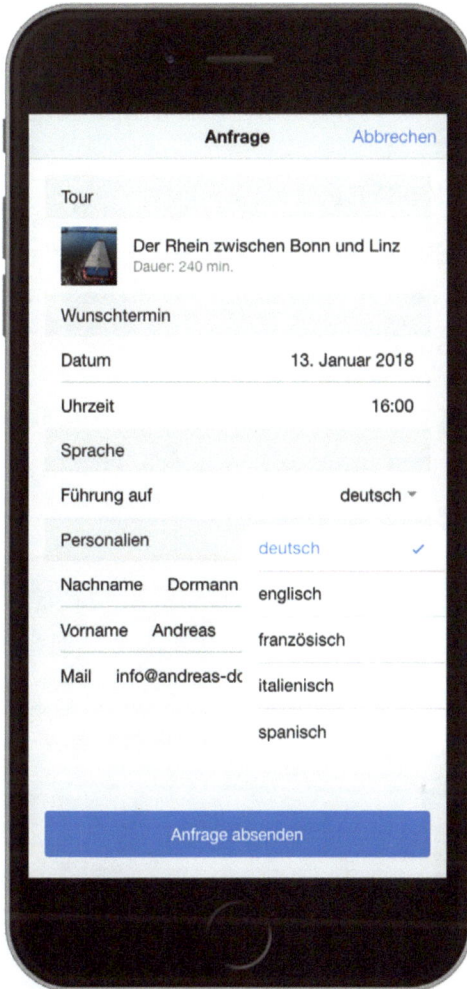

Weitere Infos zur Select findest du hier:

► https://ionicframework.com/docs/components/#select

► https://ionicframework.com/docs/api/components/select/Select/

TOAST

TOASTS SIND DEZENTE HINWEISE, die über dem Inhalt einer App eingeblendet werden. Toasts werden dabei nach einer kurzen Anzeigedauer in der Regel automatisch wieder ausgeblendet.

In unserer App wollen wir einen Toast als Bestätigung einer erfolgreich versendeten Anfrage verwenden. Hierzu erweitern wir anfrage.ts wie fogt:

```typescript
import { ToastController } from 'ionic-angular';

@IonicPage()
@Component({
  selector: 'page-anfrage',
  templateUrl: 'anfrage.html',
})
export class AnfragePage {

  ...

  constructor(public navCtrl: NavController,
              public navParams: NavParams,
              private viewCtrl: ViewController,
              private toastCtrl: ToastController ) {}

  // Seite wurde geladen.
  ionViewDidLoad() ...
```

```
// Anwender hat 'Anfrage absenden' angeklickt.
absenden() {
  this.bestaetigen();
  console.log(...);
}

// Blendet 3 Sekunden lang einen Toast ein.
// Danach werden Toast und Anfrage-Seite automatisch geschlossen.
bestaetigen() {
  let toast = this.toastCtrl.create({
    message: 'Vielen Dank für Ihre Anfrage! ⤶
              Wir werden Ihnen in Kürze antworten.',
    duration: 3000
  });
  toast.onDidDismiss(() => {
    this.viewCtrl.dismiss();
  });
  toast.present();
}

// Anwender hat 'Abbrechen' angeklickt.
abbrechen() ...

}
```

Zuerst importieren wir einen ToastController, den wir über die Konstruktor-Variable toastCtrl injizieren.

Dann deklarieren wir eine bestaetigen-Funktion, in der wir mit

```
let toast = this.toastCtrl.create({ ... });
```

einen Toast erzeugen. Der Option message weisen wir den Anzeige-text zu; über duration legen wir die Anzeigedauer von 3000 Milli-sekunden, also 3 Sekunden, fest.

Nach Ablauf der Anzeigedauer können wir mit

```
toast.onDidDismiss(() => {
    this.viewCtrl.dismiss();
  });
```

auf das onDidDismiss-Event des Toasts reagieren und unmittelbar nach dem Ausblenden des Toasts auch die Anfrage-Seite selbst ausblenden.

Hier unser Toast in Aktion:

Weitere Infos zum Toast findest du hier:

▶ https://ionicframework.com/docs/components/#toast

▶ https://ionicframework.com/docs/api/components/toast/ToastController/

TOGGLE

EIN TOGGLE IST EINE EINGABE-KOMPONENTE, die einen booleschen Wert hält. Wie eine Checkbox werden Toggles oft dazu verwendet, eine App-Einstellung ein- oder auszuschalten. Attribute wie value, disabled und checked können dem Toggle hinzugefügt werden, um dessen Verhalten zu kontrollieren.

In unserer App werden wir einen Toggle in die Anfrage-Seite einbauen, um bei einer Busfahrt-Tour angeben zu können, ob man auch einen Bus benötigt (oder einen eigenen hat).

Hier der ergänzte Code in anfrage.html:

```html
<ion-header>
  ...
</ion-header>

<ion-content padding>
  <ion-list text-wrap>
    <ion-item-group>
      <ion-item-divider>Tour</ion-item-divider>
      ...
    </ion-item-group>
    <ion-item-group>
      <ion-item-divider>Wunschtermin</ion-item-divider>
      ...
    </ion-item-group>
    <ion-item-group>
      <ion-item-divider>Sprache</ion-item-divider>
      ...
```

```
    </ion-item-group>
    <ion-item-group *ngIf="istBusfahrt">
      <ion-item-divider>Bus</ion-item-divider>
      <ion-item>
        <ion-label>Wir benötigen einen Bus.</ion-label>
        <ion-toggle [(ngModel)]="anfrage.Bus"></ion-toggle>
      </ion-item>
    </ion-item-group>
    <ion-item-group>
      <ion-item-divider>Personalien</ion-item-divider>
      ...
    </ion-item-group>
  </ion-list>
</ion-content>

<ion-footer padding>
  ...
</ion-footer>
```

Zwischen die Item-Gruppen Sprache und Personalien fügen wir die
neue Item-Gruppe Bus ein. Diese soll allerdings nur angezeigt werden, wenn es sich bei der ausgewählten Tour um eine Busfahrt handelt. Dazu dient die Anweisung

```
*ngIf="istBusfahrt"
```

Zu der Varibalen istBusfahrt kommen wir gleich noch.

Innerhalb eines ion-item-Tags definieren wir mit

```
<ion-label>Wir benötigen einen Bus.</ion-label>
```

die Beschriftung unserer Toggle-Komponente sowie mit

```
<ion-toggle [(ngModel)]="anfrage.Bus"></ion-toggle>
```

den Toggle selbst. Hier erfolgt eine Bindung via [(ngModel)] an das
vorhandene anfrage-Objekt und dessen neue Eigenschaft Bus.

Wir ergänzen schließlich anfrage.ts noch wie folgt:

```
import ...

@IonicPage()
@Component({
  selector: 'page-anfrage',
  templateUrl: 'anfrage.html',
})
export class AnfragePage {

  tour              = {};
  anfrage:          any = { Sprache: 'deutsch' };
  uebermorgen:      string;
  uebernaechstesJahr: string;
  istBusfahrt:      boolean;

  constructor(...) {}

  // Seite wurde geladen.
  ionViewDidLoad() {
    ...

    // Feststellen, ob diese Tour eine Busfahrt ist.
    this.istBusfahrt = this.tour['Tourtyp']=='BF';
  }

  ...

}
```

Wir deklarieren die Variable istBusfahrt als boolean. Beim Laden
einer Seite prüfen wir, ob die ausgewählte Tour dem Tourtyp 'BF'
(für Busfahrt) entspricht und weisen das Ergebnis der Prüfung (true
oder false) der Variablen istBusfahrt zu. Damit steuern wir, wie
du vorhin bereits gesehen hast, in anfrage.html über *ngIf die Anzeige
der Item-Gruppe Bus.

Hier der Toggle in Aktion:

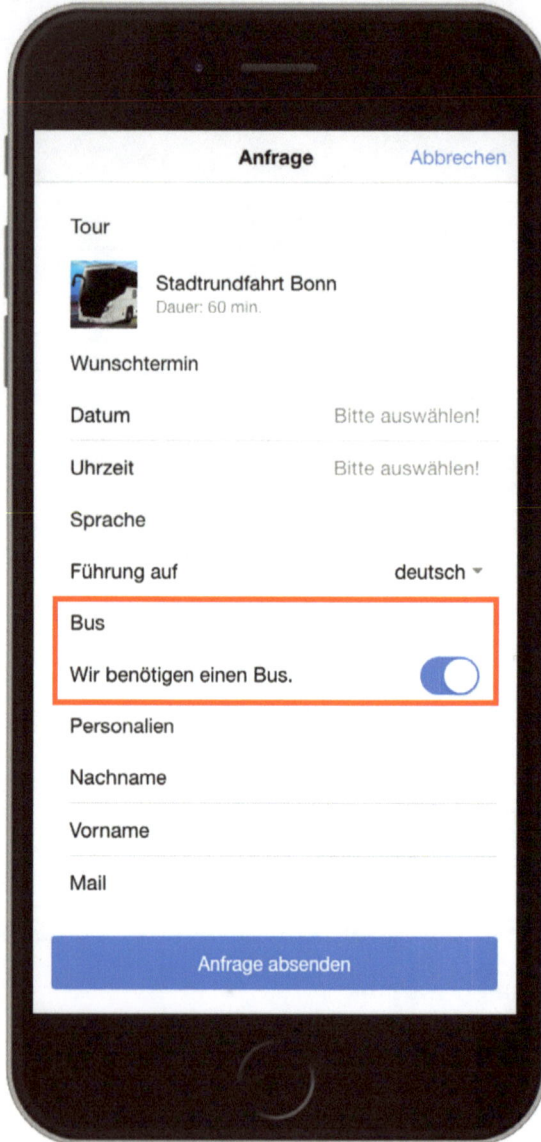

Weitere Infos zum Toggle findest du hier:

▶   https://ionicframework.com/docs/components/#toggle

▶   https://ionicframework.com/docs/api/components/toggle/
Toggle/

Damit sind wir am Ende dieses Kapitels angelangt. Wir haben nahezu alle Komponenten, die Ionic zu bieten hat, in unsere App integriert. Ich bin mir sicher, das war mehr als genügend Inspiration für die künftige Gestaltung deiner eigenen Apps!

7 | Theming, Styling, Customizing

Einführung

Ionic wurde so entworfen, dass sich das Design einer App sehr einfach an das eigene Branding anpassen lässt und dabei stets die Standards jeder Plattform eingehalten werden.

Das Theming in Ionic ist deswegen so einfach, weil Ionic auf den Syntactically Awesome Stylesheets (Sass) aufbaut. Sass ist eine Stylesheet-Sprache, die als Präprozessor die Erzeugung von Cascading Style Sheets (CSS) erleichtert. Das bedeutet, dass wir Styles in Sass formulieren, zum Beispiel über Variablen, und beim Kompilieren hieraus automatisch CSS-Anweisungen generiert werden.

Wir wollen hier nicht in die Tiefen von Sass einsteigen, weil das den Umfang dieses Buchs sprengen würde. Wenn du mehr über Sass erfahren möchtest, findest du hier weitere Infos:

▶ http://sass-lang.com

Wir werden in diesem Kapitel einige ganz praktische Beispiele behandeln, die dir ein grundlegendes Verständnis für Design-Anpassungen in Apps mit Ionic vermitteln und werden. Auf dieser Grundlage wird es dir mühelos gelingen, eigene attraktive Apps zu entwickeln und zu designen.

SIMPLES THEMING

DIE UNTERSTÜTZUNG VON THEMES ist fest in Ionic eingebaut. Ein Theme zu ändern ist so einfach wie das Ändern der $colors-Map in der Datei src/theme/variables.scss.

Hier die Standard-$colors-Map einer jeden Ionic-App:

```
// Named Color Variables
// ----------------------------------------------------------
// Named colors makes it easy to reuse colors on various components.
// It's highly recommended to change the default colors
// to match your app's branding. Ionic uses a Sass map of
// colors so you can add, rename and remove colors as needed.
// The "primary" color is the only required color in the map.

$colors: (
  primary:    #488aff,
  secondary:  #32db64,
  danger:     #f53d3d,
  light:      #f4f4f4,
  dark:       #222
);
```

Wie die Kommentierung erläutert, handelt es sich hier um benannte Farb-Variablen. Besondere Bedeutung kommt dabei der Variablen primary zu. primary muss unbedingt vorhanden sein, weil sie von nahezu allen Ionic-Komponenten verwendet wird.

Die einfachste Art eines globalen Themings ist es, genau diese bedeutende Farb-Variable primary zu ändern. Probieren wir's gleich aus und setzen folgenden neuen Farbwert für primary:

```
$colors: (
  primary:   #ffae00,
  ..
}
```

Die Farbe repräsentiert ein warmes Gelb-Orange. Schauen wir uns die Auswirkungen auf unsere App an:

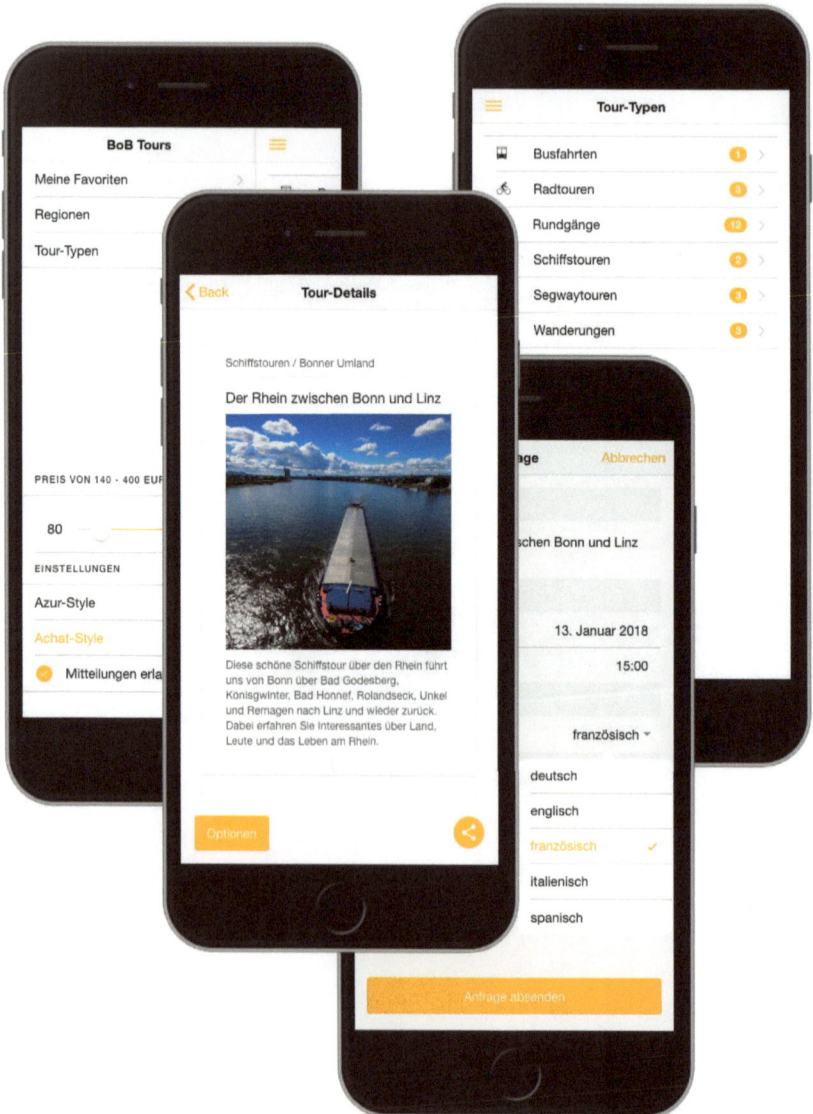

Was hat es nun mit den anderen Farben der $colors-Map wie secondary, danger etc. auf sich? Wie kann ich diese verwenden? Schauen wir uns das am Beispiel unserer Details-Seite an. Hier ergänzen wir im Fußbereich von details.html einmal folgendes:

```html
...

<ion-footer padding style="height:80px">
  ...
  <ion-fab right middle>
    <button ion-fab mini (click)="toggleSocial()">
      <ion-icon name="md-share"></ion-icon>
    </button>
    <ion-fab-list side="left">
      <button ion-fab (click)="openSocial('facebook')" color="dark">
        <ion-icon name="logo-facebook"></ion-icon>
      </button>
      <button ion-fab (click)="openSocial('googleplus')" color="light">
        <ion-icon name="logo-googleplus"></ion-icon>
      </button>
      <button ion-fab (click)="openSocial('instagram')" color="danger">
        <ion-icon name="logo-instagram"></ion-icon>
      </button>
      <button ion-fab (click)="openSocial('whatsapp')" color="secondary">
        <ion-icon name="logo-whatsapp"></ion-icon>
      </button>
    </ion-fab-list>
  </ion-fab>
</ion-footer>
```

Um eine der Farben der $colors-Map aus variables.scss zu verwenden, weisen wir dem Attribut color einfach eine der Variablen zu. Hier das Ergebnis:

Weitere Infos zum Theming findest du hier:

▶ https://ionicframework.com/docs/theming/theming-your-app/

LOKALE UND GLOBALE

SCSS-DATEIEN

D IE DATEI src/app/app.scss IST DIE GLOBALE SCSS-DATEI IN EINER IONIC-APP. Sie wird verwendet, um alle Styles zu definieren, die sich global auf die gesamte App auswirken.

Dem gegenüber stehen die SCSS-Dateien, die jeder *einzelnen* Seiten-Komponente zugeordnet ist, nehmen wir zum Beispiel die Datei src/pages/regionen/regionen.scss. Eine Style-Anweisung, die hier eingetragen wird, gilt nur für die Regionen-Seite.

Probieren wir es einmal aus und geben in regionen.scss folgendes ein:

```scss
page-regionen {
    .toolbar-background {
        background-color: #ffae00;
    }
}
```

Mit dieser Anweisung ändern wir die Hintergrundfarbe in der Kopfzeile vom bisherigen Standard-Grau in das uns bereits bekannte Gelb-Orange. Diese Änderung wirkt sich *nur* auf die Regionen-Seite aus; alle anderen Seiten behalten unverändert.

Die App nach Änderung von regionen.scss:

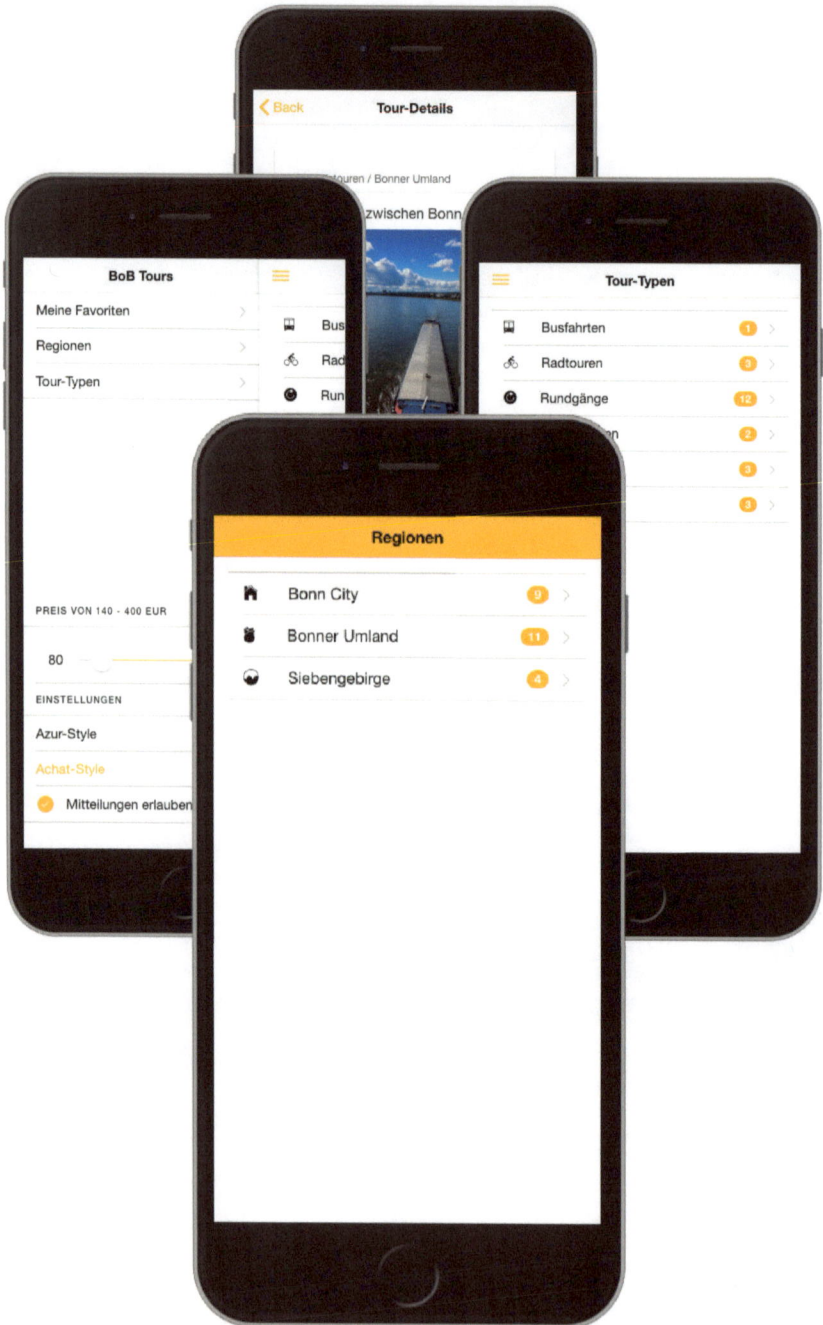

Wir löschen die Anweisung in regionen.scss (bzw. schneiden sie aus) und fügen sie stattdessen in die globale Style-Datei src/app/app.scss ein:

```scss
// http://ionicframework.com/docs/theming/


// App Global Sass
// --------------------------------------------------
// Put style rules here that you want to apply globally. These
// styles are for the entire app and not just one component.
// Additionally, this file can be also used as an entry point
// to import other Sass files to be included in the output CSS.
//
// Shared Sass variables, which can be used to adjust Ionic's
// default Sass variables, belong in „theme/variables.scss".
//
// To declare rules for a specific mode, create a child rule
// for the .md, .ios, or .wp mode classes. The mode class is
// automatically applied to the <body> element in the app.

.toolbar-background {
    background-color: #ffae00;
}
```

Das Resultat: es werden nun die Kopfzeilen *aller* Seiten in der App gelb-orange:

Das sieht schon ganz gut aus, oder?

Optimieren wir den Eintrag in app.scss noch wie folgt:

```
.toolbar-background {
    background-color: map-get($colors, primary);
}
```

Anstatt den Farbwert, wie wir ihn in variables.scss für primary definiert haben, hier *nochmals* zu schreiben, referenzieren wir mit map-get auf den Wert, der für primary in der $colors-Map hinterlegt ist. Das hat den Vorteil, dass wir bei gewünschten Farbanpassungen künftig nur in variables.scss Änderungen vorzunehmen brauchen und alle Style-Anweisungen, die sich darauf beziehen, automatisch angepasst werden.

Wir haben aber einen kleinen Schönheitsfehler produziert: die Farbe des Seiten-Menue-Buttons, die Schriftfarben der Back-Buttons sowie die des Abbrechen-Buttons auf der Anfrage-Seite sind jetzt identisch mit der Hintergrundfarbe der Kopfzeilen. Das sieht auf den ersten Blick so aus, als seien sie verschwunden. Das korrigieren wir mit folgenden Style-Anweisungen:

```
.back-button, ion-header .bar-button {
    color: map-get($colors, light);
}
```

Damit weisen wir den Back-Buttons (.back-button) und allen anderen Buttons, die in einem Header vorkommen (ion-header .bar-button), die in der $colors-Map definierte Farbe light zu. Standardmäßig ist light in variables.scss mit dem RGB-Farbwert #222 definiert, was einem sehr hellen Grau entspricht.

Hier die Kopfzeilen wieder mit sichtbaren Menue-, Back- und Abbrechen-Buttons:

Du siehst, mit wie wir bereits mit einigen wenigen Änderungen unserer App ein individuelles Aussehen spendieren können.

CSS Utilities

Ionic stellt einen Satz von nützlichen Attributen bereit, die auf jedes Element angewendet werden können, um Text zu modifizieren, Elemente zu platzieren oder Abstände und Ränder anzupassen.

Hier ein Überblick:

Text Modification

- Text Alignment
- Text Transformation
- Responsive Text Attributes

Element Placement

- Float Elements
- Responsive Float Attributes

Content Space

- Element Padding
- Element Margin

Wir haben bereits einige der gängigsten Attribute in unserer App verwendet. An dieser Stelle werde ich nun etwas genauer auf sie eingehen.

Werfen wir zum Beispiel einen Blick in die Datei anfrage.html:

```html
<ion-header>
  <ion-navbar>
    <ion-title>Anfrage</ion-title>
    <ion-buttons end >
      <button ion-button (click)="abbrechen()">Abbrechen</button>
    </ion-buttons>
  </ion-navbar>
</ion-header>


<ion-content padding >
  <ion-list text-wrap >
  ...
</ion-content>


<ion-footer padding >
...
</ion-footer>
```

Mit end verwenden wir ein sogenanntes Responsive Text Attribute, das dafür sorgt, dass ein Element (hier der Abbrechen-Button) am Ende des umgebenden Containers (hier ion-navbar bzw. die Kopfzeile) platziert wird. Das wir damit eine responsive, also auf verschiedene Formate reagierende, Layout-Anweisung getroffen haben, ist wichtig. Schauen wir uns die Anfrage-Seite im Querformat bzw. im Landscape-Modus an, wird das sofort deutlich:

Auch im Querformat macht unsere App eine gute Figur! Dafür sorgt Ionic schon standardmäßig durch seine ausgereiften Styling-Vorgaben. Aber an der ein oder anderen Stelle, wie zum Beispiel bei der Frage nach der Platzierung des Abbrechen-Buttons, müssen wir selbst eine Design-Entscheidung treffen und da sind die Attribute der CSS Utilities schon sehr hilfreich.

Das Attribut padding ist ein Content Space Attribute und sorgt dafür, dass standardmäßig ein Abstand von 16 Pixeln (16px) innerhalb eines Bereichs (hier ion-content und ion-footer) zwischen den Elementen eingehalten wird. Sehen wir uns die Anfrage-Seite einmal *mit* und *ohne* padding an:

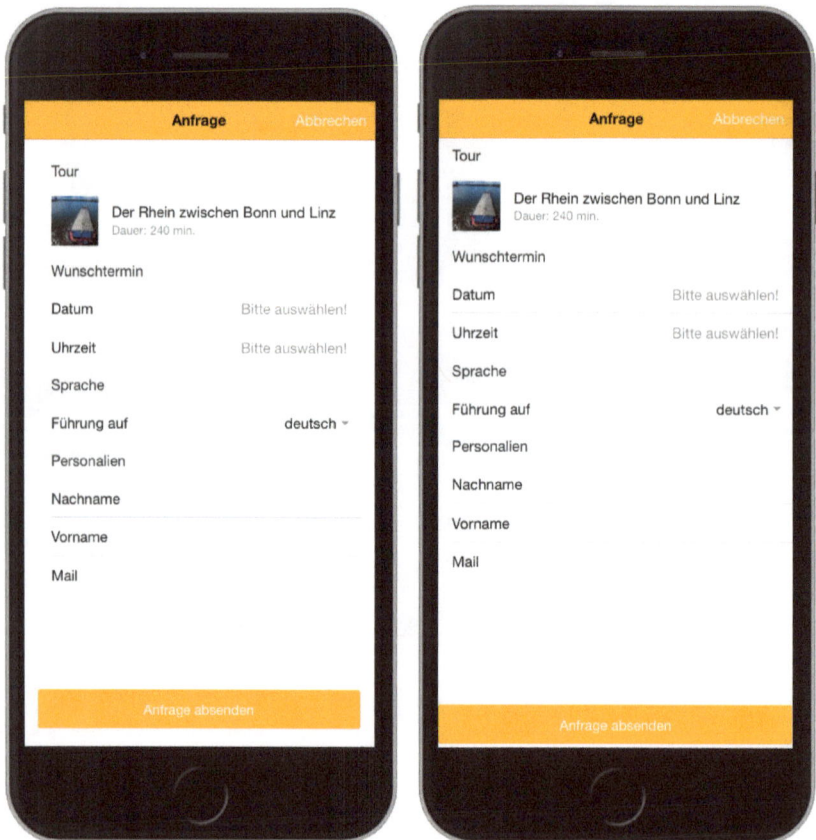

Mit `text-wrap` setzen wir ein Text Modification Attribute ein und stellen dadurch sicher, dass längere Texte innerhalb eines Bereichs (hier `ion-list`) so umgebrochen werden, dass sie immer vollständig dargestellt werden. Auf solche Dinge solltest du unbedingt achten! Schließlich weißt du ja nicht, auf welchem Smartphone deine App laufen wird. Ältere Modelle mit kleinerer Display-Auflösung könnten Teile deiner Texte sonst „verschlucken" (wie in der Abbildung rechts).

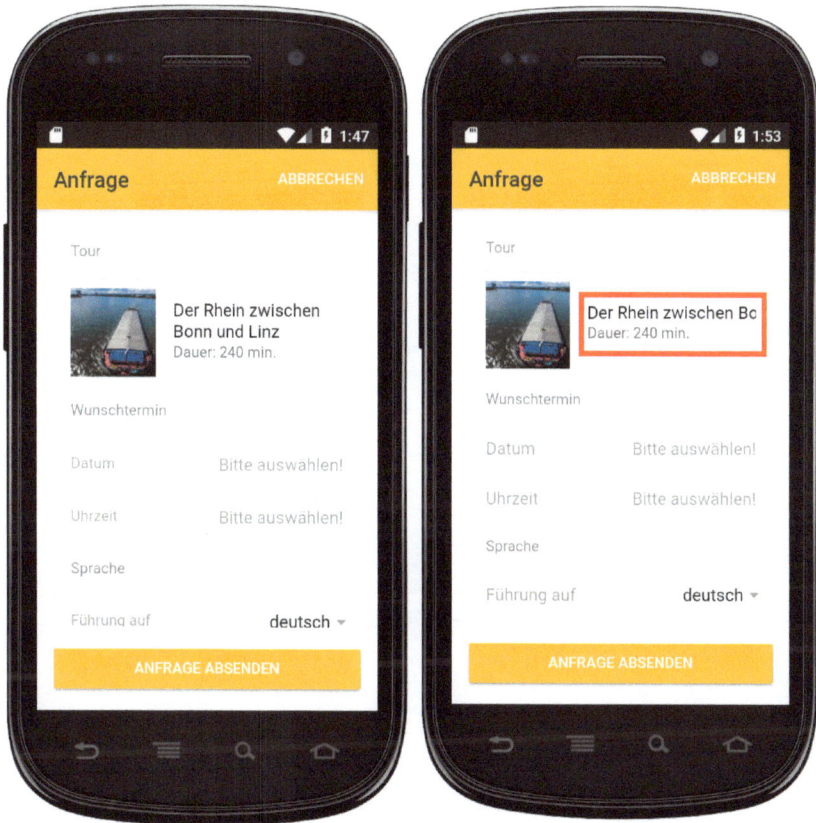

Lass' uns noch eine kleine Optimierung auf der Favoriten-Seite vornehmen. Dort wird ein Text für den Fall angezeigt, dass ein Anwender noch keine Favoriten ausgewählt hat. Diesen Text wollen wir zentriert platzieren, damit es besser aussieht. Wir ändern dazu favoriten.html wie folgt:

```
...
<ion-content>
  <ion-list ...>

  </ion-list>
  <div text-center text-uppercase padding-top
      *ngIf="favService.keineFavoriten">
    <label>Du hast noch keine Favoriten hinzugefügt!</label>
  </div>
</ion-content>
...
```

Wir packen das Label in ein div-Tag, dem wir gleich *drei* Attribute mitgeben: text-center zum Zentrieren des Textes innerhalb von div, text-uppercase, um den Text komplett in Großbuchstaben anzuzeigen und padding-top, um etwas Abstand (standardmäßig 16px) zum Kopfbereich zu erhalten. Das sieht jetzt besser aus als vorher, oder?

Weitere Infos zu den CSS Utilities findest du hier:

▶ https://ionicframework.com/docs/theming/css-utilities/

PLATFORM STYLES

IONIC VERWENDET SOGENANNTE MODI (MODES), um das Aussehen von Komponenten zu beeinflussen. Jede Plattform hat einen Standard-Modus, der aber überschrieben werden kann.

Die folgende Tabelle gibt einen Überblick über die verschiedenen Plattformen und deren Standard-Modi:

Plattform	Modus	Details
ios	ios	Ansicht auf einem iPhone, iPad oder iPod verwendet die **iOS** Styles.
android	md	Ansicht auf einem Android-Endgerät verwendet die **Material Design** Styles.
windows	wp	Ansicht auf einem Windows-Endgerät innerhalb Cordova oder Electron verwendet die **Windows** Styles.
core	md	Eine Plattform, die zu keiner der vorgenannten passt, verwendet die **Material Design** Styles.

Es ist wichtig, zu beachten, dass eine *Plattform* und ein *Modus (Mode)* zweierlei sind. Die Plattform kann in der Konfiguration einer App gesetzt werden, um einen beliebigen Modus zu verwenden.

Machen wir das an einem konkreten Beispiel fest. Wie du bereits bemerkt haben wirst, verwendet unsere App für die iOS-Plattform ein iOS-typisches Styling. Dies kann man u.a. sehr gut am Back-Button erkennen, der standardmäßig mit "Back" beschriftet ist. Diese Beschriftung gibt es auf der Android- und Windows-Plattform nicht, was mir persönlich so auch besser gefällt.

Ich möchte nun auch für die iOS-Plattform die "Back"-Beschriftung entfernen. Dies kann ich durch Überschreiben des Standardwertes backButtonText in der Datei app.module.ts:

```
import ...

@NgModule({
  ...
  imports: [
    BrowserModule,
    IonicModule.forRoot(MyApp, {
      backButtonText: ''}),
    IonicStorageModule.forRoot(),
    HttpModule
  ],
  ...
})
export class AppModule {}
```

Hinter dem Eintrag

```
IonicModule.forRoot(MyApp
```

füge ich, durch ein Komma getrennt, ein Konfigurationsobjekt

```
{backButtonText: ''}
```

hinzu, das die Eigenschaft `backButtonText` mit einem leeren String überschreibt. Ich hätte das Konfigurationsobjekt auch *plattform-spezifisch* formulieren können:

```
IonicModule.forRoot(MyApp, {
  platforms: {
    ios: {
      backButtonText: '',
    }
  }
)
```

Im Ergebnis macht das hier keinen Unterschied, da für Android und Windows der Eigenschaft `backButtonText` ja standardmäßig bereits ein Leerstring zugewiesen ist.

Weitere Infos zu Platform Styles, Default Mode (Modus) Configuration und Config findest du hier:

▶ https://ionicframework.com/docs/theming/platform-specific-styles/

▶ https://ionicframework.com/docs/api/config/Config/

FONTS

SCHRIFTARTEN KÖNNEN EINER APP EINE INDIVI-DUELLE NOTE GEBEN. Bei großen Unternehmen sind sie meist sogar wesentlicher Teil des Brandings. Ob gewünschte Individualität oder zwingendes Corporate Design - bei der Verwendung anderer als der Standardschriftarten gilt es in Ionic-Apps das ein oder andere zu beachten.

Für unser Vorhaben, eine individuelle Schriftart in unsere App zu integrieren, habe ich mir die freie Schriftart ORKNEY von fontlibrary.org herunter geladen.

ORKNEY REGULAR

Die BoB Tours App mit neuem Font

OPENTYPE

Die BoB Tours App mit neuem Font | Die BoB Tours App mit neuem Font

EINFACHES LATEIN

A B C D E F G H I J K L M N O P Q
R S T U V W X Y Z a b c d e f g h
i j k l m n o p q r s t u v w x y
z 1 2 3 4 5 6 7 8 9 0 & @ . , ? !
' " " ( ) *

```
⊿ src
  ▷ app
  ⊿ assets
    ⊿ fonts
       A𝐀 OrkneyBold.ttf
       A𝐀 OrkneyRegular.ttf
    ▷ icon
  ▷ pages
  ▷ providers
  ⊿ theme
     𝒮 variables.scss
  ⟨⟩ index.html
```

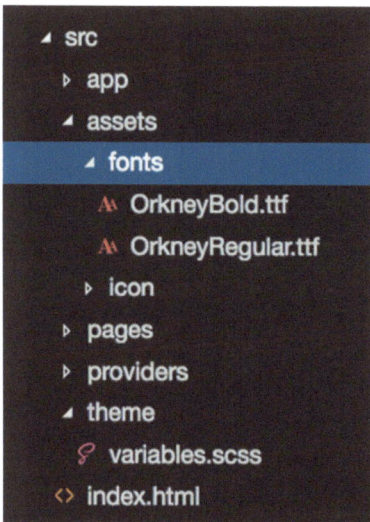

Nach dem Download der Font-Dateien kopierst du die benötigten Font-Styles in den Ordner src/assets/fonts/.

Für unsere App genügen die beiden Dateien OrkneyRegular.ttf und OrkneyBold.ttf.

Als nächstes müssen die Fonts in die App eingebunden werden. Das geschieht in variables.scss.

Hier die Einträge in im Abschnitt Fonts in variables.scss:

```scss
// Fonts
// -------------------------------------------------------

//@import "roboto";
//@import "noto-sans";


@font-face {
  font-family: 'Orkney';
  font-style: normal;
  font-weight: 400;
  src: url('../assets/fonts/OrkneyRegular.ttf');
}


@font-face {
  font-family: 'Orkney';
  font-style: bold;
  font-weight: 800;
  src: url('../assets/fonts/OrkneyBold.ttf');
}
```

Zunächst erfolgt hier die Deklaration der verwendeten Schriftarten. Dabei ist jeder Font-Style (`normal`, `bold`) einzeln zu deklarieren.
Wenn du in deiner App zum Beispiel auch *kursiv* gesetzten Text
verwenden möchtest, solltest du den Font-Style `italic` ebenfalls deklarieren (und dazu natürlich die entsprechende Font-Datei in src/
assets/fonts kopieren).

Und hier die Einträge im Abschnitt Shared Variables in variables.scss:

```scss
// Shared Variables
// --------------------------------------------------
// To customize the look and feel of this app, you can override
// the Sass variables found in Ionic's source scss files.
// To view all the possible Ionic variables, see:
// http://ionicframework.com/docs/theming/overriding-ionic-variables/

$font-family-base: 'Orkney';
$font-family-ios-base: 'Orkney';
$font-family-md-base: 'Orkney';
$font-family-wp-base: 'Orkney';

body {
  font-family: "Orkney";
  font-weight: 400;
}


h1, h2, h3, button, ion-card-title {
  font-family: "Orkney";
  font-weight: 800;
}
```

Wir überschreiben die Sass-Variablen `$font-family-base`, `$font-family-ios-base`, `$font-family-md-base` und `$font-family-wp-base`. und weisen diesen unsere neue Schriftamilie zu. Du könntest
an dieser Stelle auch gezielt für jede Plattform eine andere Schriftfa-

milie festlegen. Du erinnerst dich, dass die Kürzel `ios` für iOS, `md` für Android und `wp` für Windows stehen (siehe "Platform Styles" ab Seite 229)!?

Schließlich legen wir fest, welche Teile unserer App mit welchem Schriftstil dargestellt werden sollen. That's it!

Hier nun unsere App mit neuer Schriftart:

Hier ein paar Links, wo du Fonts zum Download und Einsatz in deinen Apps findest (bitte achte auf die jeweils geltenden Lizenz- und Nutzungsbestimmungen):

▶ https://fonts.google.com

▶ https://fontlibrary.org

▶ http://www.fontspace.com/category/open

▶ http://www.open-fonts.com

Lesetipp:

Eine Website mit dem Titel „39 Logoschriften, die jeder Designer kennen sollte" mit einem interessanten Überblick zur Geschichte von Schriften und deren Verwendung in Firmen-Logos findest du hier:

▶ https://99designs.de/blog/design-kreativitaet/logoschriften/

SKALIERBARE

VEKTOR-GRAFIKEN

SCALABLE VECTOR GRAPHICS (SVG) SIND IDEAL, um sie in Apps zu verwenden. Sie haben eine geringe Dateigröße, sind beliebig skalierbar, ohne je pixelig zu werden und haben auch sonst so einiges zu bieten.

In unserer App wollen wir eine SVG-Grafik als Komponente einbinden. Die Grafik enthält das Firmen-Logo unseres imaginären Touristik-Unternehmens BoB-Tours und soll künftig den Kopf unseres Seiten-Menüs zieren.

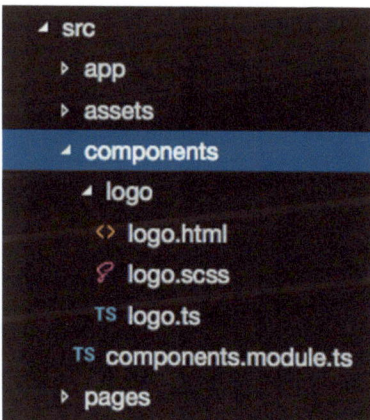

Um eine Logo-Komponente in Ionic zu erstellen, geben wir im Terminal folgendes ein:

```
ionic g component logo
```

Nach Ausführen dieser Anweisung hat sich unser Projekt um einen neuen Ordner components nebst einigen Dateien erweitert.

```
⊿ src
  ▷ app
  ▷ assets
  ⊿ components
    ⊿ logo
      <> logo.html
       logo.scss
      TS logo.ts
    TS components.module.ts
  ▷ pages
```

Jetzt benötigen wir die SVG-Grafik mit dem BoB-Tours-Logo.

Die Datei kannst du hier herunter laden:

▶ http://ionic3.andreas-dormann.de/img/bob-tours-logo.svg

Öffne die SVG-Datei in einem Texteditor (ja, du hast richtig gelesen) oder direkt in Visual Studio Code. Werfen wir einen Blick hinein:

In der Kopfzeile gibt sich die SVG-Datei als eine XML-Datei zu erkennen und ist damit lesbarer, strukturierter Text.

Nun kopiere den gesamten svg-Knoten aus der Datei und kopiere ihn in src/components/logo/logo.html hinein. Dabei überschreibst du alles, was bisher in logo.html gestanden hat.

Der Inhalt von logo.html sieht nun so aus:

```
◇ logo.html  ✕
 1   <svg version="1.1" id="Logo" xmlns="http://www.w3.org/2000/svg" xmlns:xlink="http://www.w3.org/1999/xlink" x="0px"
 2   viewBox="0 0 750 160" style="enable-background:new 0 0 750 160;" xml:space="preserve">
 3   <style type="text/css">
 4   .st0{fill:#FFFFFF;stroke:#000000;stroke-width:9.198;stroke-miterlimit:10;}
 5   .st1{fill:#FEF100;}
 6   .st2{fill:#FEAD00;}
 7   .st3{fill:#FEFEFE;}
 8   </style>
 9   <path id="border_1_" class="st0" d="M734.5,155h-719C9.7,155,5,149.8,5,143.5v-127C5,10.2,9.8,5,15.5,5h719
10   c5.8,0,10.5,5.2,10.5,11.5v126.9C745,149.8,740.2,155,734.5,155z"/>
11   <g id="text">
12   <path id="s" d="M687,134.2c-6.1,0-11.6-1.4-16.8-4.2c-5.4-3-9.5-7.1-12.1-12.3c-2-4-3-8.8-3-14.2c0-1.2,0.4-2.2,1.3-3
13       c0.8-0.8,1.9-1.3,3-1.3h11.8c2,0,3.4,0.9,4.2,2.8c0.5,1.1,0.9,2.9,1.1,5.4c0.2,2.1,1.3,5,3.1,4.5c2.1,1,5.4,1.6,9.8,
14       c8.4,0,12.6-2.9,12.6-8.7c0-3.5-3.3-7.6-10-12.2l-21.4-14.7c-8.3-5.7-12.5-13.4-12.5-22.9c0-6.4,1.9-12.1,5.8-17.2
15       c5.2-6.9,13.4-10.3,24.8-10.3c8.1,0,14.6,1.4,19.7,4.2c6.4,3.6,9.7,9.3,9.7,17v5.4c0,1.2-0.4,2.2-1.3,3c-0.8,0.8-1.9
16       h-10.5c-2.9,0-4.3-2.2-4.3-6.6c0-2.1-0.9-3.7-2.8-4.9c-1.7-1-3.8-1.5-6.2-1.5h-3.2c-2.8,0-5,0.7-6.8,2.2c-1.9,1.6-2.
17       c0.2.8.1.7.5.5.5.2.8.2c3.3.2.5.7.9.8.7.7.13.7.9.7.7.6.7.4.5.11.4.7.9.5c4.6.3.4.7.8.6.8.9.5.10.2s2.6.8.2.6.13
110     C178.2,38.5,178.1,39,178,39.7z M199.2,78.9C199,68.8,195,59.7,187,52.5c-6.2-5.6-13.6-8.6-21.9-9c-11.6-0.5-21.
111     c-5.6,6.2-8.6,13.6-9,22c-0.5,11.6,3.5,21.4,12.2,29.1c6.2,5.6,13.6,8.6,22,9c11.6,0.5,21.4-3.5,29.1-12.2
112     C196.2,96.8,199.1,88.7,199.2,78.9z"/>
113     <path id="inner-circle" class="st2" d="M199.2,78.9c-0.1,9.8-3,17.9-9.1,24.7c-7.7,8.7-17.6,12.7-29.1,12.2c-8.4-0
114       c-8.6-7.8-12.7-17.6-12.2-29.1c0.4-8.4,3.4-15.8,9-22c7.8-8.6,17.6-12.7,29.2-12.2c8.3,0.4,15.7,3.4,21.9,9
115       C195,59.7,199,68.8,199.2,78.9z M186,101.2c0.4-0.3,0.8-0.7,1.1-1.1c1.4-1.5,2.7-3.2,3.8-5c1.1-1.9,2-3.9,2.7-5.
116       c0.9-2.7,1.5-5.4,1.6-8.2c0.1-2.2,0.1-4.5-0.3-6.7c-0.4-2.5-1-5.2-1.7-7.4c-0.7-1.6-1.4-3.2-2.3-4.5c-1.2-2-2.7-3.
117       c-1.6-1.6-3.3-3-5.2-4.2c-2-1.3-4.2-2.3-6.5-3.1c-2.9-0.9-5.8-1.5-8.8-1.5c-1.8,0-3.6,0-5.3,0.3c-2.6,0.4-5.1,1.
118       c-6.6,0.3-1.1,0.4-1.6,0.8c-0.1,0.2-0.2,0.2es0.2,0.1,0.2c0.1,0.1,0.3,0,0.4-0.1c1.7-0.4,3.5-0.7,5.3-0.9c7.2-0
119       c8.7,5.1,14.1,12.6,15.7,22.7c0.9,5.8,0,11.4-2.5,16.8c189.1,96.8,187.6,99,186,101.2c-0.3,0.2-0.5,0.4-0.6,0.7
120       C185.6,101.6,185.9,101.5,186,101.2z M185.2,102l185.2,102l185.2,102l185.2,102z"/>
121     <path id="high-light" class="st3" d="M151.2,51.5c0.5-0.4,1.1-0.6,1.6-0.8c2.4-1.1,4.9-1.8,7.5-2.2c1.8-0.3,3.6-0.
122       c3,0,6,0.6,8.8,1.5c2.3,0.8,4.5,1.8,6.5,3.1c1.9,1.2,3.7,2.6,5.2,4.2c1.6,1.7,3,3.5,4.4,5.5c0.9,1.4,1.6,2.9,2.
123       c1.2,4,1.7,4.9,2.1,7.4c0.4,2.2,0.4,4.5,0.3,6.7c-0.2,2.8-0.7,5.5-1.6,8.2c-0.7,2.1-1.6,4.1-2.7,5.9s-2.3,3.5-3.
124       c-0.4,0.4-0.7,0.8-1.1,1.1c0,0,0-0.1-0.1c1.7-2.1,3.1-4.3,4.3-6.8c2.4-5.4,3.4-11,2.5-16.8c-1.6-10.1-6.9-17.6
125       c-6.2-3.6-13-5-20.2-4.4c-1.8,0.2-3.6,0.5-5.3,0.9C151.4,51.4,151.3,51.5,151.2,51.5l151.2,51.5z"/>
126   </g>
```

Speichere die Datei. Sie enthält jetzt unsere Logo-Grafik. Aber um diese als Komponente in der App verwenden zu können, sind noch drei Kleinigkeiten zu erledigen.

Entferne in logo.ts den unten auskommentierten Code:

```
...

export class LogoComponent {

  //text: string;

  constructor() {
    //console.log('Hello LogoComponent Component');
    //this.text = 'Hello World';
  }
}
```

Trage in app.module.ts folgendes ein:

```
import ...
import { ComponentsModule } from '../components/components.module';

@NgModule({
  declarations: [ ... ],
  imports: [

    ...

    ComponentsModule
  ],
  bootstrap: [IonicApp],
  entryComponents: [ ... ],
  providers: [ ... ]
})
export class AppModule {}
```

components.module.ts wurde automatisch generiert und enthält alle Infos zur neuen Logo-Komponente, die wir nun in app.html (unserem
Seiten-Menü) wie folgt verwenden:

```
<ion-header>
  <ion-toolbar padding>
    <logo></logo>
  </ion-toolbar>
</ion-header>
...
```

Logo? Was soll plötzlich dieses logo-Tag? Wo kommt das her?

Schauen wir noch einmal in logo.ts hinein:

```
...
@Component({
  selector: 'logo',
  templateUrl: 'logo.html'
})
export class LogoComponent { ... }
```

'logo' wurde als Name der Komponenten-Eigenschaft selector zugewiesen. Mit anderen Worten: 'logo' ist der tag-Name, mit dem wir die Komponente ganz simpel in HTML einsetzen können. Klasse, nicht wahr?

By the way: Auf diese Weise wurden alle Ionic-Komponenten gebaut. Wir verwenden sie schon das ganze Buch lang, ohne uns Gedanken darüber machen zu müssen, was im Einzelnen alles dahinter steckt (meistens jedenfalls).

Aber schauen wir uns endlich an, wie das Seiten-Menü mit eingebundener Logo-Komponente aussieht:

Weitere Infos zu SVG und Components findest du hier:

▶ https://de.wikipedia.org/wiki/Scalable_Vector_Graphics

▶ https://angular.io/api/core/Component

ANIMATIONEN

ANIMATIONEN GIBT ES IN JEDER APP! Das glaubst du nicht? Dann schau dir einmal ganz bewusst an, was passiert, wenn du in einer App von der einen zur anderen Seite navigierst. Fällt dir etwas auf? Richtig: der Seitenübergang ist *animiert*! Und nicht nur der: Lade-Anzeigen, Alerts, Menüs, Modals, Popover - alles *animiert*!

Zugegeben, die Animationen sind mehr oder weniger dezent und werden als „natürliche" Bewegungen empfunden. So fällt im Gegenteil das Fehlen einer Animation zuweilen als „unnatürlich" auf. So auch in unserer App - nämlich auf der Details-Seite.

Wenn du dort den Social-Media-Button auf- und zuklappst, verschwindet oder erscheint links der Optionen-Button. Also er ist entweder sofort weg oder sofort da. *Ohne* Animation. Das wollen wir ändern und den Optionen-Button dezent animieren.

Zur Animation von Komponenten gibt es verschiedene Ansätze, die ich dir im Folgenden vorstellen möchte. Beginnen wir mit Animate.css. Dabei handelt es sich um eine Sammlung cooler Animationen, die wir ganz einfach in unserer App einsetzen können.

Dazu trägst du innerhalb des head-Tags in src/index.html folgendes ein:

```
<!DOCTYPE html>
<html lang="de" dir="ltr">
<head>
    ...
    <!-- Animation mit Animate.css -->
    <link rel="stylesheet"
      href="https://cdn.jsdelivr.net/npm/animate.css@3.5.2/animate.min.css">
</head>
...
```

Es handelt sich hier um den Verweis auf eine CSS-Datei, die sogenannte CSS-Animationen enthält. Eine dieser Animationen können wir
in details.html so einsetzen:

```
...
<ion-footer padding style="height:80px">
  <button ion-button
          *ngIf="!showSocial"
          (click)="presentActionSheet()"
          class="animated fadeIn" >
      Optionen
  </button>
  ...
</ion-footer>
```

Das ist schon alles! Unser Optionen-Button wird nun immer dezent
eingeblendet, sobald die *ngIf-Bedingung erfüllt ist; damit auch jedes Mal, wenn der Social-Media-Button zugeklappt wird.

Ist das cool?

Weitere Infos zu Animate.css findest du hier:

▶   https://github.com/daneden/animate.css

Dort wird auch die Variante beschrieben, animate.css als Modul in die App zu integrieren. Das wäre eine Option, wenn du eine App realisieren möchtest, die auch *ohne* Online-Verbindung auskommen soll (und damit dann keinen Fernzugriff auf die in index.html verlinkte CSS-Datei hat).

Im voran gegangenen Abschnitt haben wir den Einsatz einer SVG-Grafik kennengelernt (siehe "Skalierbare Vektor-Grafiken" ab Seite 237). Wie würdest du es finden, wenn wir in unserem SVG-Logo die Sonne aufgehen lassen, sobald der Anwender das Seiten-Menü öffnet?

Dazu öffnen wir unsere Komponenten-Datei src/components/logo/logo.html: und suchen den folgenden Eintrag:

```
<g id="sun">
```

Es handelt sich dabei um die Kennzeichnung einer Gruppe (g), die aus mehreren path-Elementen besteht und den Sonnen-Teil unseres Logos repräsentiert. Wir ergänzen nun auch hier - wie wir es vorhin beim Optionen-Button schon getan haben - eine Animations-Klasse, um die Sonne mittels Animate.css aufgehen zu lassen.

```
<g id="sun" class="animated bounceInUp">
```

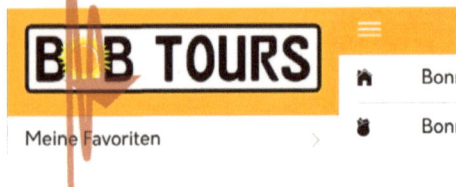

Der Effekt entspricht vielleicht nicht ganz den Naturgesetzen eines Sonnenaufgangs, aber ein Hingucker ist er allemal ;-)

In SVG-Dateien kannst du jede Gruppe, aber auch jedes path-Element animieren. Du könntest also auch jeden einzelnen Buchstaben unseres Logos *einzeln* animieren.

Wenn wir selbst die vollständige Kontrolle über eine Animation haben wollen, führt kein Weg daran vorbei, eine eigene zu schreiben. Lassen wir unsere Logo-Sonne nun einmal endlos rotieren.

Das machen wir in logo.scss wie folgt:

```scss
logo {
    .rotatingSun {
        animation: drehDich 9s linear infinite;
    }
}


@keyframes drehDich {
    from {
        transform-origin: 50% 50%;
        transform: rotate(0deg);
    }
    to {
        transform-origin: 50% 50%;
        transform: rotate(360deg);
    }
}
```

Weisen wir noch in logo-html die Animations-Klasse zu:

```html
<g id="sun" class="rotatingSun">
```

Die eigentliche Animation namens drehDich beginnen wir mit

```scss
@keyframes drehDich { ... }
```

Darin legen wir einen Anfangs- (`from`) und einen Endzustand (`to`) fest. Am Anfang beträgt die Rotation des zu animierenden Elements 0 Grad (`0deg`), am Ende 360 Grad (`360deg`). Das entspricht also einer kompletten Drehung. Über `transform-origin` müssen wir angeben, wo der Drehpunkt liegt. `50% 50%` bedeutet, dass dieser 50% vom linken und 50% vom oberen Rand eines (unsichtbaren) Elementrahmens entfernt liegt, sprich: in der *Mitte* des Elements. Würden wir diese Angabe weglassen (was du ja einmal ausprobieren kannst), würde die Rotation um die Koordinate `0, 0` erfolgen. Das entspricht der linken oberen Ecke der App. Das wäre allerdings ein ziemlich seltsamer „Orbit" für unsere Sonne ;-)

Die Verbindung der Animation zu unserem Sonnen-Element stellen wir schließlich über die Klasse `rotatingSun` her. In logo.scss legen wir mit

```
.rotatingSun {
    animation: drehDich 9s linear infinite;
}
```

fest, dass jedes Element, dass diesen Klassennamen erhält, animiert werden soll und zwar mit unserer `drehDich`-Animation, die neun Sekunden lang (`9s`) `linear` (d.h. in immer gleichem Tempo) endlos (`infinite`) laufen soll.

Zur Erinnerung: In logo.html weisen wir mit

```
<g id="sun" class="rotatingSun">
```

der Sonne diese Animations-Klasse zu und schon dreht sie sich.

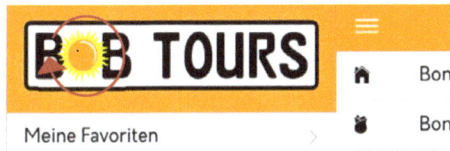

So, für heute haben wir genug animiert. Falls du Lust auf mehr bekommen hast... Einen guten Einstieg in die CSS-Animation bieten folgende Links:

▶ https://www.mediaevent.de/css/animation.html

▶ https://www.mediaevent.de/css/animation-play-state.html

▶ https://www.mediaevent.de/css/transform.html

▶ https://www.mediaevent.de/css/transition.html

Dynamisches

Theming

W IR KÖNNEN DAS KOMPLETTE (!) AUSSEHEN EINER APP ZUR LAUFZEIT VERÄNDERN. Das nennt sich dann Dynamic Theming.

Unserer App wollen wir zwei verschiedene Styles spendieren, zwischen denen der Anwender wählen kann: nämlich den Azur-Style und den Summer-Style. Letzterer ist im Prinzip schon vorhanden. Er entspricht nämlich dem derzeitigen Aussehen unserer App.

EINSTELLUNGEN

Azur-Style

Summer-Style ✓

Die Bedienelemente zum Style-Wechsel haben wir bereits in unser Seiten-Menü eingebaut (siehe "Radio" ab Seite 183).

Jetzt gilt es, das Ganze mit Leben bzw. Themes zu füllen.

Zuerst legen wir im Ordner src/theme zwei separate SCSS-Dateien namens azur-style.scss und summer-style.scss an. Beginnen wir mit summer-style.scss, denn hier hinein können wir 1:1 unsere CSS-Anweisungen aus app.scss kopieren (und dort dann entfernen).

Der Inhalt von summer-style.scss:

```scss
.summer-style {

    .toolbar-background {
        background-color: map-get($colors, primary);
    }
    .back-button, ion-header .bar-button {
        color: map-get($colors, light);
    }
}
```

Und hier der Inhalt von azur-style.scss:

```scss
.azur-style {

    .scroll-content {
        background-image: url('../assets/img/background.jpg');
        background-repeat: no-repeat;
        background-size: cover;
    }

    .toolbar-background {
        background-color: map-get($colors, secondary);
    }

    .back-button, ion-title .toolbar-title, ion-header .bar-button, ⤶
    ion-list-header ion-label, ion-footer label {
        color: map-get($colors, light);
    }

    button, ion-label, ion-label.label-md, ion-label.label-wp, ⤶
    ion-card-title {
        color: map-get($colors, secondary);
    }

    ion-footer {
        background-color: map-get($colors, secondary);
    }
```

```
button.animated, ion-badge, ion-fab button.fab, ion-footer ion-icon {
    color: map-get($colors, light);
    background-color: map-get($colors, secondary);
  }


}
```

Die CSS-Anweisungen von summer-style.scss haben wir bereits besprochen. Sie stammen ja ursprünglich aus app.scss (vergleiche "Lokale und globale SCSS-Dateien" ab Seite 219). So können wir uns sofort auf die Neuigkeiten in azur-style.scss konzentrieren. Hier ist vor allem das Einbinden einer Hintergrund-Grafik (background-image) zu nennen. Diese Grafik kannst du dir hier herunterladen:

▶   http://ionic3.andreas-dormann.de/img/background.jpg

Nach dem Download kopierst du die Grafik dann in den Ordner src/assets/img.

Mit der Anweisung

```
background-size: cover;
```

wird das Hintergrundbild in der Größe so angezeigt, dass es so klein wie möglich ist, dabei aber auf alle Fälle in Höhe und Breite größer oder gleich der jeweiligen Maße des verfügbaren Inhaltsbereichs ist.

Alle übrigen CSS-Anweisungen in azur-style.scss kümmern sich darum, dass bestimmten Elementen die $colors-Map-Farben secondary und light zugewiesen werden.

Das führt uns zu den erforderlichen Anpassungen in variables.scss.

Da wäre zuerst die Anpassung der `$colors`-Map-Farbe `secondary`, die nun einen intensiven Blaufarbwert (`#1877c0`) erhält:

```scss
// Named Color Variables

$colors: (
  primary:    #ffae00,
  secondary:  #1877c0,
  danger:     #f53d3d,
  light:      #f4f4f4,
  dark:       #222
);
```

Dieses Blau wird die bestimmende Farbe des neuen Azur-Styles, wie du mit einem Blick in azur-style.scss vielleicht schon ahnst, aber auf jeden Fall nachher auch sehen wirst. Alle anderen Farben behalten wir bei.

Die beiden neuen Styles importieren wir nun im Abschnitt AppTheme von variables.scss:

```scss
// App Theme

@import "ionic.theme.default";

@import 'azur-style';
@import 'summer-style';
```

Kommen wir nun zu dem eigentlichen Trick, die Styles zur Laufzeit zu wechseln: Die besteht nämlich in der Bindung des jeweils aktuellen Style-Werts an unsere App-Oberfläche.

Und das ist in app.html schnell erledigt:

```
<div [class]="settings.style">
  <ion-menu [content]="content">
    ...
  </ion-menu>
  <ion-nav [root]="rootPage2" #content swipeBackEnabled="false"></ion-nav>
</div>
```

Wir packen den kompletten Inhalt von app.html in ein div-Tag
ein und umschließen damit sowohl das Seitenmenü als auch den
Contentbereich. Damit haben wir Zugriff auf die höchste Hierar-
chieebene unserer App. Dieser neuen div-Ebene weisen wir nun via

```
[class]="settings.style"
```

über das class-Attribut mittels Data Binding den aktuellen Style zu.
Das war's!

Fassen wir zusammen: Wir haben zwei Themes definiert und
diese unter src/theme jeweils in einer eigenen SCSS-Datei abgelegt
(azur-style.scss und summer-style.scss). In variables.scss haben wir diese
Themes importiert. In einer div-Ebene, die unsere App umschließt,
sorgt ein class-Attribut via Data Binding für den Wechsel der Themes/
Styles.

Der eigentliche Wechsel der Werte, wir erinnern uns, erfolgt
dadurch, dass der Anwender im Seitenmenü einen der beiden Ra-
dio-Buttons Azur-Style oder Summer-Style antippt. Die Buttons sind
über den Eintrag

```
<ion-list radio-group [(ngModel)]="settings.style">
```

an die Variable settings.style gebunden. Ändert sich deren Wert,
ändert sich der Klassenname im div-Tag. Dies wiederum führt zum

Neurendern der gesamten App auf Basis des zugehörigen Themes.

Hier nun das Ergebnis unserer Arbeit: eine App mit wechselbaren Styles!

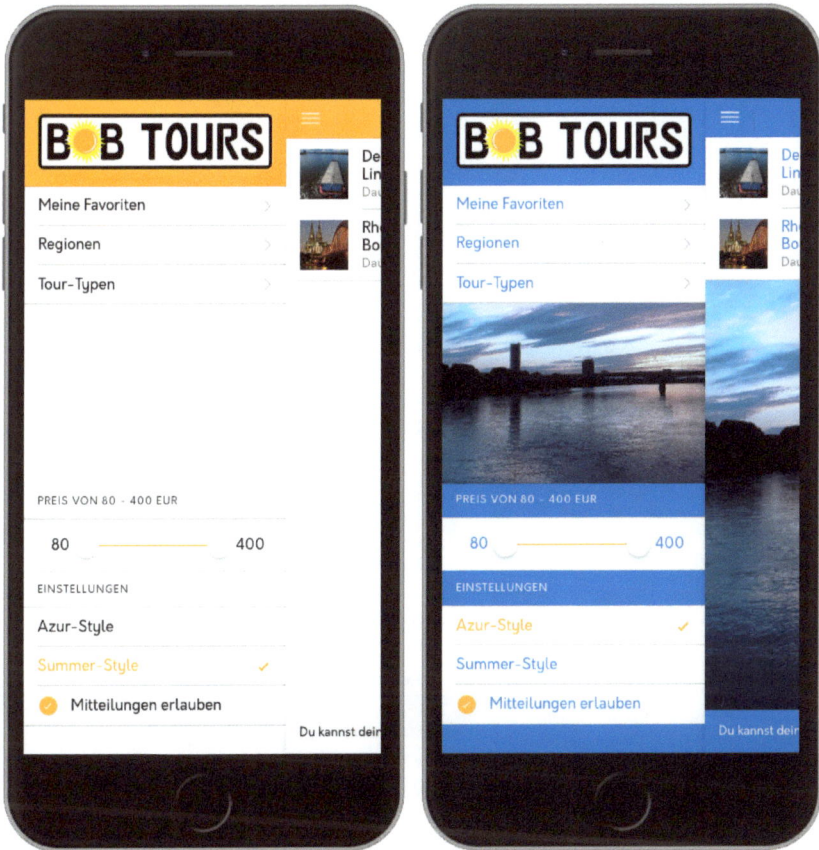

Die Änderung der Style-Klasse zur Laufzeit kannst du auch in Chrome über die Entwicklertools > Elements verfolgen.

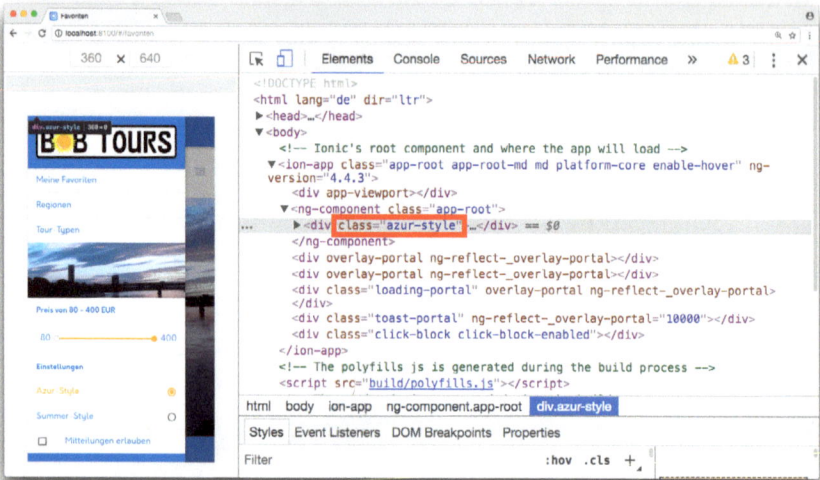

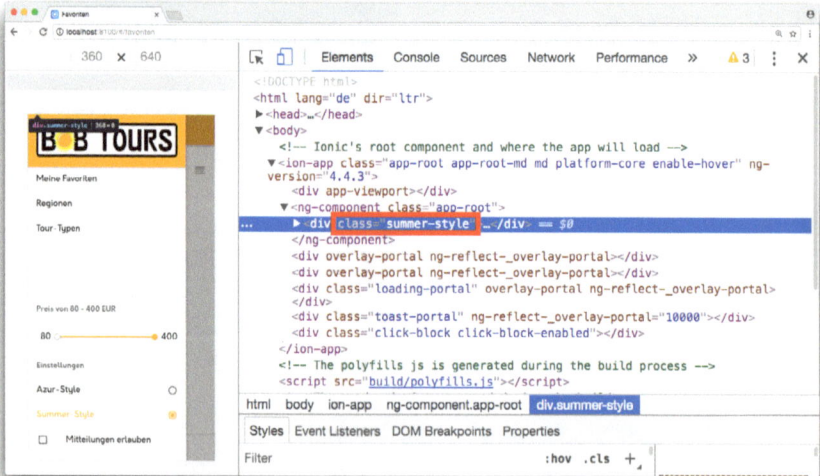

UI-DESIGN FÜR

TABLETS (SPLITPANE)

RESPONSIVE DESIGN IST PFLICHT! Das sollte nicht nur für Websites gelten, sondern auch für Apps. Leider finden sich aber in den Stores noch immer Apps, die auf dem Tablet wie ein Mäusekino wirken. Das wird mit unserer App nicht passieren, denn mit Ionic ist es ganz einfach, unsere App auf die großen Bühnen von iPads & Co zu bringen.

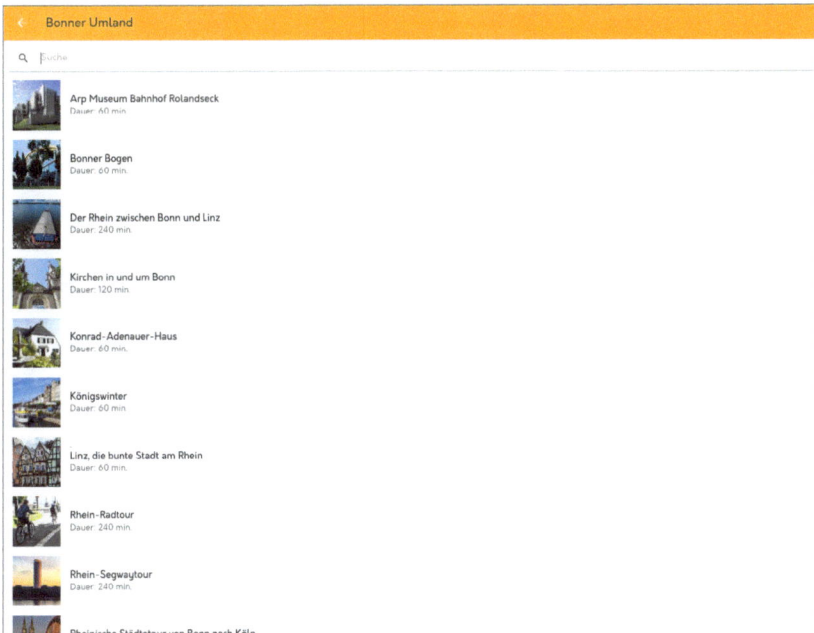

Dabei macht unsere App schon jetzt - ohne weiteres Zutun - eine passable Figur auf einem Tablet. Aber das lässt sich noch optimieren, denn man sieht in der vorstehenden Abbildung, dass es eine Menge ungenutzten Platz gibt.

Das Ionic-Zauberwort für unser Vorhaben heißt SplitPane.

Ein SplitPane macht es möglich, ein so genanntes Multi-View-Layout zu realisieren: Menü links, Inhalt rechts. Dabei wird dieses Layout erst „ausgepackt", wenn eine bestimmte Darstellungsfläche verfügbar ist. Mit anderen Worten: ein SplitPane ist dynamisch. Hat es genug Fläche (wie beim Tablet oder einer Website), dann zeigt es mehrere Bereiche einer App zugleich an, ist die Fläche klein (wie beim Smartphone), bleibt es bei einer einfachen Darstellung. Wo genau die Grenze zwischen Klein und Groß liegt? Dazu kommen wir gleich noch.

Nun zur Umsetzung. In app.html ergänzen wir folgendes:

```html
<div [class]="settings.style">
  <ion-split-pane>
    <ion-menu [content]="content">
      ...
    </ion-menu>
    <ion-nav [root]="rootPage" main
             #content swipeBackEnabled="false"></ion-nav>
  </ion-split-pane>
</div>
```

Unmittelbar nach dem öffnenden sowie unmittelbar vor dem schließenden div-Tag platzieren wir den ion-split-pane-Tag. Zusätzlich kennzeichnen wir den ion-nav-Bereich (unseren Inhaltsbereich) mit main. Das ist wichtig, sonst bleibt der Inhaltsbereich leer.

Schauen wir uns das Ergebnis auf einem Tablet oder in Chrome mit aktivierten Entwicklertools in einer Tablet-Einstellung (hier iPad Pro) an:

Und anschließend im Format eines Smartphones (hier Galaxy S5):

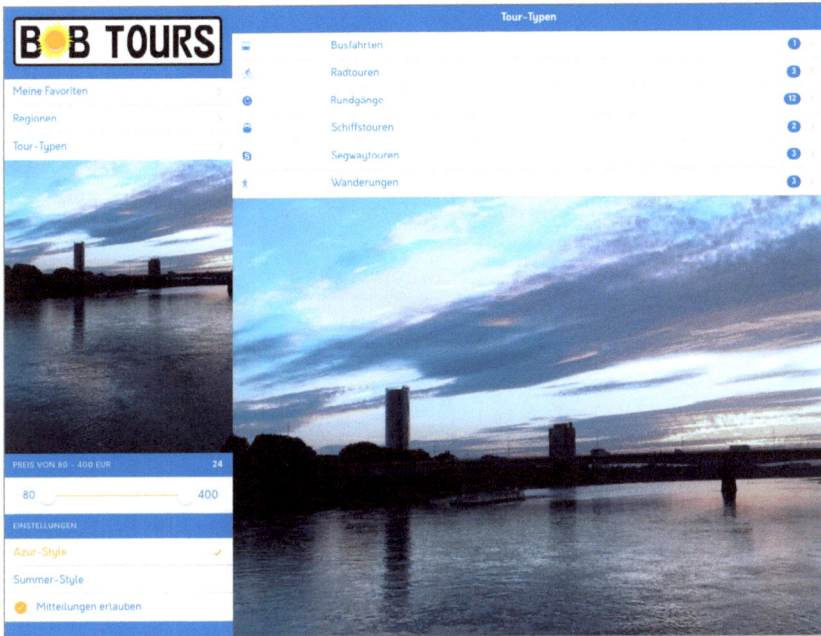

Unsere App passt sich dank SplitPane immer perfekt an. Kaum zu glauben, dass das so einfach geht, oder?

Der *Schwellenwert*, bei dem Ionic entscheidet, ob das SplitPane zur Anzeige kommt oder nicht, liegt standardmäßig bei 768 Pixeln Breite. Der Wert funktioniert ganz gut mit unserer App.

Wenn du das aber anpassen möchtest, kannst du das when-Attribut verwenden und zum Beispiel folgendes eingeben:

```
<ion-split-pane when="min-width(500)">
```

Das when-Attribut kann auch mit einer der folgenden vordefinierten Medien-Abfragen verwendet werden:

Größe	Wert	Beschreibung
xs	(min-width: 0px)	Zeigt das SplitPane bei einer minimalen Breite von 0 Pixeln (also immer).
sm	(min-width: 576px)	Zeigt das SplitPane bei einer minimalen Breite von 576 Pixeln.
md	(min-width: 768px)	Zeigt das SplitPane bei einer minimalen Breite von 768 Pixeln (Standard).
lg	(min-width: 992px)	Zeigt das SplitPane bei einer minimalen Breite von 992 Pixeln.
xl	(min-width: 1200px)	Zeigt das SplitPane bei einer minimalen Breite von 1200 Pixeln.

Weitere Infos zum SplitPane findest du hier:

▶ https://ionicframework.com/docs/api/components/split-pane/SplitPane/

Einen kleinen Schönheitsfehler hat unsere App noch: Die Badge-Zahlen, die die jeweilige Anzahl der verfügbaren Touren anzeigen, erscheinen und aktualisieren sich erst, wenn wir einen Range-Button verschieben. Das wollen wir optimieren, indem wir die Filter-Logik aus den beiden Seiten Regionen und Tour-Typen herausnehmen und in bob-tours-service.ts zentralisieren und dort auch initialisieren.

In regionen.ts löschen wir die nachfolgend auskommentierten Zeilen:

```
import ...

@IonicPage()
@Component({
  selector: 'page-regionen',
  templateUrl: 'regionen.html',
})
export class RegionenPage {

  // regionen: any;

  constructor(public navCtrl: NavController,
              public navParams: NavParams,
              private btService: BobToursServiceProvider) {}

  /* ionViewDidLoad() {
    this.regionen = this.btService.regionen;
    this.regionen.forEach(region => {
      let touren = _.filter(this.btService.touren, ['Region', region.ID]);
      region['Anzahl'] = touren.length;
    });
  } */

  showTourListe(region) {
    ...
  }
}
```

Entsprechend löschen wir auch die hier auskommentierten Zeilen in tour-typen.ts:

```
import ...

@IonicPage()
@Component({
  selector: 'page-tour-typen',
  templateUrl: 'tour-typen.html',
})
export class TourTypenPage {

  //tourtypen: any;


  constructor(public navCtrl: NavController,
              public navParams: NavParams,
              private btService: BobToursServiceProvider) {}

  /* ionViewDidLoad() {
    this.tourtypen = this.btService.tourtypen;
     this.tourtypen.forEach(typ => {
      let touren = _.filter(this.btService.touren, ['Tourtyp', typ.ID]);
      typ['Anzahl'] = touren.length;
    });
  } */

  showTourListe(tourtyp) {
    ...
  }
}
```

In regionen.html ändern wir

```
<button ion-item *ngFor="let region of regionen"
```

ab in

```
<button ion-item *ngFor="let region of btService.regionen"
```

In tour-typen.html ändern wir

```
<button ion-item *ngFor="let tourtyp of tourtypen"
```

ab in

```
<button ion-item *ngFor="let tourtyp of btService.tourtypen"
```

In bob-tours-service.ts ergänzen wir folgendes:

```
import ...


@Injectable()
export class BobToursServiceProvider {

  public regionen: any;
  public tourtypen: any;
  public touren: any;
  public alle_touren: any;


  ...


  constructor(...)


  public async initializeService() ...
  getRegionen() ...
  getTourtypen() ...
  getTouren() ...


  // Lese alle 'Touren' und aktualisiere 'Favoriten'.
  getTourenAndFavoriten() {
    this.getTouren().subscribe( data => {
      this.touren = data;
      this.alle_touren = data;
      this.filterTouren();
      this.favService.init(this.alle_touren);
    });
  }
```

```
// Filtere Touren über einen Preisbereich
   und gib die Anzahl der Treffer zurück.
filterTouren( preis = {lower: 80, upper: 400} ):number {
  this.touren = _.filter(this.alle_touren, function(tour) {
    return tour.PreisD >= preis.lower && tour.PreisD <= preis.upper;
  });
  this.regionen.forEach(region => {
    let r_touren = _.filter(this.touren, ['Region', region.ID]);
    region['Anzahl'] = r_touren.length;
  });
  this.tourtypen.forEach(typ => {
    let t_touren = _.filter(this.touren, ['Tourtyp', typ.ID]);
    typ['Anzahl'] = t_touren.length;
  });
  return this.touren.length;
  }
}
```

Wie zuvor angekündigt, haben wir nun die gesamte Filter-Logik im Service-Provider bob-tours-service.ts zentralisiert. Die Regionen und Tourtypen holen wir uns ohne Umwege mit

```
<button ion-item *ngFor="let region of btService.regionen"
```

und

```
<button ion-item *ngFor="let tourtyp of btService.tourtypen"
```

direkt aus dem Service-Provider ab. Dort wiederum finden sich in der Funktion filterTouren die vormals in regionen.ts und tour-typen.ts platzierten Filterfunktionen wieder, die hier nun im Anschluss an eine (eventuelle) Preisfilterung ausgeführt werden.

Um alle Variablen mit Ausgangswerten zu versorgen, rufen wir filterTouren() innerhalb von initializeService() mit der Funktion getTourenAndFavoriten() erstmals auf. Die Vorbelegung des `preis`-Parameters in `filterTouren()` mit der unteren und oberen Preisgrenze

```
filterTouren( preis = {lower: 80, upper: 400} ):number {
```

sorgt dafür, dass beim Start der App bereits die richtigen Zahlen angezeigt werden.

In diesem Kapitel hast du gelernt, wie man über einfaches Theming mit SCSS-Dateien in Ionic bereits beachtliche Design-Anpassungen an einer App vornehmen kann. Fonts und SVG-Grafiken lassen sich einfach einbetten, ja sogar Animationen sind möglich. Wir haben auch ein dynamisches Theming realisiert. Und mit der SplitPane-Komponente haben wir mühelos ein responsives Layout auch für Tablets bzw. den Desktop gestaltet.

8 | Ionic Native

Allgemeines

E INER DER WEITESTVERBREITETEN IRRTÜMER ZU
IONIC ist der, dass man als App-Entwickler keinen Zugriff
auf dieselben Native-SDK-Funktionen hat wie native Apps.
Das ist nicht richtig!

Mit Ionic Native hast du den kompletten nativen Zugriff auf die Hardware eines mobilen Endgeräts. Fotografieren mit der Kamera, sich mit anderen Geräten über Bluetooth verbinden, Authentifizierung über den Fingerabdruckscanner - das alles und vieles mehr ist möglich.

Ionic Native ist eine TypeScript-Hülle für Cordova/Phone Gap-Plugins und macht es uns einfach, beliebige native Funktionalitäten in unsere App zu integrieren.

Weitere Informationen zu Ionic Native sowie ein vollständiges Repository mit allen aktuellen nativen Plugins findest du hier:

▶ https://ionicframework.com/docs/native/

Geolocation

D AS PLUGIN GEOLOCATION liefert Informationen über den Standort eines Endgeräts wie Längen- und Breitengrad. Dabei werden Global Positioning System (GPS), Netzwerkinfos wie die IP-Adresse, RFID, WiFi und Bluetooth MAC-Adressen, sowie GSM/CDMA Zellen-IDs herangezogen, um ein möglichst genaues Ergebnis zu erzielen.

Wir wollen dieses Plugin in unserer App nutzen, um den Anwender-Standort zu ermitteln. Mit Hilfe der ermittelten Koordination soll später eine Routenplanung zum Ausgangspunkt einer angebotenen Tour möglich sein.

Zuerst installieren wir die Plugins von Cordova und Ionic Native via Terminal:

```
ionic cordova plugin add cordova-plugin-geolocation
```

```
npm install --save @ionic-native/geolocation
```

Als nächstes müssen wir Geolocation auch in app.modules.ts importieren und als Provider eintragen:

```
import ...
import { Geolocation } from '@ionic-native/geolocation';

@NgModule({
  declarations: [
    MyApp,
    LogoComponent
  ],
  imports: [
    ...
  ],
  bootstrap: [IonicApp],
  entryComponents: [
    MyApp
  ],
  providers: [
    StatusBar,
    SplashScreen,
    {provide: ErrorHandler, useClass: IonicErrorHandler},
    BobToursServiceProvider,
    FavoritenServiceProvider,
    StylesProvider,
    Geolocation
  ]
})
export class AppModule {}
```

Bevor wir das Plugin nutzen, wollen wir noch ein paar Vorbereitungen treffen. Diese bestehen darin, eine neue Seite namens
Karte hinzuzufügen und diese Seite über die Optionen der Details-Seite
aufrufbar zu machen.

Beginnen wir mit dem Erstellen der neuen Seite Karte via Terminal:

```
ionic g page karte
```

In der Datei karte.ts codieren wir (zunächst) folgendes:

```
import { Component } from '@angular/core';
import { IonicPage, NavController, NavParams, ViewController } ⤶
       from 'ionic-angular';

@IonicPage()
@Component({
  selector: 'page-karte',
  templateUrl: 'karte.html',
})
export class KartePage {

  constructor(public navCtrl: NavController,
              public navParams: NavParams,
              private viewCtrl: ViewController) {}

  // Route planen
  planeRoute() {

  }

  // Anwender hat 'Schließen' angeklickt.
  schliessen() {
    this.viewCtrl.dismiss();
  }

}
```

Wir importieren ViewController und injizieren ihn über die Konstruktor-Variable viewCtrl. In der Funktion schliessen() können wir die Seite damit schließen, denn sie soll modal aufrufbar werden.

Die Funktion planeRoute() bleibt zunächst leer. Wir werden sie nach und nach mit Leben füllen.

Hier der Code zu karte.html:

```html
<ion-header>
  <ion-navbar>
    <ion-title>Karte</ion-title>
    <ion-buttons end>
      <button ion-button (click)="schliessen()">Schließen</button>
    </ion-buttons>
  </ion-navbar>
</ion-header>

<ion-content>
  <!-- Hier wird später eine Karte platziert. -->
</ion-content>

<ion-footer padding>
  <button ion-button block (click)="planeRoute()">Route planen</button>
</ion-footer>
```

Die Seite enthält einen Header mit dem Titel Karte und einem Schließen-Button. Der Inhaltsbereich ist (noch) leer. Die Fußzeile enthält einen Button Route planen.

Um die neue Seite in der App aufrufbar zu machen, ergänzen wir in details.ts folgendes:

```typescript
import ...

@IonicPage()
@Component({
  selector: 'page-details',
  templateUrl: 'details.html',
})
export class DetailsPage {

  ...


  constructor(...) {}
```

```
ionViewDidLoad() ...

// Blendet ein ActionSheet mit verschiedenen Optionen ein.
presentActionSheet() {
  let actionSheet = this.actionSheetCtrl.create({
    title: 'Tour',
    buttons: [
      {
        text: 'Anfragen',
        handler: () => {
          let modal = this.modalCtrl.create('AnfragePage', this.tour);
          modal.present();
        }
      },
      {
        text: 'Karte/Route',
        handler: () => {
          let modal = this.modalCtrl.create('KartePage', this.tour);
          modal.present();
        }
      },
      ...
    ]
  });
  actionSheet.present();
}

showConfirm() ...
toggleSocial() ...
openSocial(app) ...

}
```

Das Action Sheet der Details-Seite erhält damit eine weitere Option
Karte/Route, über die unsere neue Seite modal aufrufbar wird.

Testen wir, ob unsere Vorarbeiten erfolgreich waren: Von der Seite

Details aus rufen wir die Optionen auf und wählen Karte/Route aus.

Es erscheint nun die Seite Karte, die bis auf Kopf- und Fußbereich noch leer ist. Über Schließen kann die Karte ausgeblendet werden.

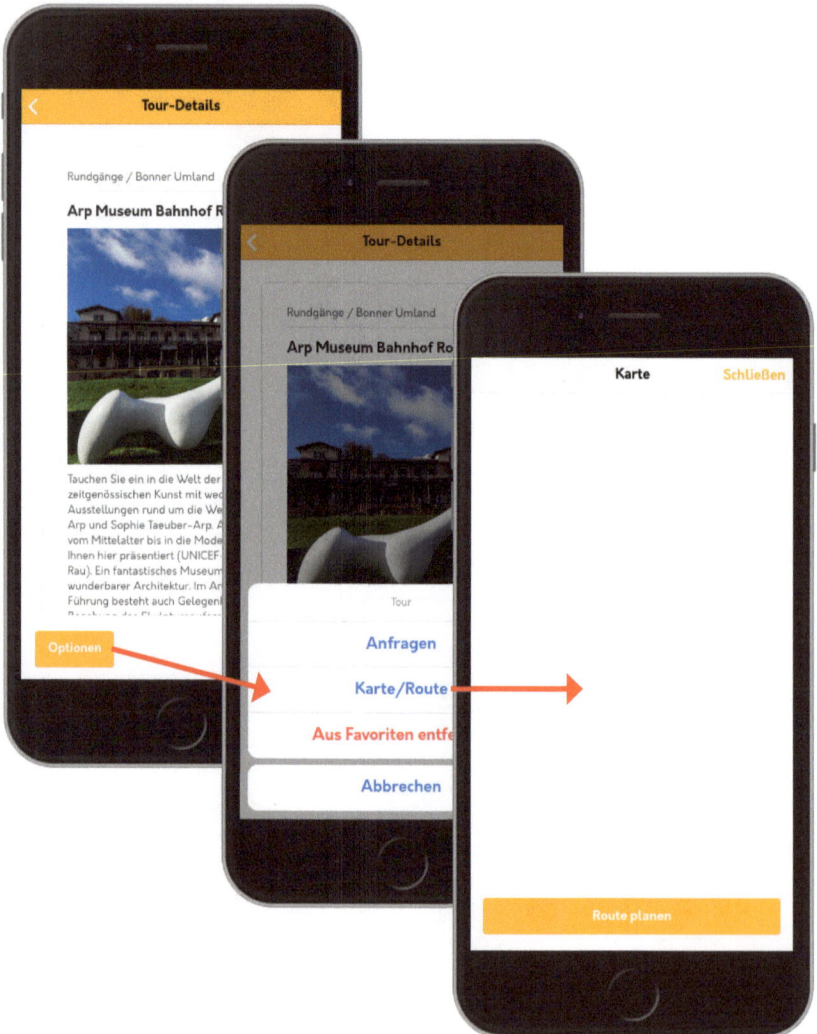

Implementieren wir nun Geolocation in karte.ts:

```
import ...
import { Geolocation } from '@ionic-native/geolocation';

...

export class KartePage {

  constructor(...

              private geolocation: Geolocation) {}

  // Route planen
  planeRoute() {
    this.geolocation.getCurrentPosition().then((resp) => {
      console.log(resp.coords.latitude, resp.coords.longitude);
    }).catch((error) => {
      console.log('Sorry, konnte Standort nicht ermitteln!', error);
    });
  }
  ...
}
```

Wir importieren Geolocation und injizieren das Plugin mit der Variablen geolocation im Konstruktor. In der Funktion planeRoute() rufen wir mit getCurrentPosition() den aktuellen Standort des Endgeräts ab. Da es sich um ein Promise handelt, können wir das Ergebnis (resp) mit then asynchron abholen. Im Erfolgsfall wird uns dann ein Koordinaten-Objekt (coords) auf der Konsole ausgegeben, das unter anderem die Eigenschaften Latitude (Breitengrad) und Longitude (Längengrad) besitzt.

Starten wir die App, wechseln zur Details-Seite, öffnen die Optionen, wählen wieder Karte/Route und tippen auf den Button Route planen, der ja die Funktion `planeRoute()` triggert.

Beim erstmaligen Abruf fragt uns der Browser, der Emulator oder das Endgerät, ob wir den Standort abfragen dürfen. Lassen wir das zu, werden wir nach etwas Wartezeit mit den ziemlich exakten Koordinaten unseres Standortes belohnt.

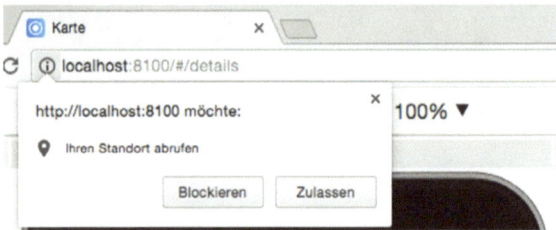

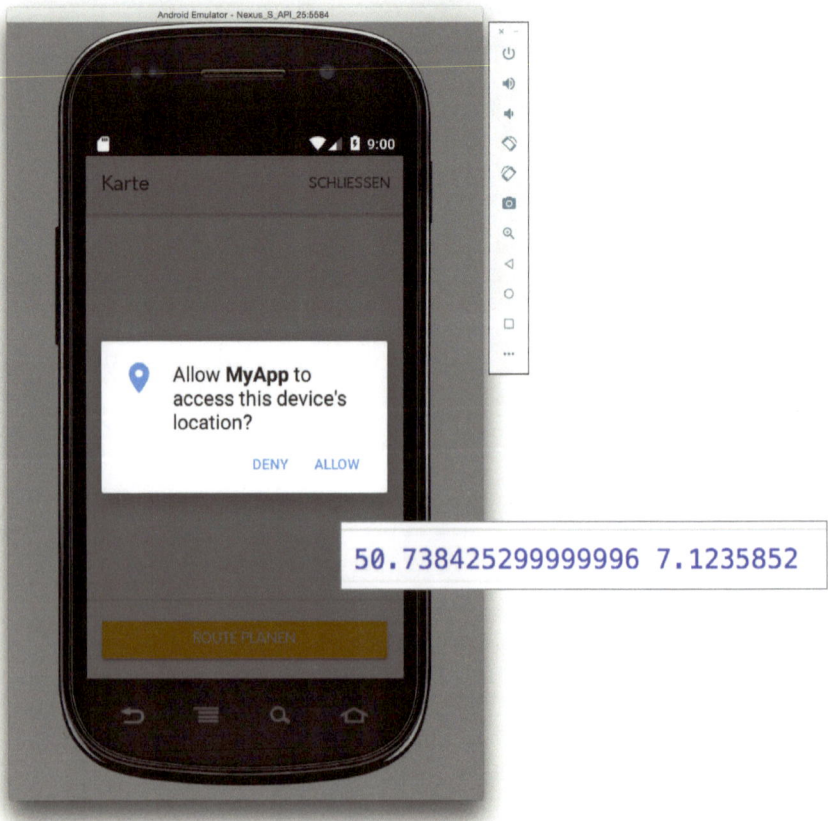

Wie nutzen wir den Standort jetzt für eine Routenplanung?

Das wollen wir uns im nächsten Abschnitt ansehen...

Weitere Infos zu Geolocation findest du jedenfalls hier:

▶   https://ionicframework.com/docs/native/geolocation/

Eine Map

für unsere

App

D A APPS AUF MOBILEN ENDGERÄTEN LAUFEN, sind sie natürlich ausgezeichnete Wegbegleiter und karten-basierte Anwendungsszenarien, die sich diesen Umstand zunutze machen können, sind schnell gefunden.

Natürlich gibt es auch für den Einsatz von Maps bzw. Karten ein natives Plugin in Ionic Native, nämlich Google Maps:

▶ https://ionicframework.com/docs/native/google-maps/

Sieht man sich die von diesem Plugin unterstützten Plattformen an, findet man (anders als bei Geolocation) hier jedoch nur Android und iOS, aber weder Browser noch Windows.

In unserer App haben wir aber den Anspruch, so viele Plattformen wie möglich zu unterstützen. Und das können wir auch. Jedoch müssen wir auf das Plugin verzichten und setzen statt dessen auf eine JavaScript-basierte Lösung mit der Google Maps JavaScript API:

▶   https://developers.google.com/maps/documentation/javascript/

Über den vorgenannten Link gelangst du auf die Dokumenta-
tionsseite der API. Zur Verwendung der API benötigst du einen
Schlüssel, den du über einen Klick oben auf den Button SCHLUESSEL
ANFORDERN erhältst. Zuvor musst du dich anmelden und ein Projekt
angeben. Wenn du dem Datenbank-Kapitel (siehe Kapitel "4 | Ser-
vices" ab Seite 58) gefolgt bis, hast du ein solches Projekt bereits.
Ansonsten musst du eines anlegen.

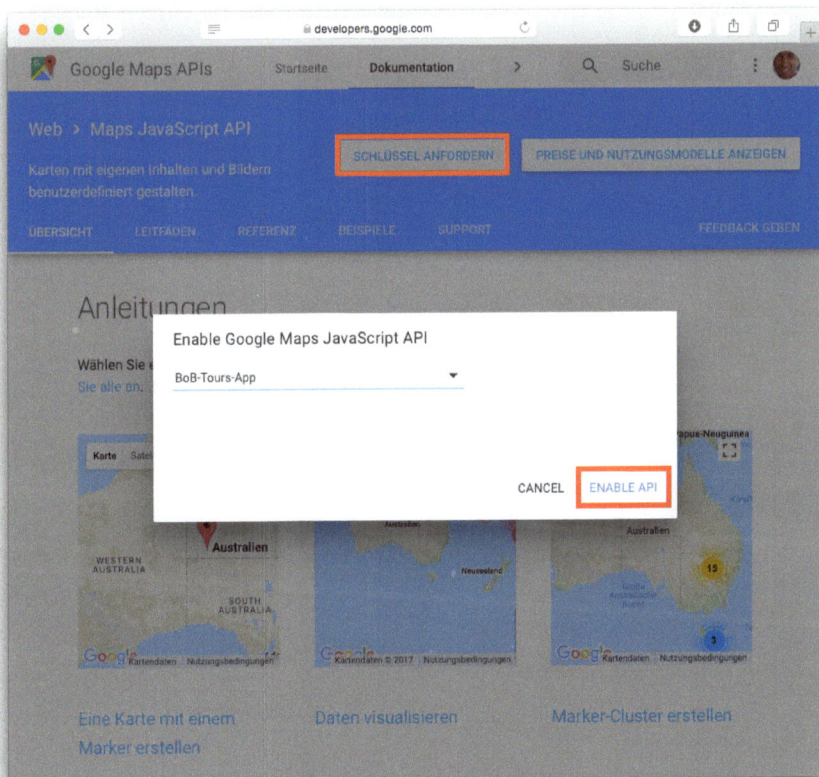

Mit Klick auf ENABLE API wird der Schlüssel (API KEY) generiert.

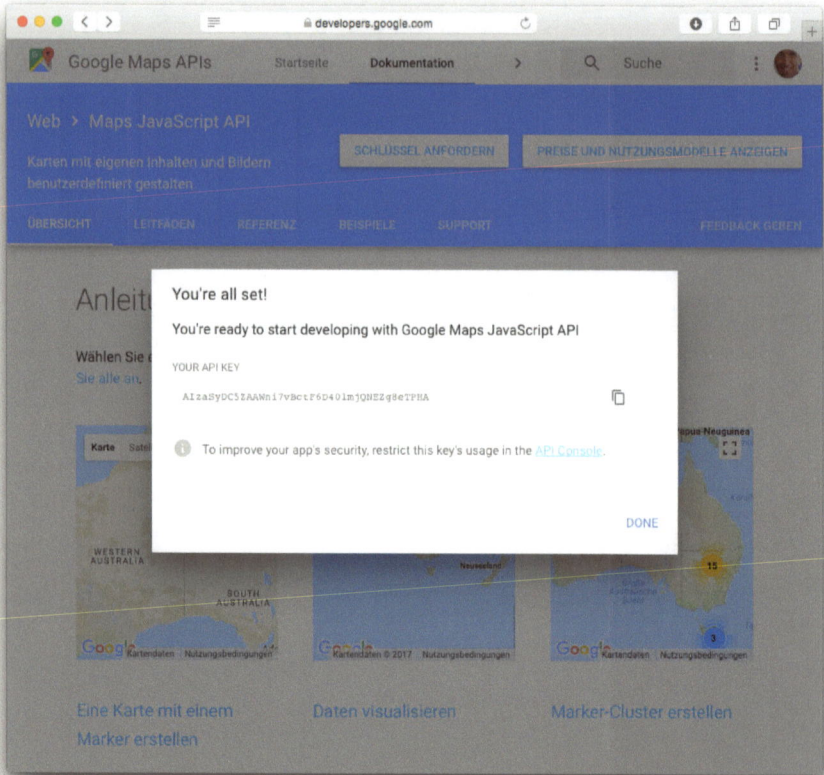

Kopiere deinen API KEY in die Zwischenablage und füge in die Datei index.html folgendes ein:

```html
<!DOCTYPE html>
<html lang="de" dir="ltr">
<head>
  ...
  <script src="https://maps.googleapis.com/maps/api/js?key=DEIN_API_KEY"
          async defer></script>
</head>
<body>
  ...
</body>
</html>
```

Mit diesem Script-Eintrag erhalten wir Zugriff auf die Google Maps JavaScript API und damit auf eine ganze Reihe nützlicher Map-Funktionen, wie wir gleich sehen werden. Das Attribut async legt hier fest, dass das Script (asynchron) ausgeführt wird, sobald es zur Verfügung steht. Mit dem Attribut defer sorgen wir dafür, dass unsere App erst vollständig gerendert wird, bevor das Script ausgeführt wird. Mit anderen Worten: Lade des Script asynchron (async), führe es jedoch nicht aus, bevor die Seite komplett dargestellt worden ist (defer).

Beginnen wir mit dem Aufbau von karte.html:

```html
<ion-header>
  <ion-navbar>
    <ion-title>Karte</ion-title>
    <ion-buttons end>
      <button ion-button (click)="schliessen()">Schließen</button>
    </ion-buttons>
  </ion-navbar>
</ion-header>


<ion-content>
  <div id="karte" [class.hidden]="!zeigeKarte"></div>
  <div id="beschreibung" padding [class.hidden]="zeigeKarte"></div>
</ion-content>


<ion-footer padding>
  <button ion-button block (click)="berechneRoute()"
          [class.hidden]="routeBerechnet">
    Route berechnen
  </button>
  <button ion-button block (click)="toggleAnzeige()"
          [class.hidden]="!routeBerechnet">
    Karte <ion-icon name="md-swap"></ion-icon> Beschreibung
  </button>
</ion-footer>
```

Die Seite Karte besteht, wie du siehst, aus einem Header-, Content- und Footer-Abschnitt. Im Header werden der Titel Karte sowie ein Schlie-ßen-Button angezeigt. Der Content enthält zwei div-Abschnitte, wo-von der eine Abschnitt als Container für die Kartendarstellung und der andere als Container für eine alternative Text-Beschreibung der Route vom aktuellen Standort zum Startpunkt der Tour dient. Im Footer findet ein Route berechnen-Button Platz, der nach erfolg-reich berechneter Route gegen einen Button mit der Beschriftung Karte <-> Beschreibung ausgewechselt wird.

Dazu das seitenspezifische Styling in karte.scss:

```scss
page-karte {

    #karte, #beschreibung {
        height: 100%; background-color: white;
    }

    .hidden {
        display: none;
    }

    td {
        font-family: 'Orkney'; font-weight: 400;
    }

    td.adp-substep b {
        font-weight: 800;
    }

    ion-icon {
        margin-left: 10px; margin-right: 10px;
    }

}
```

Die Höhe der div-Tags wird auf 100% festgelegt. Das ist wichtig, damit gleich überhaupt Karte und Beschreibung angezeigt werden Die Klasse .hidden steuert die Sichtbarkeit bzw. Unsichtbarkeit der div-Tags und Buttons. Dazu später mehr. Es folgen noch Anweisungen zur Formatierung der Textausgabe und etwas Abstand für das verwendete Icon.

Nun zur Programmierung der Funktionalität in karte.ts:

```typescript
import { Component } from '@angular/core';
import { IonicPage, NavController, NavParams, ViewController } ⤶
    from 'ionic-angular';
import { Geolocation } from '@ionic-native/geolocation';
import { LoadingController } from 'ionic-angular';


declare var google: any;


@IonicPage()
@Component({
  selector: 'page-karte',
  templateUrl: 'karte.html',
})
export class KartePage {

  tour: any;
  start: any;
  ziel: any;
  map: any;


  zeigeKarte: boolean = true;   // Karte (true), Beschreibung (false)
  routeBerechnet: boolean = false;


  constructor(public navCtrl: NavController,
              public navParams: NavParams,
              private viewCtrl: ViewController,
              private geolocation: Geolocation,
              private loadingCtrl: LoadingController) {}
```

```
// Seite laden.
ionViewDidLoad() {
  this.initMap();
  this.addZielMarker();
}


// Initialisere Karte mit Tour-Startpunkt im Zentrum
initMap() {
  this.tour = this.navParams.data;
  this.ziel = new google.maps.LatLng(this.tour.Startpunkt.Lat, ↵
                                     this.tour.Startpunkt.Lng);
  this.map = new google.maps.Map(document.getElementById('karte'), {
    center: this.ziel,
    zoom: 16,
    fullscreenControl: false
  });
}


// Fügt einen Marker an der Zielposition hinzu.
// Auf Klick erscheint zudem ein InfoWindow.
addZielMarker() {
  var iconSun = {
    url: "http://ionic3.andreas-dormann.de/img/sun-point.svg",
    scaledSize: new google.maps.Size(96,96)
  }
  var marker = new google.maps.Marker({
    position: this.ziel,
    map: this.map,
    icon: iconSun
  });
  var infoWindow = new google.maps.InfoWindow({
    content: '<h3>' + this.tour.Titel + '</h3>' +
             '<p>Tour-Adresse / Startpunkt:<br>' +
             this.tour.Startpunkt.Ort + '</p>',
    maxWidth: 200
  });
  marker.addListener('click', function() {
```

```
      infoWindow.open(this.map, marker);
   });
}


// Liefert via Geolocation den Standort als LatLng-Objekt zurück.
getStandort() {
   return new Promise(resolve => {
      this.geolocation.getCurrentPosition().then((resp) => {
         let standort = new google.maps.LatLng(resp.coords.latitude, ↵
                                        resp.coords.longitude);

         resolve(standort);
      });
   });
}


// Route berechnen
async berechneRoute() {

   let loader = this.loadingCtrl.create({content: "Route berechnen..."});
   loader.present();


   await this.getStandort().then(data => this.start = data);


   var directionsDisplay = new google.maps.DirectionsRenderer({
      suppressMarkers: true
   });
   directionsDisplay.setMap(this.map);
   directionsDisplay.setPanel(document.getElementById('beschreibung'));


   var directionsService = new google.maps.DirectionsService();
   directionsService.route({
      origin: this.start,
      destination: this.ziel,
      travelMode: 'DRIVING'
   },
   function(result, status) {
      if (status == 'OK') {
```

```
        directionsDisplay.setDirections(result);
    }
  });


  this.routeBerechnet = true;
  this.addStartMarker();
  loader.dismiss();


}


// Fügt Marker an der Startposition der Route hinzu.
addStartMarker() {
  var iconSun = {
    url: "http://ionic3.andreas-dormann.de/img/car-point.svg",
    scaledSize: new google.maps.Size(96,96)
  }
  var marker = new google.maps.Marker({
    position: this.start,
    map: this.map,
    icon: iconSun
  });
}


// Umschalten zwischen Karte und Beschreibung.
toggleAnzeige() {
  this.zeigeKarte = !this.zeigeKarte;
}


// Anwender hat 'Schließen' angeklickt.
schliessen() {
  this.viewCtrl.dismiss();
}


}
```

Zuerst deklarieren wir mit

```
declare var google: any;
```

eine globale Variable `google`. Die brauchen wir, um auf die Funktionen der Google Maps JavaScript API zugreifen zu können.

Des weiteren definieren wir innerhalb der Klasse die Variablen:

```
tour: any;
start: any;
ziel: any;
map: any;


zeigeKarte: boolean = true;  // Karte (true), Beschreibung (false)
routeBerechnet: boolean = false;
```

Nachdem die Seite geladen wurde, rufen wir mit

```
// Seite ist geladen: Map initialisieren und Marker anzeigen.
ionViewDidLoad() {
  this.initMap();
  this.addZielMarker();
}
```

zwei Funktionen auf. Diese schauen wir uns nun etwas genauer an. Beginnen wir mit `initMap()`:

```
// Initialisiere Karte mit Tour-Startpunkt im Zentrum
initMap() {
  this.tour = this.navParams.data;
  this.ziel = new google.maps.LatLng(this.tour.Startpunkt.Lat, ↵
                              this.tour.Startpunkt.Lng);
  this.map = new google.maps.Map(document.getElementById('karte'), {
    center: this.ziel,
    zoom: 16,
    fullscreenControl: false
  });
}
```

Zunächst übernehmen wir in die Variable `tour` die Tourdaten, die uns `navParams.data` aus der Details-Seite übergeben hat. Jede Tour besitzt die Eigenschaft `Startpunkt`, die wir uns an dieser Stelle einmal in der Datenbank anschauen wollen:

```
bob-tours-app  ›  Touren  ›  0

0
    ├── Beschreibung: "Erhalten Sie einen spannenden Überblick über di..."
    ├── Bild: "city.jpg"
    ├── Dauer: 60
    ├── Gruppengroesse: 25
    ├── ID: 1
    ├── PreisD: 80
    ├── PreisF: 90
    ├── Region: "BN"
    ├── Startpunkt
    │       ├── Lat: "50.735027"
    │       ├── Lng: "7.103140"
    │       └── Ort: "Markt 2, 53111 Bonn"
    ├── Titel: "Stadtrundgang Bonn"
    └── Tourtyp: "RG"
```

`Lat` enthält die Breitengrad- und `Lng` die Längengrad-Information des Startpunktes einer Tour. Mit diesen Koordinaten können wir über

```
this.ziel = new google.maps.LatLng(this.tour.Startpunkt.Lat,
                                   this.tour.Startpunkt.Lng);
```

ein `LatLng`-Objekt erzeugen. Mit dieser Ziel-Information können wir nun unsere Karte erstellen. Dies geschieht mit

```
this.map = new google.maps.Map( ... )
```

Das neue `Map`-Objekt erwartet zwei Parameter:

1. eine Element-Referenz und

2. Optionen.

Die Element-Referenz gibt dem `Map`-Objekt mit

```
document.getElementById('karte')
```

den Bereich der App an, in den die Karte gezeichnet (gerendert) werden soll. Wenn du in den HTML-Code von karte.html schaust, findest du diesen Bereich in unserem `div`-Tag mit der `id=karte`.

Die Optionen als zweiter Parameter legen hier folgende Vorgaben für die Karte fest:

```
center: this.ziel
```

Der anzuzeigende Kartenausschnitt wird so dargestellt, dass das Ziel, also unser Tour-Startpunkt, in der Mitte liegt.

```
zoom: 16
```

Damit wird der Zoomfaktor der Karte festgelegt. Möglich sind hier laut Googles Dokumentation bei Straßenkarten maximale Werte zwischen 18–22.

```
fullscreenControl: false
```

schließlich blendet das - ansonsten standardmäßig eingeblendete - Symbol zur Vollbildvergrößerung einer Karte aus. Die Funktion macht im Kontext unserer App, zumal die Karte in einer Modal-Komponente angezeigt wird, keinen Sinn.

Kommen wir zur zweiten Funktion, die nach dem Laden der Seite ausgeführt wird, nämlich `addZielMarker()`. Zunächst definieren wir mit

```
var iconSun = {
    url: "http://ionic3.andreas-dormann.de/img/sun-point.svg",
    scaledSize: new google.maps.Size(96,96)
}
```

unser eigenes Marker-Icon. Das holen wir uns aus der vorstehenden URL und skalieren es auf 96 x 96 Pixel. Mit

```
var marker = new google.maps.Marker({
    position: this.ziel,
    map: this.map,
    icon: iconSun
});
```

erstellen wir den Marker. Ihm übergeben wir die Position, die natürlich unsere Ziel-Koordinate ist, die Map, auf die der Marker gezeichnet werden soll und das zuvor definierte Icon.

Beim Antippen des Markers soll ein selbst definiertes Info-Fenster angezeigt werden. Das realisieren wir mit den folgenden Zeilen:

```
var infoWindow = new google.maps.InfoWindow({
    content: '<h3>' + this.tour.Titel + '</h3>' +
             '<p>Tour-Adresse / Startpunkt:<br>' +
             this.tour.Startpunkt.Ort + '</p>',
    maxWidth: 200
});
```

Wie du siehst, können wir der Eigenschaft `content` frei definierten HTML-Code zuweisen. Die maximale Breite des Info-Fensters legen wir mit `maxWidth` auf 200 Pixel fest.

Schließlich erstellen wir mit

```
marker.addListener('click', function() {
    infoWindow.open(this.map, marker);
});
```

einen Event-Handler, der auf ein Anklicken bzw. Antippen des Markers durch Öffnen des Info-Fensters reagiert.

Fassen wir die bisherige Funktionalität zusammen: Nach dem Laden der Seite (ionViewDidLoad) wird die Karte initialisiert (initMap()), wobei als Kartenmitte der Startpunkt der Tour festgelegt wird. Zudem wird an diesem Punkt ein Symbol-Marker erzeugt (addZielMarker()), der beim Anklicken ein selbst gestaltetes Info-Fenster öffnet.

Das schauen wir uns nun in der App an...

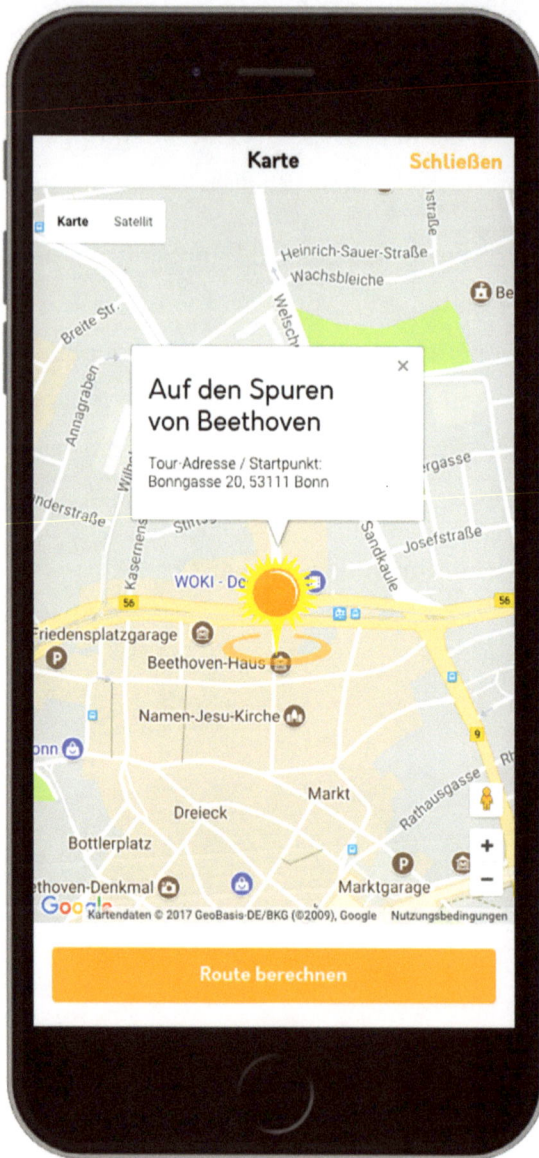

Wie der Button `Route berechnen` (und der Code in karte.ts) verrät, kann unsere Karte ja noch mehr, nämlich vom aktuellen Standort bis zum Startpunkt der Tour eine Route berechnen.

Mit der Funktion

```
// Liefert via Geolocation den Standort als LatLng-Objekt zurück.
getStandort() {
  return new Promise(resolve => {
    this.geolocation.getCurrentPosition().then((resp) => {
      let standort = new google.maps.LatLng(resp.coords.latitude, ⤶
                                            resp.coords.longitude);

      resolve(standort);
    });
  });
}
```

ermitteln wir den Standort. Du siehst hier unser am Kapitelbeginn vorgestelltes natives Plugin Geolocation (Abschnitt "Geolocation" ab Seite 265) im Einsatz, das uns die erforderlichen Daten liefert. Wie wir bereits wissen, dauert die Ermittlung der Daten ein wenig, weshalb ich diese Funktion als Promise realisiert habe. Dazu gleich mehr.

Die Berechnung der Route findet in

```
async berechneRoute()
```

statt. Dort beginnen wir mit

```
let loader = this.loadingCtrl.create({content: "Route berechnen..."});
loader.present();
```

und zeigen mit einer Loader-Komponente an, dass eine mehr oder wenige zeitintensive Aktion startet.

Dann rufen wir mit

```
await this.getStandort().then(data => this.start = data);
```

den Standort ab. Nun erkennst du auch den Sinn darin, warum ich getStandort() als Promise realisiert habe. Mit await in Verbindung mit der Deklaration von berechneRoute als async-Funktion können (und müssen) wir auf das Ergebnis der Standort-Ermittlung warten, bevor wir mit der Ausführung des weiteren Codes fortfahren.

Mit

```
var directionsDisplay = new google.maps.DirectionsRenderer({
    suppressMarkers: true
});
```

erzeugen wir einen DirectionsRenderer. Den brauchen wir, damit wir eine Route auf der Karte einzeichnen (rendern) können. Dabei legen wir fest, dass die üblichen Standard-A-/B-Marker nicht angezeigt werden sollen, denn wir wollen nur unsere eigenen Icon-Marker verwenden.

In der Zeile

```
directionsDisplay.setMap(this.map);
```

weisen wir den DirectionsRenderer unserer Karte zu. Mit

```
directionsDisplay.setPanel(document.getElementById('beschreibung'));
```

legen wir fest, dass die alternative Bereitstellung der Route als Beschreibung im Textformat in karte.html an den div-Abschnitt mit der id=beschreibung ausgegeben werden soll.

Die vorangegangenen Zeilen dienten zur Vorbereitung der Ausgabe der Route. Der eigentliche Berechnungsteil einer Route folgt mit

```javascript
var directionsService = new google.maps.DirectionsService();
directionsService.route({
  origin: this.start,
  destination: this.ziel,
  travelMode: 'DRIVING'
},
function(result, status) {
  if (status == 'OK') {
    directionsDisplay.setDirections(result);
  }
});
```

Die Routen-Berechnung erledigt der sogenannte DirectionsService, den wir hier mit der Methode route() starten. An diese Methode übergeben wir zunächst einige Optionen, nämlich den Anfang der Route (origin), das Ende der Route (destination) und das Verkehrsmittel (travelMode).

Als Verkehrsmittel können ausgewählt werden:

DRIVING (Standardeinstellung): Wegbeschreibungen unter Verwendung des Straßennetzes.

BICYLING: Wegbeschreibungen unter Verwendung von Radwegen und bevorzugten Straßen.

TRANSIT: Wegbeschreibungen unter Verwendung von öffentlichen Verkehrsmitteln.

WALKING: Wegbeschreibungen unter Verwendung von Fußwegen (sofern verfügbar).

Weitere Infos zum DirectionsService findest du hier:

▶ https://developers.google.com/maps/documentation/javascript/
directions

Nach den Optionen erwartet die Methode route() die Auswertung
einer Callback-Funktion. Wir prüfen darin den Parameter status.
Ist dieser OK, weisen wir das Ergebnis der Routenberechnung an
directionsDisplay zur Anzeige zu.

Mit den Zeilen

```
this.routeBerechnet = true;
this.addStartMarker();
loader.dismiss();
```

setzen wir die Variable routeBerechnet auf true (diese steuert das
Umschalten der Buttons in der Fußzeile). Wir fügen mit addStart-
Marker() einen weiteren Marker ein und beenden die Loader-An-
zeige.

Hier die Funktion addStartMarker():

```
// Fügt Marker an der Startposition der Route hinzu.
addStartMarker() {
  var iconCar = {
    url: „http://ionic3.andreas-dormann.de/img/car-point.svg",
    scaledSize: new google.maps.Size(96,96)
  }
  var marker = new google.maps.Marker({
    position: this.start,
    map: this.map,
    icon: iconCar
  });
}
```

Wie du siehst, ist sie ähnlich wie `addZielMarker()` aufgebaut, verzichtet aber auf ein eigenes Info-Fenster. Ich gehe schließlich davon aus, dass du bei der Nutzung unserer App auch *so* weißt, wo sich dein aktueller Standort gerade befindet ;-)

Nun wird es Zeit, die Routen-Berechnung in Aktion zu sehen.

Etwas Geduld...

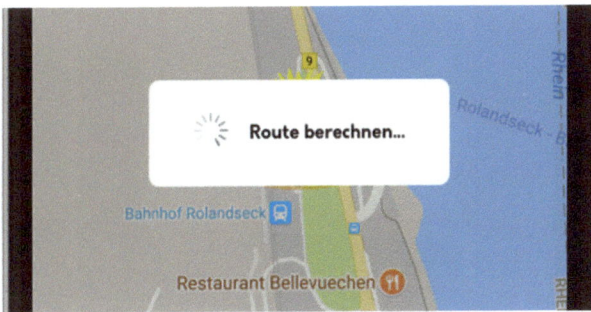

und fertig ist die Route!

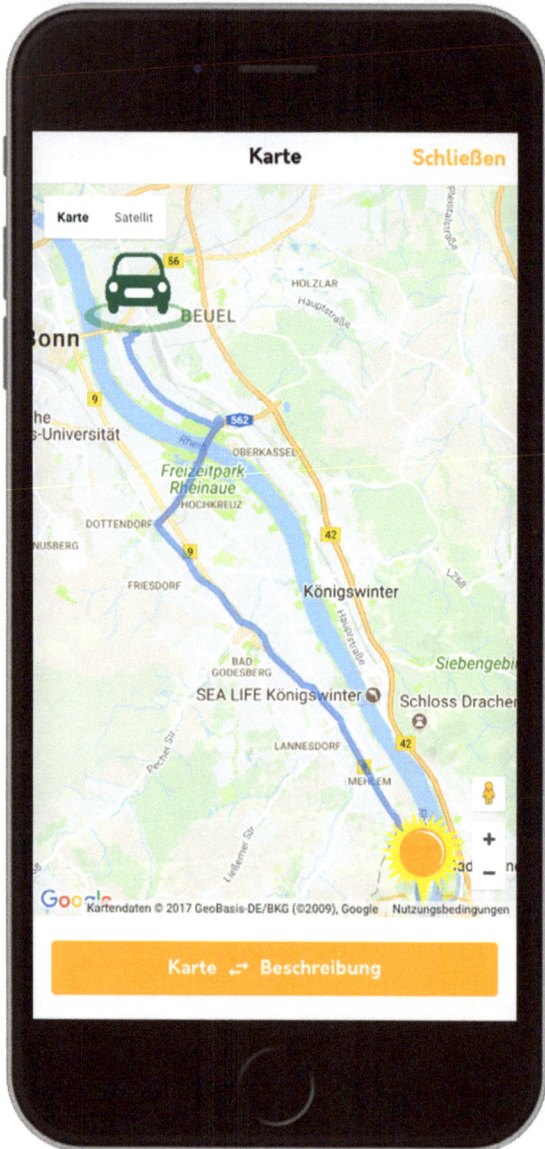

Wie angekündigt, wurde nach der Berechnung der Button `Rou-te berechnen` durch den Button `Karte <-> Beschreibung` ausgetauscht. Dafür sorgt die Variable `routeBerechnet`, die anfangs `false` ist und nach der Berechnung auf `true` gesetzt wird (siehe `berechneRoute()`). Diese Variable ist in `karte.html` über `[class.hidden]` an die beiden Buttons in der Fußzeile gebunden. Schauen wir uns das noch einmal an:

```
<button ion-button block (click)="berechneRoute()" ⤶
        [class.hidden]="routeBerechnet" >
    Route berechnen
  </button>
  <button ion-button block (click)="toggleAnzeige()" ⤶
        [class.hidden]="!routeBerechnet" >
    Karte &lt;-&gt; Beschreibung
  </button>
</button>
```

`[class.hidden]` sagt: Wenn der mir zugewiesene Ausdruck wahr (`true`) ist, dann füge ich dem Element die (weitere) Klasse `hidden` hinzu. Ist der Ausdruck falsch (`false`), entferne ich die Klasse `hidden`.

Was optisch passiert, wenn ein Element die Klasse `hidden` besitzt, haben wir (du erinnerst dich) in `karte.scss` so definiert:

```
.hidden {
    display: none;
}
```

Ein Element wird dann verborgen. So realisieren wir, dass der Button `Route berechnen` verborgen wird, sobald die Variable `routeBerechnet true` und damit der Button `Karte <-> Beschreibung` angezeigt wird.

Schauen wir uns abschließend die Funktion `toggleAnzeige()` an:

```
// Umschalten zwischen Karte und Beschreibung.
toggleAnzeige() {
  this.zeigeKarte = !this.zeigeKarte;
}
```

Nicht spektakulär: Wir setzen die Variable `zeigeKarte` (mit dem Anfangswert `true`) mit jedem Klick auf den Button `Karte <-> Be-schreibung` abwechselnd auf `false` und `true`. Warum?

Nun, hier passiert auch so ein `[class.hidden]`-Ding. Schauen wir dazu noch einmal in `karte.html` hinein:

```
<ion-content>
  <div id="karte" [class.hidden]="!zeigeKarte" ></div>
  <div id="beschreibung" padding [class.hidden]="zeigeKarte" ></div>
</ion-content>
```

Zuerst wird der `div`-Abschnitt mit der `id=karte` angezeigt. Das sehen wir die ganze Zeit ja schon. Schließlich haben wir uns die Karte schon ein paar Mal ansehen können.

Jetzt steht uns aber der Button `Karte <-> Beschreibung` zur Verfügung, mit dem wir die Variable `zeigeKarte` auf `false` umschalten können. Damit wird dann endlich der `div`-Abschnitt mit der `id=be-schreibung` sichtbar (und die Karte zugleich unsichtbar). Und was gibt's da noch gleich zu sehen? Richtig: die Beschreibung der Route in Textform. Die hatten wir in `karte.ts` in der Funktion `berechneRou-te()` mit der Zeile

```
directionsDisplay.setPanel(document.getElementById('beschreibung'));
```

dem `div`-Abschnitt zugewiesen. Das schauen wir uns an...

Hier unsere App mit der Textbeschreibung einer Route:

Auch Google StreetView funktioniert prima in unserer App:

NATIVE PLUGINS IM

BROWSER

IONIC NATIVE BIETET MIT MEHR ALS 130 NATIVE SDK PLUGINS mehr als genug Möglichkeiten zum Entwickeln attraktiver, cooler Apps.

In der Vergangenheit war es immer schwierig bzw. unmöglich, native Funktionalität im Browser zu testen. An Tests auf Emulatoren oder gar realer Hardware kam niemand vorbei. Bei der Geolocation war das kein Problem, denn auch ein Browser, betrieben von einem Desktop-PC oder Mac, liefert Standort-Koordinaten. Aber ein Browser verfügt nun mal nicht über eine eingebaute Kamera, Sensoren oder Schrittzähler usw.

Ionic Native erlaubt uns als Entwickler aber nun, native Plugins im Browser zu nutzen und dabei so zu überschreiben, dass wir dem Browser beispielsweise Sensordaten „vortäuschen" können. Ein solches Mocking (Vortäuschen) von Plugins lässt sich einfach umsetzen.

In unserer App verwenden wir keine Plugins, die *nicht* im Browser funktionieren. Daher sei an dieser Stelle für weitere Infos zu dem Thema auf folgenden Link verwiesen:

▶   https://ionicframework.com/docs/native/browser.html

In diesem Kapitel hast du mit Geolocation den ersten Einsatz eines nativen Plugins aus der umfangreichen Sammlung von Ionic Native kennen gelernt. Native Plugins ermöglichen den direkten Zugriff auf die Hardware eines Endgeräts. Im Falle von Geolocation können wir damit über GPS & Co den Standort des Anwenders ermitteln.

Bereits ohne, aber vor allem in Kombination mit Webservices wie zum Beispiel Google Maps kannst du mit nativen Plugins beeindruckende Funktionalitäten in deinen Apps realisieren.

Ein kleiner Tipp zum Schluss: Bei der Bestimmung der Geokoordinaten meiner Touren hat mir der folgende Link gute Dienste geleistet:

▶ https://www.latlong.net

9 | KOMMUNIKATION UND NACHRICHTEN

MAILS, SMS & CO.

U M AUS EINER IONIC-APP EINE MAIL ZU VERSEN-
DEN, braucht es nicht viel, nur den JavaScript-Aufruf
`window.location.href` in Verbindung mit der Anweisung
`'mailto:'`.

Auf die gleiche Weise können wir über `window.location.href` mit den Anweisungen `'sms:'` Kurznachrichten versenden und mit `'tel:'` eine Telefonnummer anwählen. Einfacher geht's nicht, oder?

In unserer App wollen wir die Anfrage zu einer Tour via Mail versenden und verwenden dazu den oben beschriebenen Weg.

Hier der entsprechende Code in anfrage.ts:

```
import ...

...

export class AnfragePage {

  ...

  // 'Anfrage absenden' wurde angeklickt; Anfrage per Mail versenden.
  absenden() {
    var br = '%0D%0A';
    var datum = this.alsDatumDE(this.anfrage.Datum);
    var bus = (this.anfrage.Bus == true) ⏎
          ? br + 'Wir benötigen einen Bus.' + br : '';
    window.location.href = 'mailto:anfrage@bob-tours.de'
      + '?subject=Anfrage zur Tour: ' + this.tour['Titel']
      + '&body='
      + 'Sehr geehrte Damen und Herren,' + br + br
      + 'hiermit frage ich an, ob Sie die im Betreff genannte Tour' + br
      + 'am ' + datum + ' um ' + this.anfrage.Uhrzeit + ' Uhr' + br
      + 'in ' + this.anfrage.Sprache + 'er Sprache durchführen können.'
      + bus
      + br + br + 'Mit freundlichen Grüßen' + br + br
      + this.anfrage.Vorname + ' ' + this.anfrage.Nachname + br
      + 'Tel. ' + this.anfrage.Telefon;
  }


  // Formatiert ISO-8601-Date in deutsches Datumsformat (DD.MM.YYYY).
  alsDatumDE(iso:string):string {
    return iso.slice(8,10) + '.' + iso.slice(5,7) + '.' + iso.slice(0,4);
  }

  ...

}
```

In der Funktion `absenden()` weisen wir zunächst einer Variablen `br` einen URL-encodierten Zeilenumbruch zu. Dies entspricht den Vorgaben zum URI-Schema von mailto (https://tools.ietf.org/html/rfc6068) und wird von allen gängigen Mailprogrammen korrekt dargestellt.

Der Variablen `datum` weisen wir den vom Anwender ausgewählten Wunschtermin zu. Da uns die DateTime-Komponente diesen Termin im Format ISO 8601 liefert (beispielsweise als `'2019-01-13'`), müssen wir ihn zur Verwendung im E-Mail-Text ins übliche Format DD.MM. YYYY (also `'13.01.2019'`) umwandeln. Darum kümmert sich die Hilfsfunktion `alsDatumDE()`.

Die Variable `bus` erhält für den Fall, dass bei der Anfrage zu einer Bustour die Option `Wir benötigen einen Bus.` ausgewählt wird, den entsprechenden Text.

Nun setzen wir den E-Mail-Text zusammen und weisen ihn `window.location.href` zu. Der komplette Text entspricht dem folgenden Aufbau:

```
mailto:Mail-Adresse-des-Adressaten
?subject=Betreffzeile
&body=Textnachricht
```

Klickt der Anwender nun auf den Absenden-Button, wird `absenden()` ausgeführt. Über `window.location.href` in Kombination mit `'mailto:'` teilen wir unserer App mit, dass wir eine Mail versenden wollen. Daraufhin wird das externe Mailprogramm geöffnet und darin unsere Mail erzeugt.

Schauen wir uns das in der laufenden App einmal an...

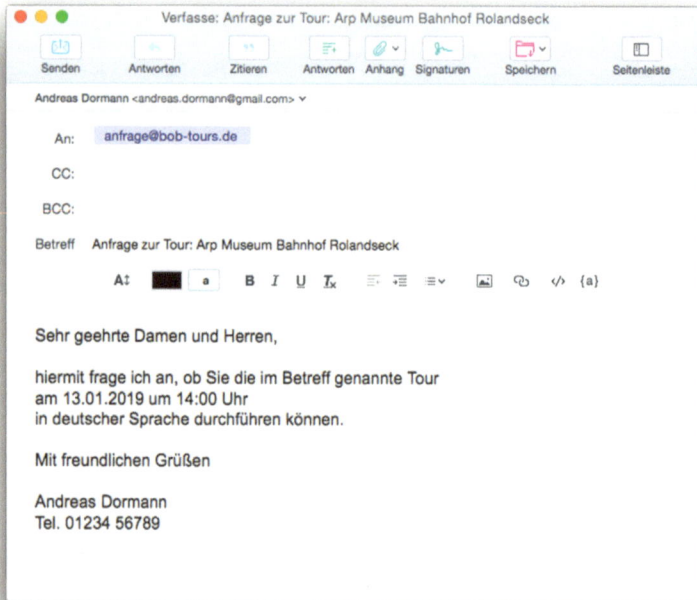

Wenn wir mit dem Text so zufrieden sind und keine „Extra-Tour" wünschen, brauchen wir jetzt nur noch auf Senden zu klicken.

Eingangs hatte ich bereits erwähnt, dass auch das Versenden einer SMS via href möglich ist. Der SMS-Textaufbau lautet:

sms:Telefonnummer-des-Adressaten
?body=Textnachricht

Eine SMS-Nachricht könnte beispielsweise lauten:

```
window.location.href = 'sms:1-234-56789?body=Meine App ist cool!';
```

Wenn du aus deiner App einen SMS-Text versenden möchtest, aber *ohne* Telefonnummer, da diese vom Anwender gewählt werden soll, kannst Du folgendes schreiben:

```
window.location.href = 'sms:?body=Meine App ist cool!';
```

Aus der App heraus wird in beiden Fällen auf dem Smartphone deine Nachrichten-App gestartet und du kannst die vorbereitete SMS versenden.

Ein Telefonanruf aus deiner App heraus kann ebenfalls via `href` erfolgen. Die entsprechende Syntax lautet:

```
tel:Telefonnummer-des-Adressaten
```

Ein Telefonanruf könnte beispielsweise lauten:

```
window.location.href = 'tel:1-234-56789';
```

Eine weitere Nutzungsmöglichkeit von `href` besteht in der Verwendung von `geo`. Damit lässt sich aus deiner App heraus eine externe Map-App mit vorgegebenen Koordinaten aufrufen. Die entsprechende Syntax lautet:

```
geo:latitude,longitude
```

Der Aufruf einer Karten-App könnte beispielsweise lauten:

```
window.location.href = 'geo:50.941278, 6.958281';
```

Eine kleine Randbemerkung: Unsere Abfrage-Seite hat noch etwas Optimierungspotenzial, denn bisher werden die Benutzereingaben nicht validiert.

Konkret läuft unsere App zum Beispiel in einen Fehler, wenn du
kein Datum ausgewählt hast, aber dennoch auf Anfrage absenden
tippst. Die Funktion alsDatumDE() erhält dann keinen umwandel-
baren ISO-8601-String und steigt aus.

Das Thema Formular-Validierung werde ich in einem eigenen Artikel
auf der *Website* zum Buch (siehe "Die Website zum Buch" ab Seite
14) behandeln. Darin werden wir die Abfrage-Seite rund machen,
versprochen!

Social Sharing

E IN PLUGIN NAMENS SOCIAL SHARING ermöglicht uns das Versenden von Text, Dateien, Bildern und Links über soziale Netzwerke, SMS und Mail.

Ebenso wie das im vorigen Kapitel verwendete native Plugin Geolocation (siehe Kapitel "8 | Ionic Native" ab Seite 264) ist eine Installation der Plugins von Cordova und Ionic Native erforderlich. Dies geschieht durch Eingabe der folgenden Zeilen im Terminal:

```
ionic cordova plugin add cordova-plugin-x-socialsharing

npm install --save @ionic-native/social-sharing
```

Als nächstes müssen wir SocialSharing in app.modules.ts importieren und als Provider eintragen:

```
import ...
import { SocialSharing } from '@ionic-native/social-sharing';

@NgModule({
  declarations: [
    MyApp,
    LogoComponent
  ],
  imports: [
    ...
  ],
  bootstrap: [IonicApp],
  entryComponents: [
```

```
   MyApp
 ],
 providers: [
   StatusBar,
   SplashScreen,
   {provide: ErrorHandler, useClass: IonicErrorHandler},
   BobToursServiceProvider,
   FavoritenServiceProvider,
   StylesProvider,
   Geolocation,
   SocialSharing
 ]
})
export class AppModule {}
```

Als nächstes wenden wir uns der Ergänzung von details.ts zu:

```
import ...
import { SocialSharing } from '@ionic-native/social-sharing';


@IonicPage()
@Component({
  selector: 'page-details',
  templateUrl: 'details.html',
})
export class DetailsPage {


  ...


  constructor(public navCtrl: NavController,
              public navParams: NavParams,
              private btService: BobToursServiceProvider,
              private favService: FavoritenServiceProvider,
              private actionSheetCtrl: ActionSheetController,
              private alertCtrl: AlertController,
              private modalCtrl: ModalController,
              private socialSharing: SocialSharing) {}
```

```
ionViewDidLoad() ...


presentActionSheet() ...


showConfirm() ...


toggleSocial() ...


// Anwender hat einen der Social-App-Buttons angeklickt.
openSocial(app) {
  var msg = 'BoB-Tours bietet eine prima Tour an mit dem Titel '
          + '\'' + this.tour['Titel'] + '\'.\n\n'
          + 'Bist du dabei?\n\n'
          + 'Von meiner BoB-Tours-App versendet';
  var sbj = 'Tour-Planung'
  var img = 'http://ionic3.andreas-dormann.de/img/big/'
          + this.tour['Bild'];
  this.socialSharing.canShareVia('app').then( () => {
    this.socialSharing.shareVia(app, msg, sbj, img).then(() => {
      console.log('Teilen via ' + app + ' hat geklappt!');
    }).catch(() => {
      this.errorOpenSocial(app, msg, sbj, img);
    });
  }).catch(() => {
    this.errorOpenSocial(app, msg, sbj, img);
  });

}


// Fehler beim Versuch, eine Social-App zu starten.
// Alternativ das native SHre Sheet anzeigen.
errorOpenSocial(app, msg, sbj, img) {
  let alert = this.alertCtrl.create({
    title: 'Klappt nicht',
    message: 'Leider ist ein Fehler beim Teilen via '
           + app + ' aufgetreten! '
           + 'Möchtest du es mit einer Alternative versuchen?',
```

```
    buttons: [
      {
        text: 'Nein',
        handler: () => {
          console.log('Nein wurde angeklickt.');
        }
      },
      {
        text: 'Ja',
        handler: () => {
          this.socialSharing.share(msg, sbj, img);
        }
      }
    ]
  });
  alert.present();
}
}
```

Die bereits angelegte Funktion openSocial() füllen wir hier mit
Leben: Als erstes deklarieren wir die Variablen msg, sbj und img
und füllen diese mit einem Nachrichtentext, einem Betreff und einer
Bild-URL zum ausgewählten Tour-Foto. Das sind unsere Daten, die
wir teilen wollen. Mit

```
this.socialSharing.canShareVia('app')
```

prüfen wir zuerst einmal, ob die per app übergebene Social App
(beispielsweise facebook) überhaupt zum Teilen bereit steht. Im Erfolgsfall rufen wir mit

```
this.socialSharing.shareVia(app, msg, sbj, img)
```

die App auf und übergeben ihr dabei die Nachricht, den Betreff und
das Bild.

Sollte ein Teilen über die ausgewählte App nicht möglich sein (weil sie auf dem Endgerät des Anwenders nicht installiert ist) oder der anschließende Aufruf fehlschlagen, greift die Funktion errorOpenSocial().

In einem Alert teilen wir dem Anwender den Fehler mit und bieten eine weitere Alternative an.

Klickt der auf `'Ja'`, blenden wir mit

```
this.socialSharing.share(msg, sbj, img);
```

ein natives Share Sheet ein, in dem beispielsweise Android-Anwen-
dern dann Gmail oder Messenger angeboten werden.

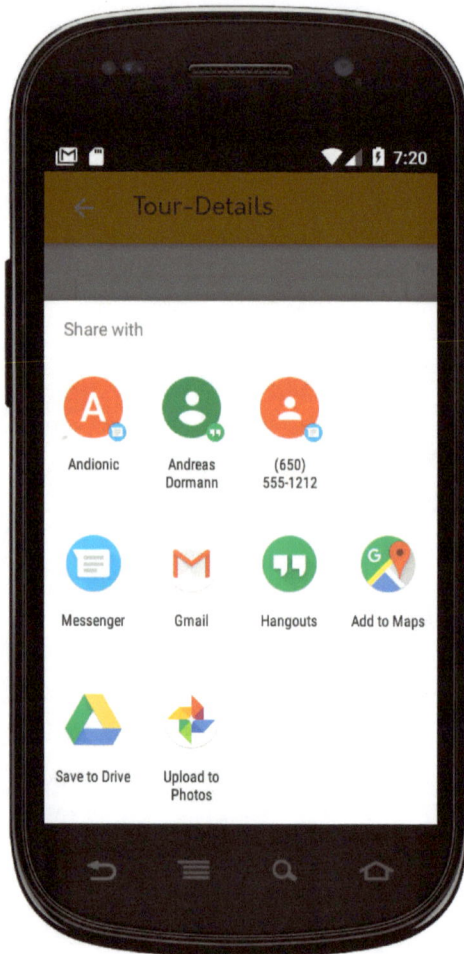

Hierbei geben wir die Nachricht, den Betreff und das Bild natürlich
wieder mit, damit diese Daten in der Ziel-App dann auch zur Verfügung stehen.

Endlich! Der Anwender kann seinen Tour-Tipp mit anderen teilen.

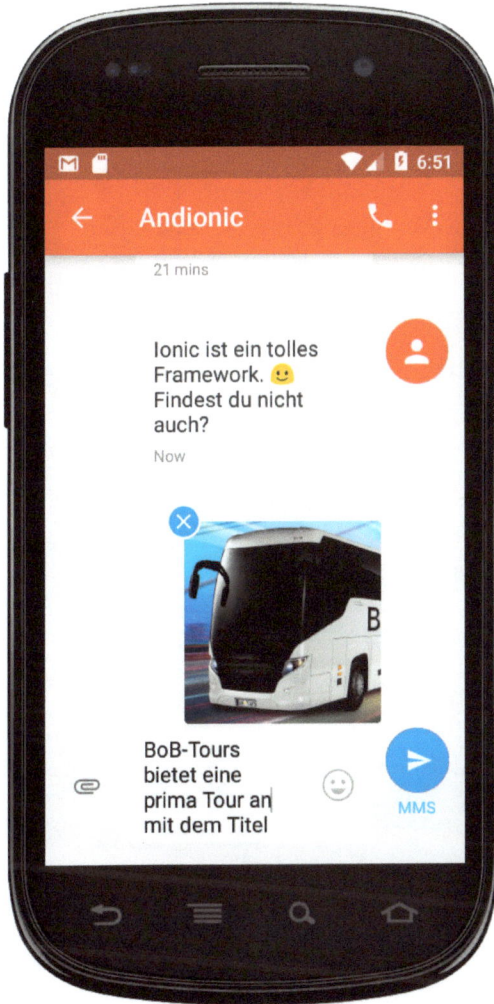

Weitere Infos zu Social Sharing findest du hier:

▶ https://ionicframework.com/docs/native/social-sharing/

PUSH NOTIFICATIONS

G LEICH EINE REIHE VON NATIVE PLUGINS stehen uns zur Verfügung, um Notifications in Apps zu realisieren. Um dir einen Überblick zu verschaffen, kannst du ja einmal „Notifications" als Suchbegriff in der Ionic-Native-Dokumentation eingeben.

In unserer App verwende ich FCM (Firebase Cloud Messaging) zur Implementierung einer einfachen Notification-Funktion. Über den dazu erforderlichen Account bei Google Firebase verfügen wir ja bereits (siehe "Datenbank Backend mit Google Firebase" ab Seite 58).

Die Installation des Plugins via Terminal erfolgt mit

```
ionic cordova plugin add cordova-plugin-fcm
```

und

```
npm install --save @ionic-native/fcm
```

Möglicherweise erhältst du bei Ausführung des ersten Installationsschritts eine oder beide der folgenden Fehlermeldungen:

```
Error: cordova-plugin-fcm: You have installed platform ios but file 'GoogleService-Info.
plist' was not found in your Cordovaproject root folder.
```

```
Error: cordova-plugin-fcm: You have installed platform android but file 'google-services.
json' was not found in your Cordovaproject root folder.
```

Dann keine Sorge: Die als fehlend erkannte(n) Datei(en) werden wir gleich hinzufügen.

Melde dich nun auf der Firebase-Konsole an und wechsle in den Bereich Notifications:

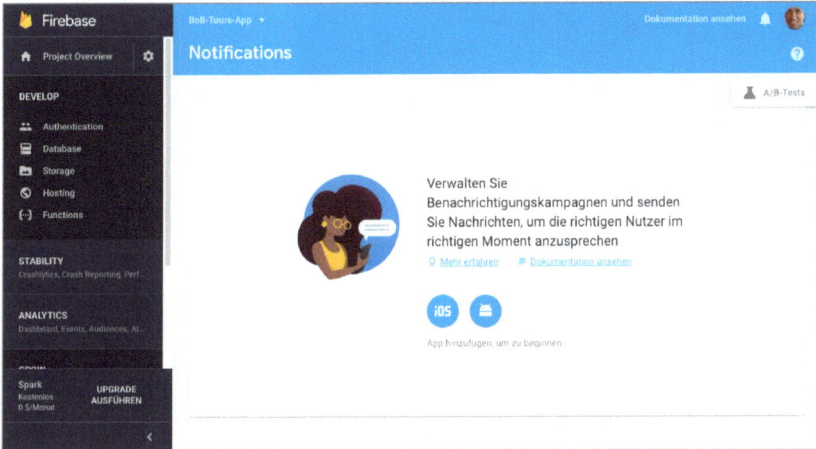

Klicke hier auf einen der Buttons für iOS oder Android (Entwickler unter Windows sollten Android wählen, da sie ja keine iOS-App erzeugen können).

In der sich nun öffnenden Maske gibst du eine App-ID ein (die muss weltweit eindeutig sein - also bitte nicht *meine* verwenden ;-)):

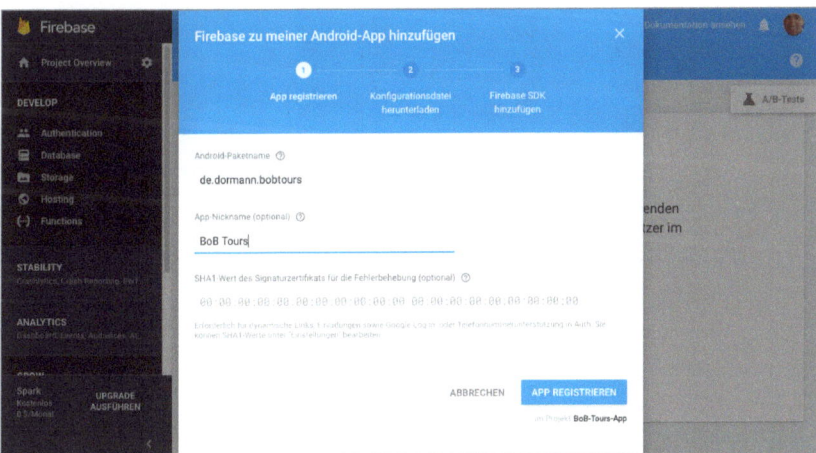

Trage deine App-ID bitte unbedingt auch in config.xml ein:

```xml
<?xml version='1.0' encoding='utf-8'?>
<widget id="de.dormann.bobtours" version="0.0.9"
      xmlns="http://www.w3.org/ns/widgets"
      xmlns:cdv="http://cordova.apache.org/ns/1.0">
    <name>BoB-Tours</name>

    ....
</widget>
```

Weiter geht's auf der Firebase-Konsole. Nachdem du APP REGISTRIE-REN angeklickt hast, erscheint die folgende Maske:

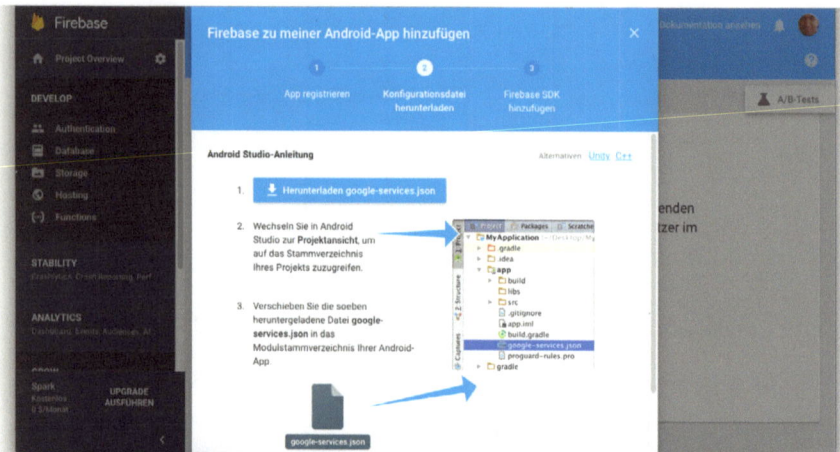

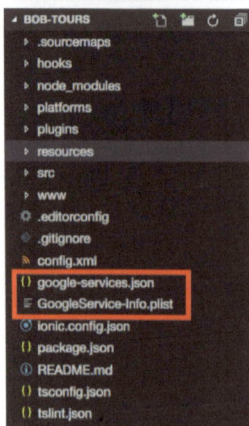

Hier können wir nun die Datei google-services.json bzw. GoogleService-Info.plist (wenn du zuvor auf den iOS-Button geklickt hast) herunterladen und in das Stammverzeichnis unseres App-Projekts kopieren.

So weit die Vorbereitung. Nun zur Einbindung des Plugins in unsere App.

Wir importieren FCM in app.module.ts:

```
import ...
import { FCM } from '@ionic-native/fcm';


@NgModule({
  declarations: [
    ...
  ],
  imports: [
    ...
  ],
  bootstrap: [IonicApp],
  entryComponents: [
    MyApp
  ],
  providers: [
    StatusBar,
    SplashScreen,
    {provide: ErrorHandler, useClass: IonicErrorHandler},
    BobToursServiceProvider,
    FavoritenServiceProvider,
    Geolocation,
    SocialSharing,
    FCM
  ]
})
export class AppModule {}
```

Als nächstes ergänzen wir eine Alert-Komponente, die künftig unsere eingehenden Notifications anzeigen soll.

Dazu erweitern wir app.component.ts wie folgt:

```
import ...
import { FCM } from '@ionic-native/fcm';
import { AlertController }
       from 'ionic-angular/components/alert/alert-controller';
```

```
@Component({
  templateUrl: 'app.html'
})
export class MyApp {

  ...

  constructor(...,
    private fcm: FCM,
    private alert: AlertController) {

    ...

    initializeApp() {
      this.platform.ready().then(() => {

        ...

        if (!document.URL.startsWith('http')) {
          this.initNotifications();
        }
      });
    }

    ...

    // Notifications überwachen.
    initNotifications() {
      this.fcm.onNotification().subscribe(data => {
        this.alert.create({
          title: data.title,
          message: data.message,
          buttons: ['Prima']
        }).present();
      });
    }
}
```

Wir importieren FCM und AlertController und injizieren beide im Konstruktor mit den Variablen fcm und alert.

Wir erstellen die Funktion initNotifications(), die wir innerhalb von initializeApp() aufrufen, sobald die Plattform bereit steht und in einem Device oder Emulator (und nicht im Browser) läuft.

Das FCM-Plugin verfügt über die Observable-Funktion onNotification(), um auf eingehende Nachrichten mittels subscribe() reagieren zu können. Darin platzieren wir den Aufruf des Alert, um eine eingehende Nachricht (data) anzuzeigen.

Starte nun die App über ein Device oder einen Emulator. Wir sind bereit für die erste Nachricht!

So weit, so gut. Aber woher kommen jetzt die Nachrichten? Mit dieser Frage landen wir wieder auf der Firebase-Konsole.

Wenn du die zuvor beschriebenen Schritte auf der Konsole absolviert hast, wird dir die folgende Maske angeboten:

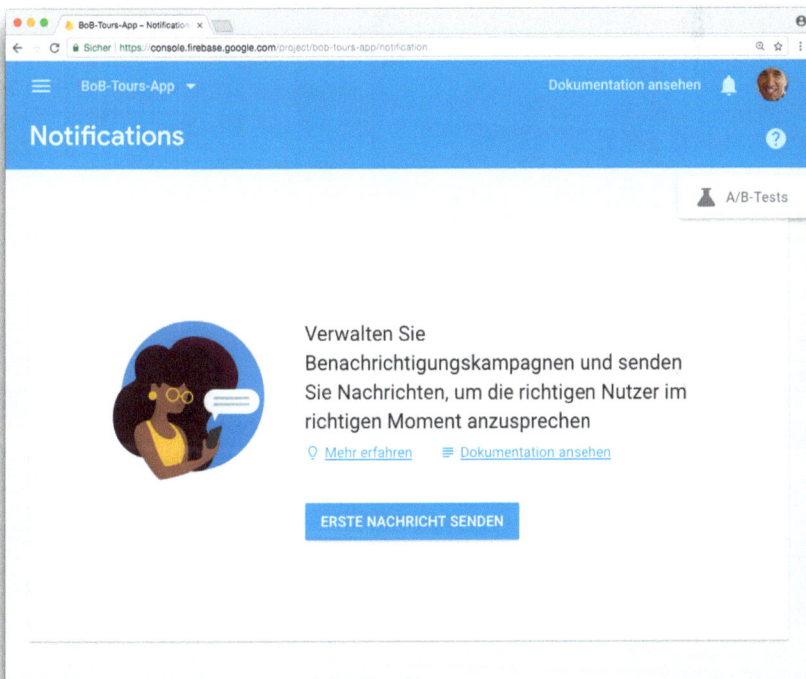

Klicke hier auf ERSTE NACHRICHT SENDEN.

Es erscheint ein Nachrichtenformular:

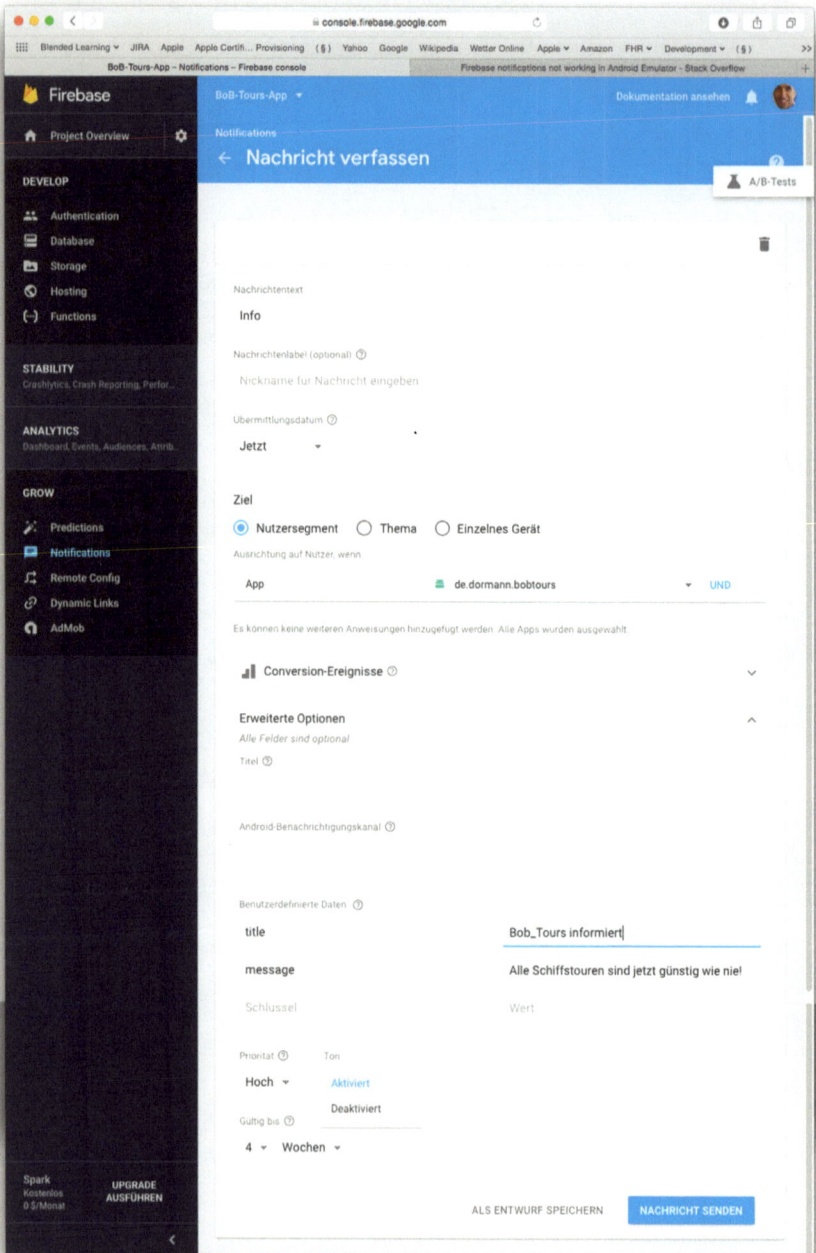

Fülle dieses Formular folgendermaßen aus:

Nachrichtentext	"Info"
App auswählen	Wähle deine App-ID aus der Liste.
Erweiterte Optionen	Klappe diesen Bereich aus, um an die optionalen Felder zu gelangen.
Benutzerdefinierte Daten	Gib hier die Schlüssel `title` mit dem Wert `"BoB-Tours informiert"` und `message` mit dem Wert `"Alle Schiffstouren sind jetzt günstig wie nie!"` (oder eine andere spannende Nachricht) ein.
Ton	Wenn du magst, kannst du einen Ton aktivieren, der dann beim Eingang der Nachricht erklingt.

Alle hier nicht aufgeführten Einstellungen belassen wir leer bzw. bei ihren Voreinstellungen.

Wenn du nun auf NACHRICHT SENDEN klickst, erscheint kurz darauf diese Nachricht in deiner App:

Glückwunsch zu deiner neuen Notification-Funktion!

Zugegeben: dieses Beispiel für Notifications ist recht einfach gehalten. Und um der Wahrheit die Ehre zu geben, wird es bei einer „amtlichen" Implementierung einer vollständigen Notification-Logik „mit allem Drum und Dran" dann auch deutlich komplexer. Und das würde den Rahmen dieses Einsteigerbuches sprengen. Im Web findest du über die Stichworte „Ionic 3 Notifications" einige (Video-)Tutorials zu dem Thema, die dich weiter führen.

Weitere Infos zu Firebase Cloud Messaging und Push Notifications findest du hier:

▶ https://ionicframework.com/docs/native/fcm/

▶ https://ionicframework.com/docs/native/push/

In diesem Kapitel haben wir unserer App beigebracht, zu kommunizieren. Dabei haben wir entdeckt, dass sich mit Unterstützung von `window.location.href` mailen, simsen und telefonieren lässt. Die Apps der sozialen Netzwerke lassen sich problemlos mit dem Plugin Social Sharing ansprechen. Und auch Notifications haben wir in unsere App - immerhin in einer einfachen Form - implementiert.

10 | DEBUG, DEPLOY & PUBLISH

DEBUGGING

BEST PRACTICE

D EBUGGING IN DER APP-ENTWICKLUNG ist schon immer eine große Herausforderung gewesen. Aber mit Ionic ist es tatsächlich so, dass du einen großen Teil einer App-Entwicklung im Browser testen kannst. Das haben wir in diesem Buch ja auch schon hinlänglich praktiziert.

So viel uns das Testen im Browser auch bereits ermöglicht: Es gibt Funktionen, die sich verlässlich nur auf einem mobilen Endgerät oder teilweise in einem Emulator/Simulator testen lassen. Dazu zählen insbesondere plattformnahe Interaktionen wie beispielsweise Aufnahmen mit der Kamera oder die Nutzung des Telefon-Subsystems eines Smartphones. Dabei sind wir beim Debugging stets auf konkrete Informationen darüber angewiesen, wo und warum gerade ein Fehler auftritt oder ein Performanceproblem entsteht.

Daraus ergibt sich folgende Best Practice für die Entwicklung von Apps mit Ionic: Gehe so weit du kannst bei der Entwicklung deiner Apps *ohne* native Plugins (insbesondere die, die überhaupt nicht im Browser laufen bzw. zu testen sind). Dann gehe etwas weiter durch Verwenden von Mocking Plugins (siehe "Native Plugins im Browser" ab Seite 299). Und zum Schluss deiner Entwicklung teste mit Emulator und Endgeräten.

Im folgenden gehe ich auf diese Themen ein:

- Debugging im Browser

- Debugging im Emulator

- Debugging mit MacOS oder Windows auf dem Endgerät

- Debugging mit Ionic Pro / DevApp / Monitoring

Debugging im Browser

E RGÄNZEND ZU UNSERER BISHERIGEN ARBEITS-
WEISE möchte ich dir noch einige Möglichkeit vorstellen,
eine App im Browser mit mehreren Plattform-Typen gleich-
zeitig zu testen, die Ausgabe auf das Terminal umzuleiten und ge-
naue Debug-Informationen zu erhalten.

Gebe im Terminal

```
ionic serve --lab (oder -l)
```

ein.

Damit zeigt sich unsere App im Browser in den Designs von Android,
iOS und Windows. Welche der Plattformen wir anzeigen möchten,
können wir über das Aufklappmenü Platforms (oben rechts) im Brow-
serfenster auswählen.

Wenn hier zwar keine nativen Funktionen von mobilen Endgeräten
getestet werden können, so lassen sich doch hier schon sehr gut die
gestalterischen Aspekte einer App auf allen Plattformen beurteilen.

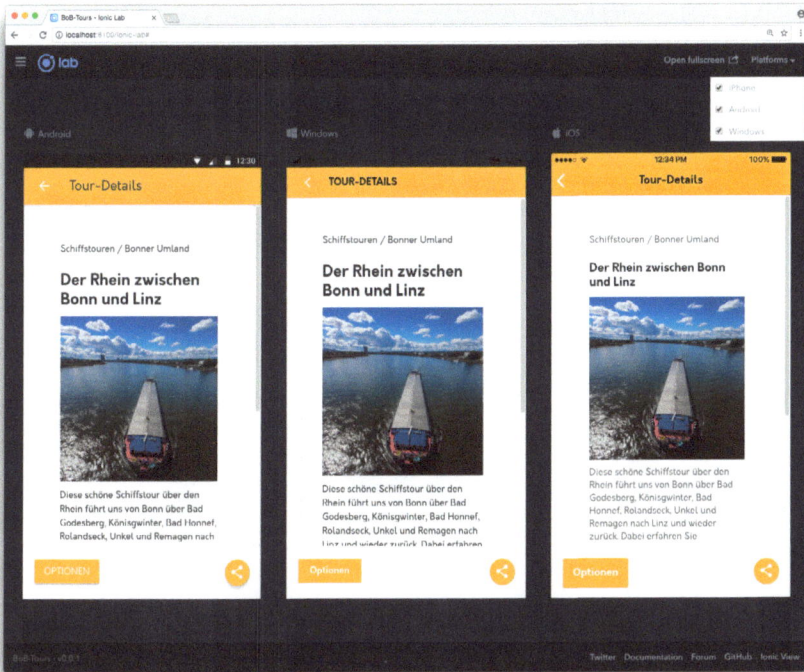

Mit der Terminal-Eingabe

```
ionic serve --consolelogs (oder -c)
```

kannst du eine Ausgabe von console.log-Anweisungen an das Ionic Command Line Interface (CLI) umleiten. Darin werden dir auch Warnhinweise angezeigt, wenn bestimmte Aktionen in der App Cordova erfordern.

Mit dem Schlüsselwort debugger kannst du eine App *debug-gen*. Wenn der Browser die Anweisung debugger im Code entdeckt, wird die Ausführung von JavaScript gestoppt und der Browser lädt seinen Debugger. Lass' uns das mit einem konkreten Beispiel in unserer App ausprobieren:

In details.ts ergänzen wir die Funktion toggleSocial() wie folgt:

```
// Anwender hat Teilen-Button angeklickt.
toggleSocial() {
  debugger;
  this.showSocial = !this.showSocial;
}
```

In Chrome sollten wir nun die Entwicklertools aktivieren und unsere App starten.

Wenn wir nun eine Tour auswählen, auf die Details-Seite wechseln und den Social-App-Button anklicken, erhalten wir etwa folgende Anzeige in den Google Chrome Entwicklertools:

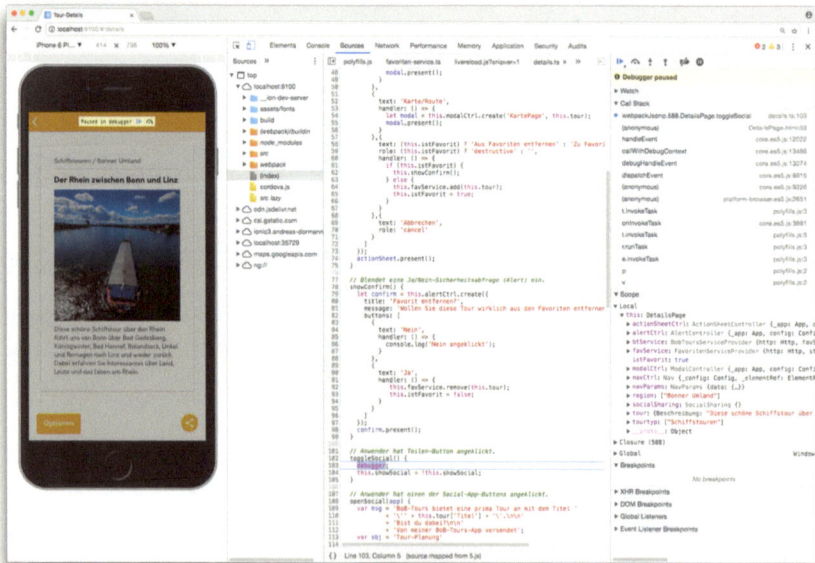

Wir sehen, dass die Code-Ausführung in der Zeile mit der `debug-
ger`-Anweisung unterbrochen wurde.

Und mehr noch: Im Abschnitt Scope siehst du alle Variablen von
`DetailsPage` und deren Werte. Dir wird auffallen, dass `showSocial`
hier nicht auftaucht. Das liegt daran, dass diese Variable nach dem
Start der App noch undefined ist, was dir in einem Popup angezeigt
wird, wenn du mit dem Mauszeiger über `showSocial` fährst.

Mit einem Klick auf den Button Step into next function call wird eine Ja-
vaScript-Zeile ausgeführt.

Klicke zwei Mal auf diesen Button: `showSocial` hat nun eine Wert-
zuweisung erhalten und ist `true`. Damit erfolgt nun auch eine Auflistung der Variablen im Abschnitt Scope.

Das soll als Einstieg ins Browser-Debugging genügen.

DEBUGGING IM

EMULATOR

N ICHT JEDER APP-ENTWICKLER kann (und will) sich mehrere Smartphones, eines für Android, eines für iOS und eines für Windows, allein für das Testen und Debuggen seiner selbst entwickelten Apps leisten. Eine App im Kontext einer konkreten Plattform beurteilen zu können, ist aber unverzichtbar. Und dafür sind Emulatoren ganz praktisch.

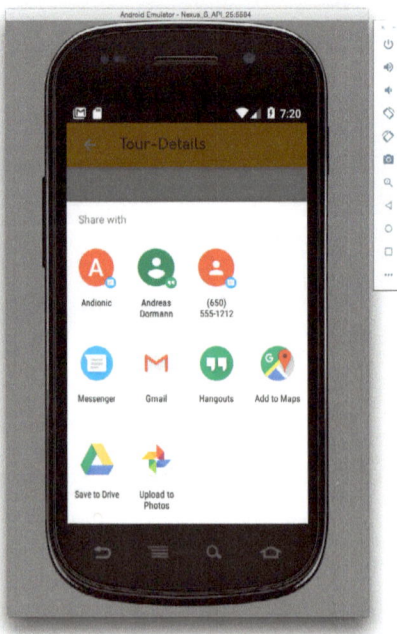

Emulatoren bemühen sich, ein Zielbetriebssystem so realistisch wie möglich zu simulieren (deshalb werden sie auch Simulatoren genannt). Das geht so weit, dass auf einem Emulator tatsächlich auch viele hardwarenahe Funktionen getestet werden können.

Aber nicht bloß das Testen, sondern auch das Debuggen funktioniert im Emulator prima.

Für eine Android-Emulation muss Android Studio bzw. das Android SDK installiert sein (siehe "Installation(en)" ab Seite 9).

Wir starten den Emulator im Terminal mit

```
ionic cordova emulate android -l
```

Nach einem umfangreichen Build-Prozess wird eine apk-Datei erzeugt. Diese wird im jeweiligen Emulator sofort ausgeführt, nachdem dieser gestartet wurde.

Um jetzt die Google Chrome Entwicklertools für das Debugging nutzen zu können, müssen wir noch die Android Debug Bridge (adb) installieren. Diese findest du hier:

▶   https://developer.android.com/studio/releases/platform-tools.html

Nachdem wir die Google Chrome Entwicklertools geöffnet haben, klicken wir auf das Menü und wählen More tools > Remote devices.

Daraufhin wird uns der neue Bereich Remote Devices eingeblendet.

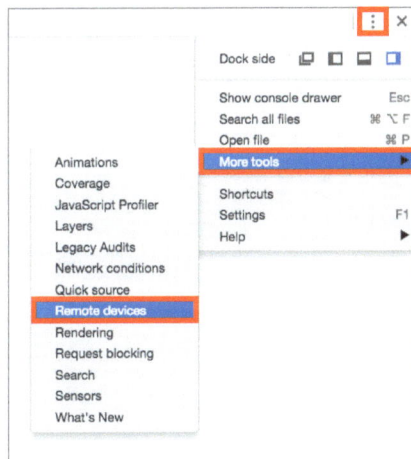

In diesem Bereich wechseln wir von den Settings zum Eintrag mit der laufenden Emulation (hier im Bild Android SDK built for x86 / Connected).

In dieser Ansicht klicken wir auf den Button Inspect.

Ab sofort zeigt nun der Debugger jede Aktion, die wir im Emulator durchführen, an.

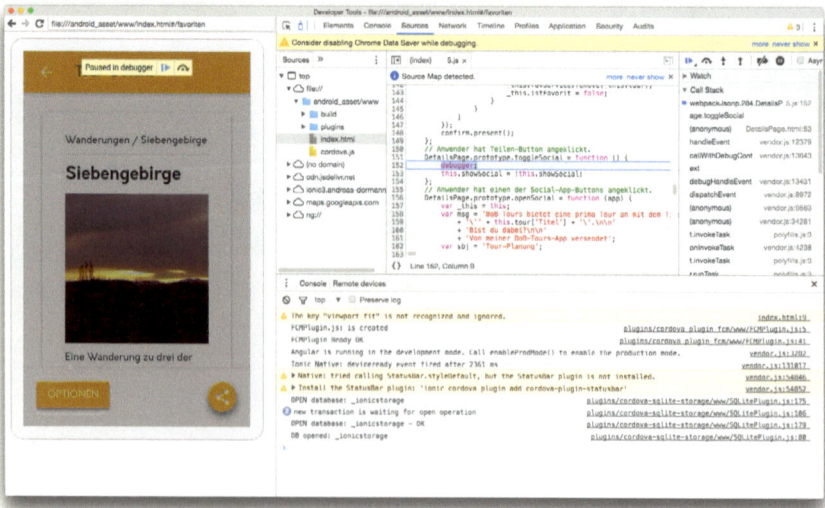

Auch hier können wir mit dem Befehl debugger eine schrittweise Ausführung des JavaScript-Codes herbeiführen.

Da wir beim Start der Emulation den Schalter

-l

für einen Live Reload aktiviert haben, werden alle Änderungen in der Entwicklungsumgebung sofort an Emulator und Debugger weiter gereicht.

Tipp: Ein kostenpflichtiger, aber sehr leistungsfähiger Emulator für Android ist Genymotion. Mit ihm kannst du beispielsweise über die eingebaute Webcam eines Notebooks die Handykamera simulieren.

Mehr Infos zu Genymotion findest du hier:

▶   https://www.genymotion.com

Zur Verwendung des iOS-Emulators wird Xcode benötigt, Apples Entwicklungsumgebung für MacOS und iOS.

Den Emulator startest du mit

```
ionic cordova emulate ios -l
```

Zum Debuggen in Safari aktivierst du zunächst über Safari > Einstellungen > Erweitert das Entwicklermenü.

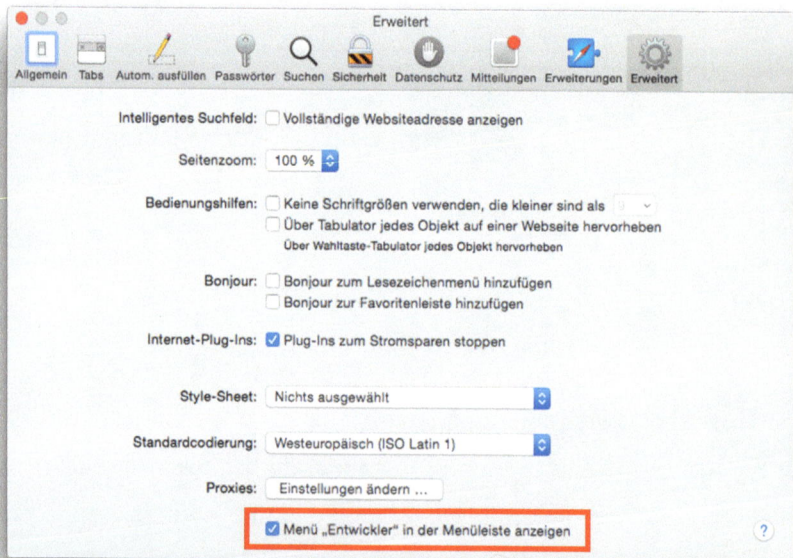

Danach kannst du über das Menü Entwickler > Simulator > DeineApp das Fenster Webinformationen (Web Inspector) öffnen und dir alle Ausgaben von console.log ansehen.

Alternativ kannst du auch in Xcode debuggen: In Xcode öffnest du den Xcode-Projektordner eines App-Projekts. Bei unserer BoB-Tours-App ist das folgender Pfad:

```
ionic-projekt-pfad/platforms/ios/BoB-Tours.xcodeproj
```

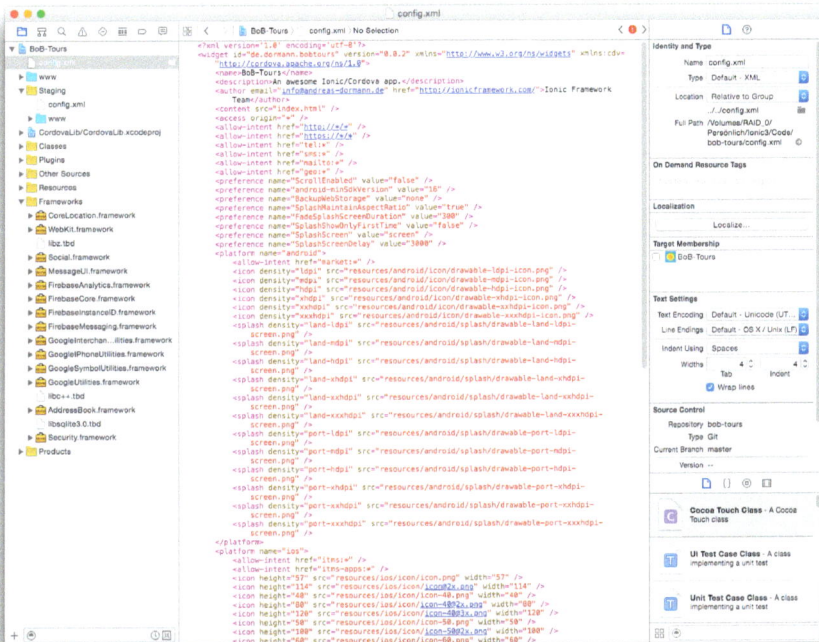

Du kannst die App dann in Xcode starten und alle Ausgaben von console.log im Ausgabefenster von Xcode anzeigen lassen.

Da hier direkt auf der Zielplattform getestet und debuggt wird, beschreibe ich das Vorgehen für Windows 10 im folgenden Abschnitt „Debugging auf dem Endgerät" auf Seite 339.

Die Vorteile des Emulator-Debugging gegenüber dem reinen Browser-Debugging, das ich im vorangegangenen Abschnitt beschrieben habe, sind folgende:

- Funktionen lassen sich nun im Kontext der jeweiligen Device-Plattform, insbesondere im Zusammenspiel mit nativen Plugins (soweit sie emulatortauglich sind) testen.

- Die Code-Ausführung erfolgt im transpilierten/gepackten JavaScript-Code innerhalb des Ordners www (und nicht mehr in den originalen Source-Code-Dateien).

- Im Emulator kann auch das Beenden und (Neu-)Starten einer App getestet werden. Das kann zur Überprüfung initialer oder finaler Funktionen sowie zur Beurteilung von Icon und Splashscreen (siehe Abschnitt "Ionic Academy" ab Seite 375) nützlich sein.

DEBUGGING AUF

DEM ENDGERÄT

D ER FINALE TEST EINER APP sollte immer auf dem Endgerät (Device) stattfinden. Dabei ist das sogenannte *Remote Debugging* eine große Hilfe.

Für das Debugging einer Ionic-App auf einem Android-Device müssen zuerst die Entwickleroptionen sowie USB-Debugging aktiviert werden. Dann verbindest du das Device über ein USB-Kabel mit deinem Entwicklerrechner.

Die App startest du im Terminal mit

```
ionic cordova run android -l
```

Du kannst nun die Google Chrome Entwicklertools für das Debugging genau so nutzen, wie ich es im vorangegangenen Abschnitt (siehe "Debugging im Emulator" ab Seite 330) für den Android-Emulator beschrieben habe.

Für das Debugging einer Ionic-App auf einem iOS-Device verbindest du das Device über ein USB-Kabel mit deinem Entwicklerrechner.

Die App startest du im Terminal beispielsweise mit

```
ionic cordova run ios --target iPhone -l
```

Das Ziel (target) kannst du mit

```
ionic cordova run ios --target --list
```

ermitteln. Dann erhältst du etwa folgende Rückmeldung:

```
Available ios devices:
0a047632dc7e60394bf104937fb6b4a6de2fc521 iPhone
```

```
Available ios virtual devices:
iPhone-4s, 9.2
iPhone-5, 9.2
iPhone-5s, 9.2
iPhone-6, 9.2
iPhone-6-Plus, 9.2iPhone-6s, 9.2
iPhone-6s-Plus, 9.2
iPad-2, 9.2
iPad-Retina, 9.2
iPad-Air, 9.2
iPad-Air-2, 9.2
iPad-Pro, 9.2
Apple-TV-1080p, tvOS 9.1
Apple-Watch-38mm, watchOS 2.1Apple-Watch-42mm, watchOS 2.1
```

Dein angeschlossenes Endgerät findest du dann unter `Available ios devices`.

Du kannst nun die Google Chrome Entwicklertools für das Debugging genau so nutzen, wie ich es im vorangegangenen Abschnitt (siehe "Debugging im Emulator" ab Seite 330) für den iOS-Emulator beschrieben habe.

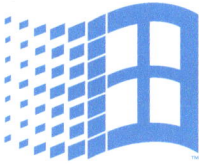

Eine Windows Universal App (Windows 10) testest du in Microsoft Visual Studio (es genügt die kostenlose Community-Version; nicht verwechseln mit Visual Studio Code). Hierzu sollten auch die Tools für Apache Cordova installiert sein.

Weitere Infos zur Einrichtung der Windows-Umgebung findest du hier:

▶ https://ionicframework.com/docs/developer-resources/platform-setup/windows-setup.html

▶ https://blog.ionicframework.com/visual-studio-tools-for-apache-cordova/

Es ist wichtig, dass du die darin genannten Arbeitsschritte befolgst.

Im Terminal generierst du die App dann mit

```
ionic cordova platform add windows
```

In Microsoft Visual Studio öffnest du den so generierten windows-Projektordner. Bei unserer BoB-Tours-App ist das folgender Pfad:

```
ionic-projekt-pfad/platforms/windows/CordovaApp.Windows10
```

Achte darauf, dass der Entwicklermodus aktiviert ist. Ggf. musst du noch ein Entwicklerzertifikat erwerben und installieren.

Du kannst die App dann in Microsoft Visual Studio starten und alle Ausgaben von console.log im Ausgabefenster der Entwicklungsumgebung anzeigen lassen.

DEBUGGING MIT

IONIC DEVAPP

D EBUGGING MIT DEVAPP ist eine besondere Variante zum Testen einer App, die seit der Ionic CLI Version
3.13.2 angeboten wird.

Dazu installierst du auf einem Android- oder iOS-Device die gleich-
namige App von *Drifty* (den Machern von Ionic).

DevApp findet Instanzen von `ionic serve`, die im gleichen lokalen
Netzwerk laufen.

Stelle zunächst sicher, dass du die neueste Version des Ionic CLI
verwendest. Starte im Terminal

```
ionic -v
```

und kontrolliere die Versionsnummer. Ist sie gleich 3.13.2 oder höher, ist alles ok. Ansonsten starte

```
npm install -g ionic
```

Wenn das nicht klappt, versuche Ionic zuerst mit

```
npm uninstall –g ionic
```

zu deinstallieren und nimm die Installation dann erneut vor.

Starte nun mit

```
ionic serve –c
```

deine App. Dann verbinde dein Android- oder iOS-Device mit dem-
selben WLAN-Netzwerk, mit dem dein Entwicklerrechner verbunden ist.

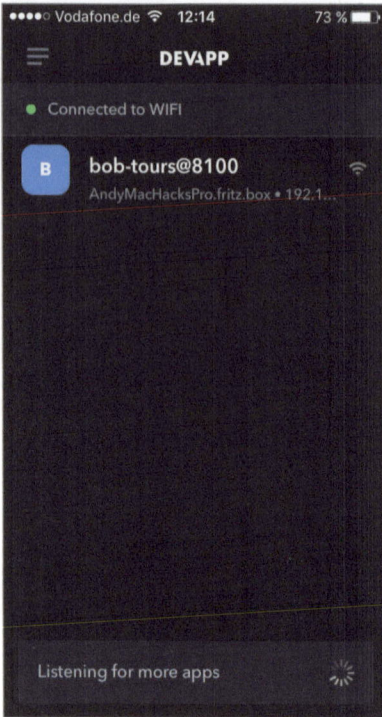

Starte DevApp und du siehst deine lokale App in der Liste.

Du kannst diese nun auswählen und deine App läuft im Device.

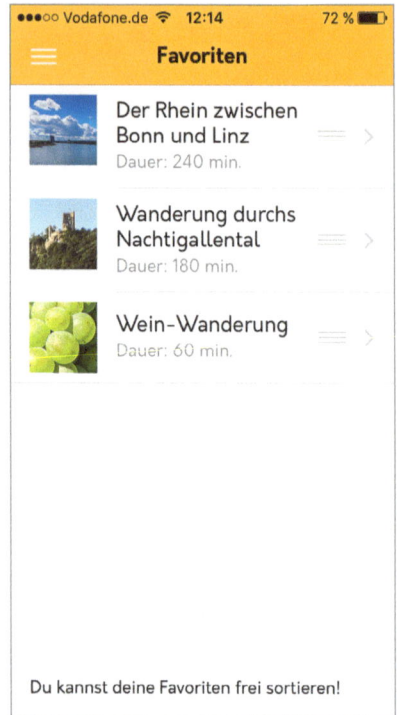

Jede `console.log`-Anweisung wird dabei an das Terminal ausgegeben. Dafür sorgt der Schalter `-c`.

```
[12:14:25]  console.log: Angular is running in the development mode. Call enableProdMode()
            mode.
[12:14:25]  console.log: deviceready has not fired after 5 seconds.
[12:14:25]  console.log: Channel not fired: onPluginsReady
[12:14:25]  console.log: Channel not fired: onCordovaReady
[12:14:25]  console.log: Channel not fired: onDOMContentLoaded
[12:14:26]  console.log: Ionic Native: deviceready event fired after 4543 ms
[12:14:26]  console.log: OPEN database: _ionicstorage
[12:14:26]  console.log: new transaction is waiting for open operation
[12:14:26]  console.log: new transaction is waiting for open operation
[12:14:26]  console.log: OPEN database: _ionicstorage - OK
[12:14:26]  console.log: DB opened: _ionicstorage
```

Da `ionic serve` grundsätzlich immer mit `--livereload` startet, kannst du Änderungen im Device sofort testen!

Resources (Icon und Splashscreen)

Keine App ohne Icon und Splashscreen. Wer bereits mit anderen Programmiersprachen Apps entwickelt hat, weiß, dass das Erzeugen von Icons und Splashscreens für jede Zielplattform in allen benötigten Auflösungen eine zeitraubende Angelegenheit sein kann. Und mit der wachsenden Zahl neuer verschiedenformatiger Devices ist dieser Aufwand noch gestiegen.

Abhilfe haben da immerhin Photoshop-Templates mit automatisierter Formatausgabe o.ä. geschaffen.

Mit Ionic gehört das (fast) alles der Vergangenheit an. Denn das Framework selbst bietet einen Terminalbefehl an, mit dem sich das Erstellen von Icons und Splashscreens für Android und iOS flott erledigen lässt.

Voraussetzung ist dabei folgendes:

- eine Icon-Grafik mit 1.024 x 1.024 Pixeln, die in `resources/` `icon.png` abgelegt wird und

- eine Splashscreen-Grafik mit 2.732 x 2.732 Pixeln, die in `resources/splash.png` abgelegt wird. Dabei ist darauf zu achten, dass das Artwork (Text und/oder Logo) in einem Bereich von 1.200 x 1.200 Pixeln innerhalb der Splashscreen-Grafik zentriert liegt.

Ich habe zwei diesen Vorgaben entsprechenden Grafiken hier zum Download für dich abgelegt:

- ▶ http://ionic3.andreas-dormann.de/img/icon.png

- ▶ http://ionic3.andreas-dormann.de/img/splash.png

Mit dem Befehl

```
ionic cordova resources
```

wird die Generierung der Ressourcen gestartet.

```
$ ionic cordova resources
✓ Collecting resource configuration and source images – done!
✓ Filtering out image resources that do not need regeneration – done!
✓ Uploading source images to prepare for transformations – done!
✓ Generating platform resources: 50 / 50 complete – done!
✓ Modifying config.xml to add new image resources – done!
```

Bei mir waren das 50 (!) Grafiken für die Zielplattformen Android und iOS, die in wenigen Sekunden aus den beiden PNG-Dateien erzeugt und anschließend in der `config.xml` eingetragen wurden.

Leider wird von Ionic noch immer nicht das Erzeugen der Ressourcen-Dateien für Windows 10 unterstützt. Abhilfe schafft da eine Erweiterung für Microsoft Visual Studio namens UWPTileGenerator (https://github.com/shenchauhan/UWPTileGenerator).

Wenn du unsere App nun im Emulator oder auf dem Device startest, kannst du unser neues Icon und den neuen Splashscreen bewundern:

Weitere Infos zu Resources findest du hier:

▶ https://ionicframework.com/docs/cli/cordova/resources/

Die Datei

CONFIG.XML

Z AHLREICHE ASPEKTE DES VERHALTENS EINER APP können über die globale Konfigurationsdatei config. xml gesteuert werden. Außerdem können hierüber erweiterte Cordova-API-Funktionen, Plugins und plattformspezifische Einstellungen angegeben werden.

Normalerweise musst du in der config.xml eines Ionic-Projekts nur folgende Anpassungen vornehmen:

Im Element `<widget>` legst du im Attribut `id` eine App-Reverse-Domänen-ID an, also eine weltweit eindeutige ID für deine App (beispielsweise `com.beispiel.meineapp`).

Im Attribut `version` vergibst du eine vollständige Versionsnummer in Major/Minor/Patch-Notation (beispielsweise `1.0.0`). Diese Versionsnummer musst du bei jedem Update, das in den Store übertragen werden soll, hoch zählen.

Im Element `<name>` gibst du der App einen formalen Namen, wie er auf dem Home-Bildschirm eines Geräts und in den App-Store-Schnittstellen erscheint.

Die Elemente `<description>` und `<author>` liefern Metadaten und

Kontaktinformationen, die im App-Shop-Angebot angezeigt werden können.

Hier ein Auszug aus der config.xml meiner BoB-Tours-App:

```xml
<?xml version='1.0' encoding='utf-8'?>
<widget id="de.dormann.bobtours" version="0.1.0"
        xmlns="http://www.w3.org/ns/widgets"
        xmlns:cdv="http://cordova.apache.org/ns/1.0">
    <name>BoB-Tours</name>
    <description>Die App zum Buch „Ionic 3"</description>
    <author email="info@andreas-dormann.de"
        href="http://www.andreas-dormann.de/">Andreas Dormann</author>
    <content src="index.html" />
    ...
</widget>
```

Der Aufbau der Datei config.xml als plattformunabhängig XML-Datei wurde vom W3C unter dem Titel Packaged Web Apps (Widgets) hier detailliert spezifiziert:

▶   https://www.w3.org/TR/widgets/

Cordova-spezifische Erläuterungen zur config.xml findest du hier:

▶   https://cordova.apache.org/docs/de/latest/config_ref/

DER IONIC

BUILD PROZESS

BEVOR WIR ZUM DEPLOYEN EINER APP KOMMEN, möchte ich dir einen kurzen Überblick über den Ionic Build Prozess geben. Dieser besteht aus zwei Phasen:

1 **Erzeugen der Web-Dateien**
Im ersten Schritt werden die TypeScript- und SCSS-Dateien aus dem Ordner src in JavaScript und CSS transformiert. Das Ergebnis wird im Ordner www abgelegt und sieht dann etwa so aus:

```
▲ www
  ▷ assets
  ▷ build
  ◆ .gitkeep
  <> index.html
  {} manifest.json
  JS service-worker.js
```

Diese Dateien können wir nehmen und in einer Web-Applikation verwenden (Code, der native Plugins benötigt, wird im Web natürlich nur bedingt oder gar nicht funktionieren). Im Ordner build findest du die kompilierten und minimierten JavaScript-Dateien, allen voran die Datei main.js. Die HTML-Dateien finden sich templatemäßig eingebettet in den Dateien 0.js, 1.js etc., *alle* CSS-Dateien in main.css.

2 Erzeugen der Plattform-Dateien
Über den Terminal-Befehl

```
ionic cordova platform add <android|ios|windows>
```

wird der jeweilige Plattform-Ordner erzeugt.

Der Ordner www/build enthält unsere kompilierten Ionic-Dateien. Die Cordova-Plugins werden im Ordner plugins hinzugefügt. Ein ähnlicher Ordner namens platform_www wird von den Cordova Build Tools als temporärer Ordner zur Erzeugung des Ordners www verwendet.

Mit dem Terminal-Befehl

```
ionic cordova build <android|ios|windows>
```

erzeugen wir den jeweiligen Build für die Devices, hier beispielsweise für Android, was uns als Ergebnis eine apk-Datei liefert.

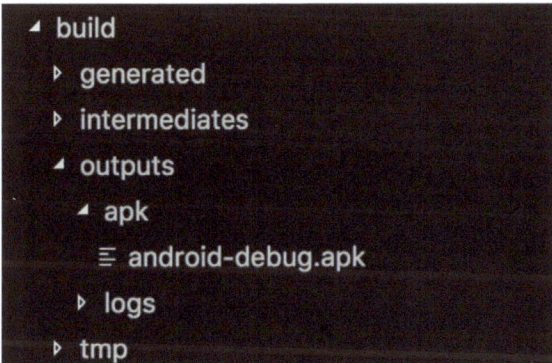

```
◢ build
  ▷ generated
  ▷ intermediates
  ◢ outputs
    ◢ apk
      ≡ android-debug.apk
    ▷ logs
  ▷ tmp
```

Der Build für iOS liefert einen Xcode-Projektordner (beispielsweise platforms/ios/BoB-Tours.xcodeproj), der sich in Xcode öffnen und dort zur App kompilieren lässt. Der Build für Windows liefert ein CordovaApp/JavaScript-Projekt namens platform/windows/CordovaApp.Windows10.jsproj, das sich in Microsoft Visual Studio kompilieren lässt.

Deploy & Publish:

Android

D AS DEPLOYMENT EINER ANDROID-APP ist ein komplexer Vorgang. Die einzelnen Schritte von der Erstellung der APK-Datei bis zur Veröffentlichung in Google Play werden hier erläutert.

1 **Voraussetzungen**
zum Veröffentlichen einer App im Google Play Store:

▶ Java JDK
http://www.oracle.com/technetwork/java/javase/
downloads/index-jsp-138363.html

▶ Android Studio
https://developer.android.com/studio/index.html

▶ Aktualisierte Android Studio SDK Tools, Plattform- und Komponentenabhängigkeiten. Installierbar über Android Studios SDK Manager: https://developer.android.com/studio/intro/update.html

▶ Ein kostenpflichtiges Google Play Developer Konto
https://support.google.com/googleplay/android-developer/
topic/7072535?hl=de&ref_topic=16285

2 Release-Build erstellen

Mit dem Terminal-Befehl

```
ionic cordova build android —release
```

erstellst du einen Release-Build. Die so erzeugte APK-Datei findest du in platforms/android/build/outputs/apk/android-release-unsigned.apk.

3 APK-Datei signieren

Zur Veröffentlichung in Google Play ist es erforderlich, die APK-Datei zu signieren. Das geschieht in vier Schritten:

a) Zertifikat erstellen/privaten Schlüssel generieren

b) APK signieren

c) APK mit zipalign optimieren

d) Signatur verifizieren

Zu a):

Zum Erstellen eines neuen Zertifikats benötigst du einen privaten Schlüssel. Diesen generierst du mit dem keytool-Befehl des JDK:

```
keytool —genkey —v —keystore my-release-key.jks —keyalg RSA —key-
size 2048 —validity 10000 —alias my-alias
```

Als erstes wirst du gebeten, ein Passwort für den Keystore zu vergeben. Dann beantworte die weiteren Fragen des Tools. Am Ende sollte eine Datei namens my-release-key.jks im aktuellen Ordner erzeugt worden sein.

Wichtig: Sichere diese Datei! Wenn du sie verlierst, wirst du deine App nicht updaten können.

Zu b):

Die unsignierte APK signierst du nun mit dem jarsigner-Befehl des JDK:

```
jarsigner -verbose -sigalg SHA1withRSA -digestalg SHA1 -keystore
my-release-key.jks android-release-unsigned.apk my-alias
```

Damit wird die APK an Ort und Stelle signiert.

Zu c):

Abschließend optimierst du die APK mit zipalign. Das zipalign-Tool findest du in /path/to/Android/sdk/build-tools/VERSION/zipalign. Auf einem Mac, auf dem Android Studio installiert ist, liegt zipalign in ~/Library/Android/sdk/build-tools/VERSION/. Auf einem Windows-PC mit installiertem Android Studio liegt zipalign in C:\Benutzer\BENUTZERNAME\AppData\Local\Android\Sdk\build-tools\VERSION\.

Solltest du zipalign nicht finden, kannst du das Tool mit diesem Befehl suchen:

```
find ~/Library/Android/sdk/build-tools -name "zipalign"
```

Der Befehl lautet:

```
zipalign -v 4 android-release-unsigned.apk BoBTours.apk
```

Zu d):

Zur Verifizierung der APK-Signatur verwendest du apksigner. Das apk-signer-Tool findest du im gleichen Ordner wie das zipalign-Tool.

Der Befehl lautet:

```
apksigner verify BoBTours.apk
```

Nun haben wir ein finales Release-Binary namens BoBTours.apk, das wir auf dem Google Play Store veröffentlichen können.

Alle Schritte zum Signieren einer APK-Datei findest du auch hier:

▶ https://developer.android.com/studio/publish/app-signing.html#signing-manually

4 APK im Google Play Store veröffentlichen

Nachdem du ein Google Play Developer-Konto eingerichtet hast (einmalig 25 USD), kannst du deine App in der Play Console erstellen. Dazu gehst du in vier Schritten vor:

a) Du rufst die Play Console auf.

b) Du wählst das Symbol Alle Apps > App erstellen aus.

c) Du wählst eine Standardsprache aus und gibst einen Titel und einen Namen für deine App ein, so wie er bei Google Play erscheinen soll.

d) Du erstellst den Store-Eintrag, füllst einen Fragebogen zur Einstufung des Inhalts aus und legst Preise und Details des App-Vertriebs fest.

Eine ausführliche Beschreibung der Schritte a) bis d) zum Veröffentlichen einer App im Google Play Store findest du hier:

▶   https://support.google.com/googleplay/android-developer/answer/113469?hl=de

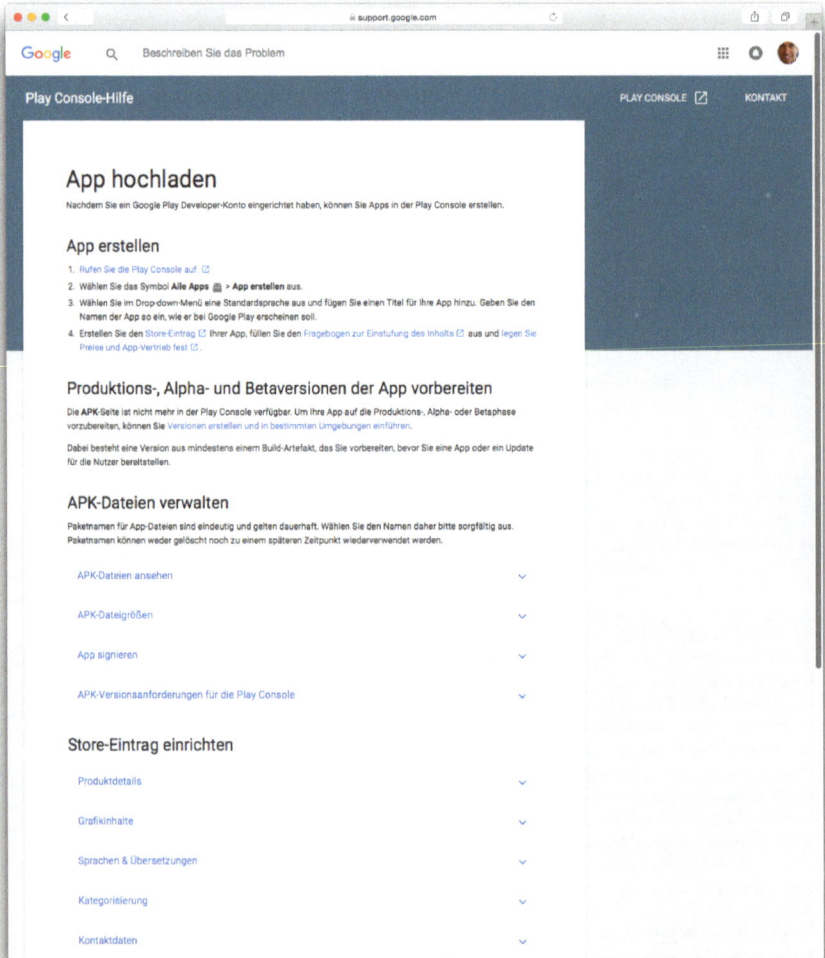

Deploy & Publish:

iOS

Auch das Deployment einer iOS-App ist ein komplexer Vorgang. Die einzelnen Schritte vom Erstellen der Zertifikate und des Builds über die Erzeugung der IPA-Datei bis zur Veröffentlichung im App Store werden hier erläutert.

1 **Voraussetzungen**
zum Veröffentlichen einer App im Apple App Store:

▶ Ein Mac-Rechner

▶ Xcode 7 oder höher (Xcode 8 oder höher wird empfohlen)
https://developer.apple.com/xcode/

▶ iOS 9 oder höher

▶ Ein kostenpflichtiger Apple Developer Account
https://developer.apple.com

2 **Apple Developer Account einrichten**
Sofern du noch keinen Developer Account hast, solltest du diesen über https://developer.apple.com einrichten (99 USD/Jahr). Dabei musst du dich entscheiden, ob du als Privatperson („Individual") oder Unternehmen („Company") registriert werden möchtest. Letzteres ist etwas aufwändiger, hat aber den Vorteil, dass weiteren Mitarbeitern eines Unternehmens Zugriff auf den Account gegeben werden kann.

3 **Signierte Apple-Zertifikate erstellen**
In deinem Apple Developer Account öffnest du im Abschnitt Overview den Bereich Certificates, Identifiers & Profiles. Achte darauf, dass oben links iOS, tvOS, watchOS ausgewählt ist. Du brauchst insgesamt zwei Zertifikate: ein Development- und ein Distribution-Zertifikat). Klicke das Pluszeichen oben rechts an und führe die folgenden Schritte aus:

a) Wähle zunächst iOS App Development als Zertifikat aus und klicken auf Continue.

b) Öffne auf dem Mac das Programm Schluesselbundverwaltung (Keychain Access). Wähle oben in der Menüleiste Keychain Access > Certificate Assistant > Request a Certificate From a Certificate Authority. Gib in dem sich dann öffnenden Fenster deine Mail-Adresse und deinen Namen an. Wähle Auf der Festplatte sichern, um die CSR-Datei auf der Festplatte zu speichern und bestimme deren Speicherort.

c) Nachdem du die CSR-Datei gesichert hast, wechsle wieder zu deinem Apple Developer Account. In dem Fenster About Creating a Certificate Signing Request (CSR) klickst du auf Continue. Lade nun die soeben erstellte CSR-Datei in deinen Apple Developer Account hoch. Danach generierst du das Zertifikat.

d) Lade jetzt dein iOS-Development-Zertifikat herunter, öffne es per Doppelklick und bestätige, dass du das Zertifikat zu einem Keychain hinzufuegen möchtest. Damit wird das Zertifikat in der Schluesselbundverwaltung gesichert.

e) Erstelle nun in der gleichen vorbeschriebenen Weise ein iOS-Distribution-Zertifikat.

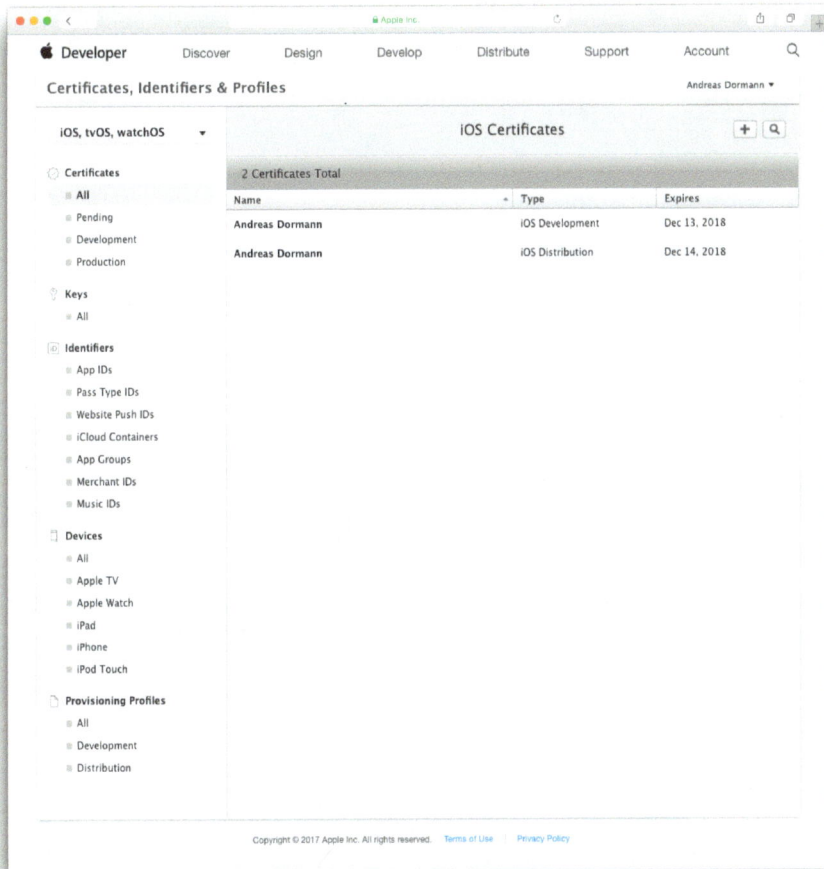

4   **App-ID erstellen**
In deinem Apple Developer Account klickst du im Bereich
Certificates, Identifiers & Profiles > Identifiers > App IDs auf das dortige Pluszeichen oben rechts und führe folgende Schritte aus:

a) Trage nun unter App ID Description deinen App-Namen ein (beispielsweise BoB-Tours). Darunter steht ein Präfix, dass von Apple für deine App-ID vorgegeben wird.

b) Trage unter App ID Suffix ein Suffix im Reverse-Domain-Stil ein (beispielsweise de.deinname.bobtours).

c) Klicke auf Continue und schließe die Eingabe nach Kontrolle der Daten mit Klick auf Register ab.

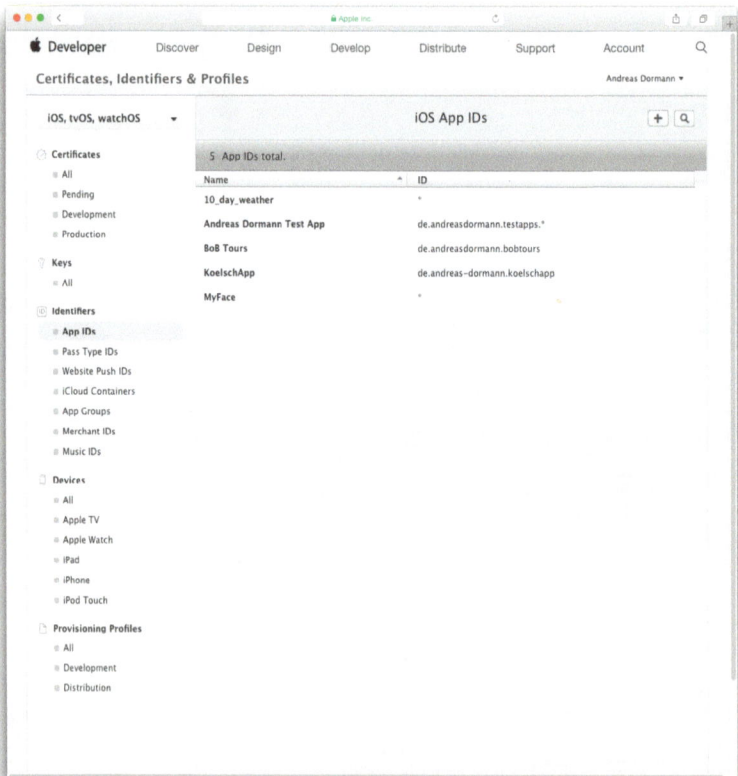

5 **Provisioning Profile erstellen**

Das Provisioning Profile verbindet die Zertifikate (sowie ggf. registrierte Testgeräte) und die App-ID in einem gemeinsamen Profil. Das verwendest du nachher in Schritt 7 zum Signieren der App. Auch beim Provisioning Profile gibt es wieder eine Development- und eine Distribution-Version. Erstere ist für die Nutzung im Entwicklungsprozesses bestimmt, letztere für die Veröffentlichung einer App.

Führe folgende Schritte aus, um ein Provisioning Profile für die Distribution zu erstellen:

a) In deinem Apple Developer Account klickst du im Bereich Certificates, Identifiers & Profiles > Provisioning Profiles > Distribution auf das dortige Pluszeichen oben rechts. Dort wählst du Distribution > App Store aus und klickst auf Continue.

b) Wähle nun die App-ID für das Profil aus und klicke erneut auf Continue.

c) Wähle nun das Zertifikat aus und klicke wieder auf Continue.

d) Gib dem Profile einen Namen, klicke auf Continue und dann auf Download, um es herunter zu laden.

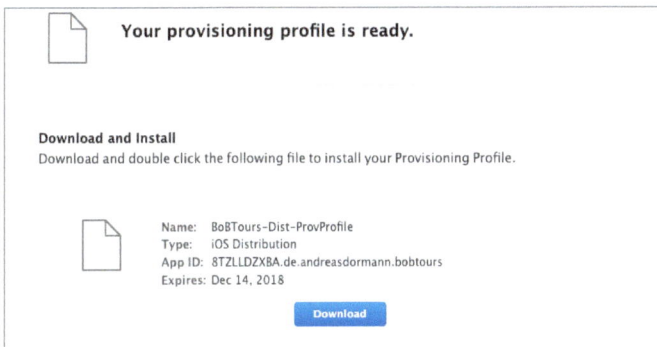

Your provisioning profile is ready.

Download and Install
Download and double click the following file to install your Provisioning Profile.

Name: BoBTours-Dist-ProvProfile
Type: iOS Distribution
App ID: 8TZLLDZXBA.de.andreasdormann.bobtours
Expires: Dec 14, 2018

Download

6 Xcode-Projekt erstellen

Mit den Schritten 1-5 sind nun alle Vorgänge im Apple Developer Account abgeschlossen. Wenden wir uns nun dem Ionic-Projekt zu und wechseln in dessen Projektordner.

Mit dem Terminal-Befehl

```
ionic cordova build ios —release
```

erstellst du ein Xcode-Projekt. Das findest du in platforms/ios/ und erkennst es an der Endung xcodeproj, also beispielsweise BoB-Tours.xcodeproj. Diese Datei öffnest du in Xcode.

Wahrscheinlich hast du am Ende des Build-Prozesses bereits im Terminal, aber auch in Xcode einen „Code sign error" erhalten. Kein Problem, diesen Fehler beheben wir im nächsten Schritt.

7 App-Code signieren

Signiere die App in Xcode wie folgt:

a) Gehe zum Project Editor und klicke auf den Namen deines Projekts im Project Navigator.

b) Wähle den Bereich Build Settings.

c) Gehe zum Abschnitt Code Signing und wähle für Release das in Schritt 5 erstellte Provisioning Profile aus.

d) Erzeuge über das Menü Product > Build einen signierten Build.

8 **App über iTunes Connect einreichen**

Abschließend meldest du dich über https://itunesconnect.apple.com/login mit deiner Apple-ID an. Dort erstellt du einen Datensatz für deine App, eine App-Detailseite und lädst Screenshots zu deiner App hoch. Die Vorgaben, die es hier zu beachten gilt, findest du unter

► https://developer.apple.com/library/content/documentation/LanguagesUtilities/Conceptual/iTunesConnect_Guide/Chapters/Properties.html

Schließlich lädst du noch die IPA-Datei hoch.

Eine ausführliche Beschreibung aller Schritte findest du auch unter:

► https://developer.apple.com/library/content/documentation/LanguagesUtilities/Conceptual/iTunesConnect_Guide/Chapters/FirstSteps.html

Hinweis:

Der erfolgreichen Einsendung deiner App folgt eine gewisse Wartezeit. Apple prüft jede App nämlich auf Schadsoftware und auch, ob
sie frei von Abstürzen und Programmierfehlern ist. Den aktuellen
Prüfstatus kannst du jederzeit in iTunes Connect einsehen. In der Regel
dauert solch eine Prüfung zwischen zwei bis sieben Tagen.

DEPLOY & PUBLISH:

WINDOWS

D AS DEPLOYMENT EINER WINDOWS-10-APP erfolgt ebenfalls in mehreren Schritten, die hier im Einzelnen erläutert werden.

Vorab ein Wort zur Unterstützung von Windows 10: Ionic 3 unterstützt die Universal Windows Platform (UWP) von Microsoft. Im Klartext: Mit der UWP kannst du Apps für beliebige Windows-Geräte entwickeln – z. B. PCs, Smartphones, Xbox One, HoloLens und mehr – und im Store veröffentlichen.

1 **Voraussetzungen**
zum Veröffentlichen einer App im Windows Store:

▶ Ein Windows-10-Rechner

▶ Microsoft Visual Studio 2015 oder höher
(Community Edition ist ausreichend)

▶ Ein kostenpflichtiges Entwicklerkonto, um auf das Windows Dev Center zugreifen und Apps übermitteln zu können

2 Entwicklerkonto im Windows Dev Center einrichten

Registriere dich oder dein Unternehmen über die Seite https://developer.microsoft.com/de-de/store/register. Ein individuelles Konto kostet einmalig 14 EUR, ein Firmenkonto 75 EUR.

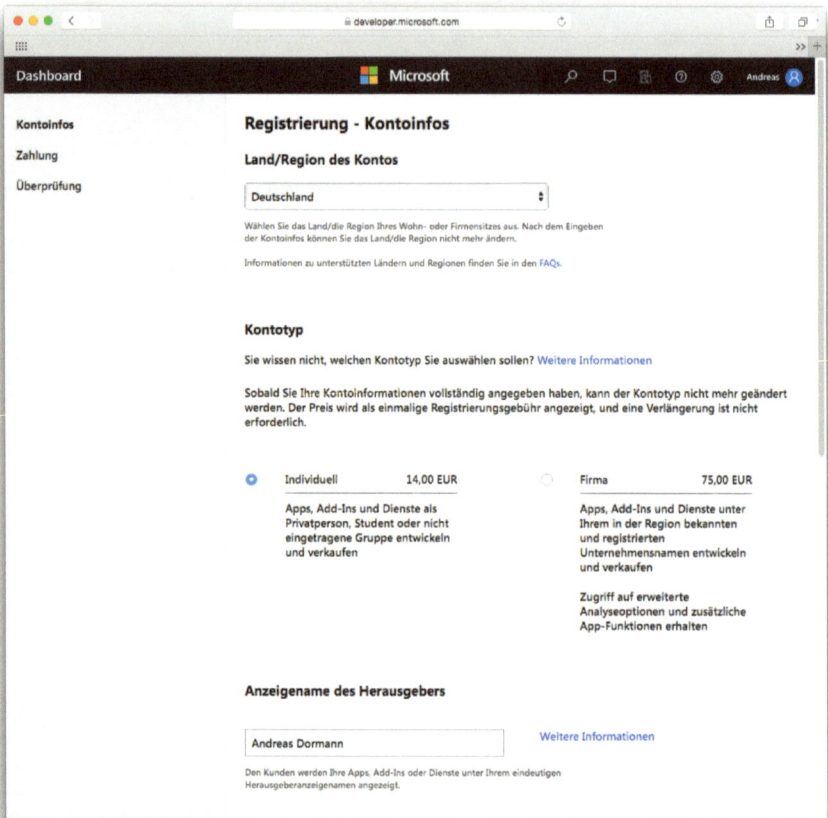

3 App-Namen reservieren

Der erste Schritt beim Erstellen einer neuen App im Windows Dev Center Dashboard besteht darin, einen App-Namen zu reservieren. Eine ausführliche Beschreibung, was bei der Namensfindung zu beachten ist, findest du hier:

▶ https://docs.microsoft.com/de-de/windows/uwp/publish/create-
your-app-by-reserving-a-name

▶ https://docs.microsoft.com/de-de/windows/uwp/publish/create-
your-app-by-reserving-a-name#choosing-your-apps-name

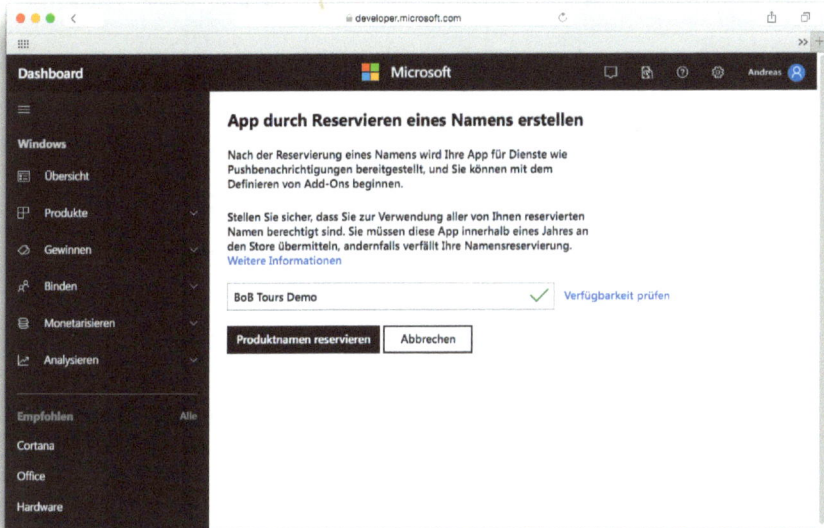

4 Release-Build erstellen

Führe die folgenden Schritte aus, um einen Release-Build
für Windows 10 zu erstellen:

a) Öffne die Ionic-Projekt-Konfigurationsdatei config.xml und ergänze
dort folgenden Eintrag:

```
<preference name="windows" value="10.0.0" />
```

Damit stellst du sicher, dass auf jeden Fall (auch) Windows 10 als
Zielplattform berücksichtigt wird.

b) Wechsle zum Terminal und dort in den Ionic-Projekt-Ordner. Über den Befehl

```
ionic cordova build windows --release
```

erstellt du ein Release-Build. Nicht erschrecken, wenn es die ein oder andere Fehlermeldung gibt. Es wird versucht, mehrere Builds (u.a. für Windows Phone 8/8.1) zu erzeugen, zu denen ggf. nicht alle SDK-Dateien vorliegen. Wir werden den Build ohnehin gleich in Visual Studio weiter bearbeiten.

5 Verpacken einer App mit Visual Studio

Um deine App für die UWP (Universelle Windows-Platt-form) zu verkaufen oder an andere Benutzer zu verteilen, musst du ein UWP-App-Paket erstellen. Das machst du in Visual Studio (Community Edition).

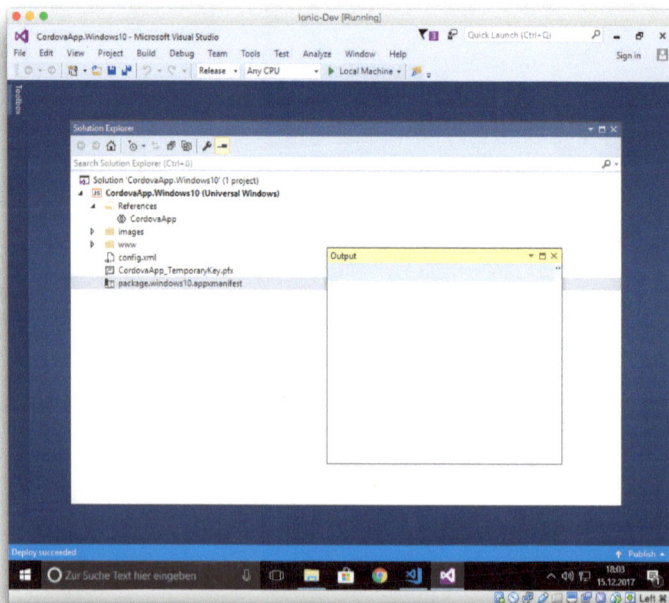

Öffne dort über das Menü File > Open > Projekt/Solution die in Schritt 4 erzeugte Datei platforms/windows/CordovaApp.Windows10.jsproj.

Folge dann den weiteren Schritten, die hier im Einzelnen beschrieben sind:

▶ https://docs.microsoft.com/de-de/windows/uwp/packaging/packaging-uwp-apps

6 **Veröffentlichen einer App im Windows Store**
Deine App kannst du nun über das Windows Dev Center Dashboard im Windows Store veröffentlichen. Die dazu benötigten Vorbereitungen solltest du mit den Schritten 2 und 3 bereits vorgenommen haben.

Alles Weitere beschreibt die Dokumentation von Microsoft hier:

▶ https://docs.microsoft.com/de-de/windows/uwp/publish/

Ionic Pro

ZUM SCHLUSS DIESES KAPITELS möchte ich dir gerne noch Ionic Pro vorstellen. Dabei handelt es sich um eine Sammlung von Features, die die Macher von Ionic als Cloud-Dienste teils kostenlos, teils kostenpflichtig bereit stellen. Eine Übersicht über die aktuelle Preisgestaltung findest du hier:

▶ https://ionicframework.com/pricing

Allen Ionic-Pro-Diensten ist gemeinsam, dass sie auf einem Git-Workflow basieren. Damit solltest du dich auskennen bzw. vorab befassen. Details zum Arbeiten mit Git findest du hier:

▶ https://ionicframework.com/docs/pro/basics/git/

Im Einzelnen handelt es sich bei Ionic Pro um folgende Dienste:

• **Deploy:** Deploy (oder auch Live Deploy) besteht aus einem Plugin (Client/Device) und einem Cloud-Dienst (Server). Damit kannst du Änderungen an HTML-, JavaScript- und SCSS-Dateien direkt remote an die Nutzer deiner App pushen. Mit anderen Worten: Es lassen sich Updates realisieren, ohne jedes Mal eine Veröffentlichung in den App Stores vornehmen zu müssen! Das Ganze geht sogar so weit, dass du zum Testen neuer Funktionen nur ausgewählte Nutzer adressieren kannst, bevor du diese an alle ausrollst.

Weitere Details zu Deploy findest du hier:

▶   https://ionicframework.com/docs/pro/deploy/

- **View:** Ionic View ist eine App, die ideal zum Betatesten genutzt werden kann. Du lädst dazu deine App in ein Online-Repository der Ionic-Pro-Cloud. Dann lädst du deine Betatester über Mail, einen Einladungs-Code oder unter Angabe einer App-ID ein, deine App in Ionic View auf ihrem Device auszuprobieren.

Weitere Details zu Ionic View findest du hier:

▶   https://ionicframework.com/docs/pro/view/

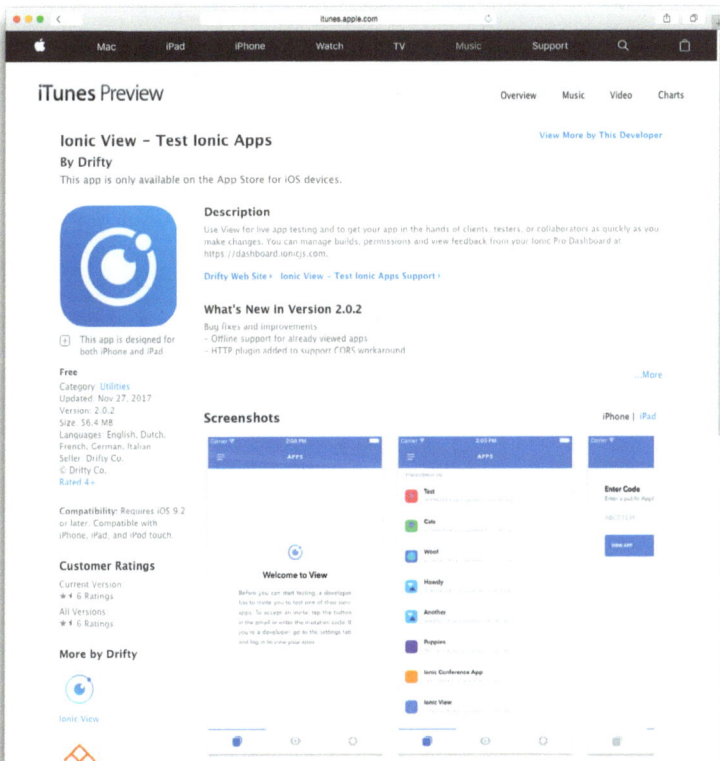

- **Package:** Package vereinfacht den Build-Prozess, also das Erstellen von Binaries, für die Plattformen Android und iOS. Dieser Dienst läuft ebenfalls in der Ionic-Pro-Cloud. So können auch auf Windows arbeitende Entwickler iOS-Apps erstellen.

  Weitere Details zu Package findest du hier:

  ▶ https://ionicframework.com/docs/pro/package/

- **Monitoring:** Monitoring ermöglicht das Tracking von Laufzeitfehlern in deiner Ionic-App. Dabei wird ein Fehler zurück gemappt auf deinen originalen, nicht transpilierten und minimierten Source-Code (TypeScript, ES6 etc.). Dazu musst du nur das Plugin Ionic Pro in deiner App integrieren.

  Weitere Details zu Monitoring findest du hier:

  ▶ https://ionicframework.com/docs/pro/monitoring/

Vorbemerkung

Zum schluss dieses buchs möchte ich dir noch einige Angebote rund um das Thema Ionic vorstellen. Diese Angebote richten sich an App-Entwickler, die effektiv und produktiv mit Ionic arbeiten wollen und sind meistens kostenpflichtig, die Preise aber durchaus angemessen.

Ionic Market

Im ionic market findest du beispielsweise Starters, d.h. vorkonfigurierte App-Templates, auf deren Basis du deine eigenen Apps aufbauen kannst.

Von Video und Text Chat über Karten-Funktionen bis hin zu vollständig an Google Firebase angebundene Vorlagen können dir die Realisierung eigener Apps durchaus erleichtern.

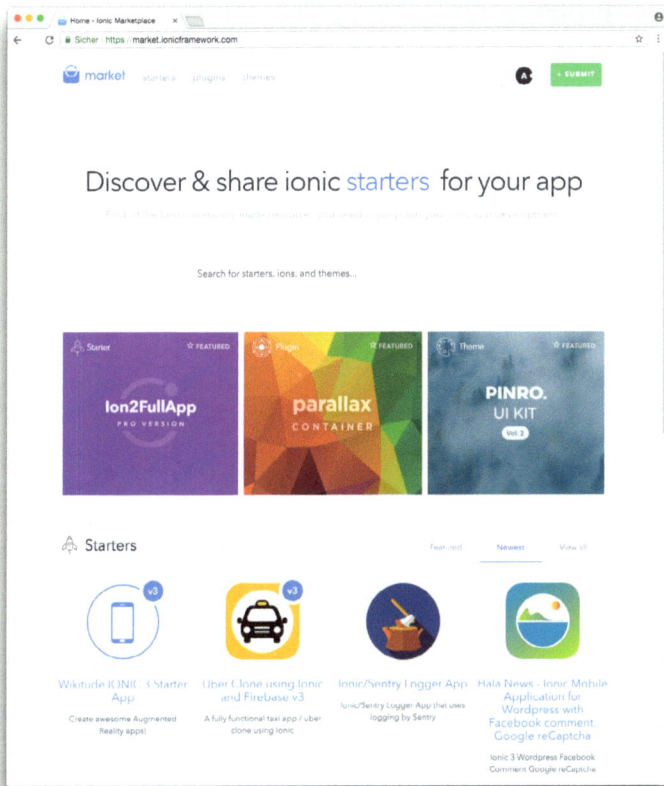

Im Market werden auch Plugins und Themes angeboten.

Die Preise zu den verschiedenen Angeboten variieren sehr stark und bewegen sich in der Regel zwischen 9 und 99 US-Dollar. Nach oben gibt es einige wenige extreme Ausreißer (beispielsweise „OmniMarkt - 100 Ready Second Hand Listing App" für stolze 7.500 US-Dollar). Es gibt aber auch einige kostenlose Items (beispielsweise den „Facebook Messenger Clone" und den „Ionic2 Calendar").

Stöbern lohnt sich!

Den Ionic Market findest du hier:

▶ https://market.ionicframework.com

LEARN IONIC 3

FROM SCRATCH

S O LAUTET DER TITEL eines 11-stündigen (!) Online-Vi-deotutorials von Paul Halliday (180 EUR). Von den Themen, die hier behandelt werden, hast du viele bereits in diesem Buch kennen gelernt. Dennoch können die Videos eine gute Ergänzung hierzu sein.

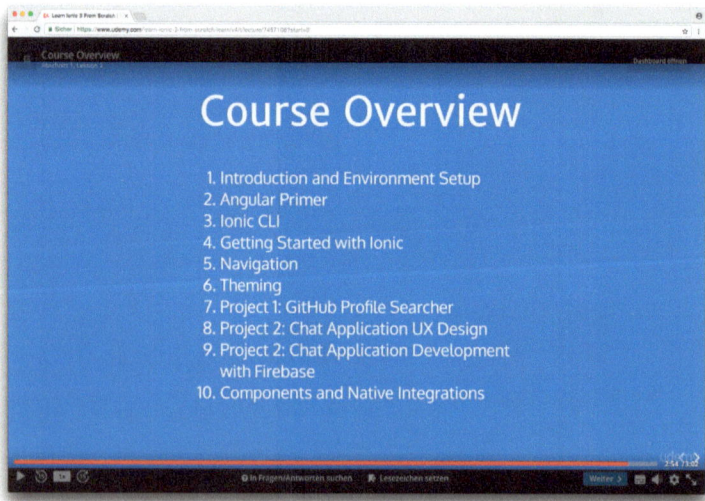

Den Videokurs Learn Ionic 3 from Scratch findest du hier:

▶ https://www.udemy.com/learn-ionic-3-from-scratch/

Ionic Academy

D IE IONIC ACADEMY ist eine englischsprachige On-line-Lernplattform für alle, die Ionic-Entwickler werden oder ihr Ionic-Wissen vertiefen wollen. Sie wird sehr engagiert betrieben von Simon Grimm, der aufmerksamen „Ionites" bestimmt schon von seinem Blog devdactic.com bekannt ist.

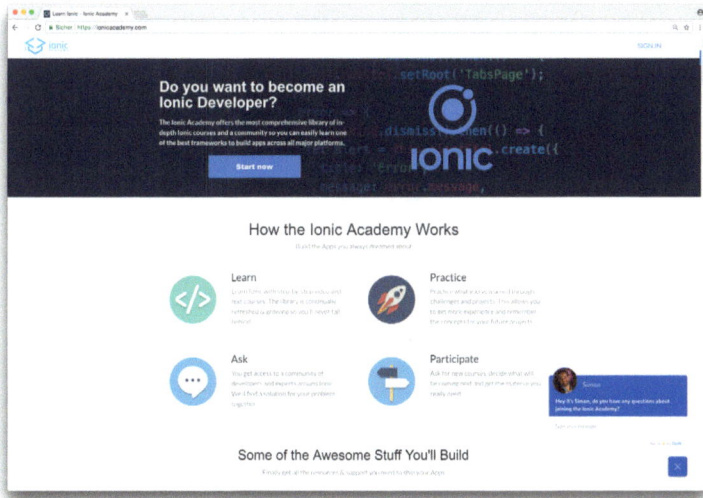

Für wahlweise 25 US-Dollar/Monat oder 225 US-Doller/Jahr bekommt man eine große Auswahl an Videotutorials und Ressourcen. Themenvorschläge für neue Videotutorials werden von Simon gerne aufgegriffen und umgesetzt. Zudem erhält man über das Forum Kontakt zu einer interessanten Academy-Community.

▶ https://ionicacademy.com/

Stichwortverzeichnis

www.ingramcontent.com/pod-product-compliance
Lightning Source LLC
Chambersburg PA
CBHW041932220326
41598CB00055BA/6